新川敏光 編
Toshimitsu Shinkawa

国民再統合の政治

● 福祉国家とリベラル・ナショナリズムの間

The Politics of National Reintegration:

Between Welfare Statism and Liberal Nationalism

ナカニシヤ出版

国民再統合の政治——福祉国家とリベラル・ナショナリズムの間

＊

目次

国民再統合の政治——福祉国家とリベラル・ナショナリズムの間

序章　歴史の転換点に立って

新川敏光

本書は、筆者が研究代表者を務めた基盤研究（A）「労働の国際移動が福祉国家政策および政治に与える影響に関する比較研究」（二〇一一～一四年）の成果である（他の助成も受けた場合は、その旨論文末尾に明記している）。本プロジェクトは移民と福祉国家、そして政治との関係を問うものとして構想され、当初は福祉国家類型と移民の社会的包摂の関係について分析するつもりであった。しかし研究の進展とともに、福祉国家が予想以上に深刻な機能麻痺に陥っているとの認識に至り、福祉国家の国民統合機能の低下と新たな統合手段としてのナショナリズムの台頭を、移民問題に焦点をあて比較分析することに研究の重点を移した。

福祉国家は、階級分岐によって国民の同質性と連帯が大きな試練に晒された時代に、国民を再建する枠組として登場した。福祉国家は、国民の倫理や道徳に訴えるのではなく、再分配政策によって制度的に連帯と統合を実現したのである。こうして福祉国家は、二〇世紀後半の先進諸国においては国民統合を実現する一つの範型となった。ところが近年、その国民統合の枠組に大きなひび割れが生じている。もちろん福祉国家政策がなくなったわけではない。年金や医療保障政策は、高齢化が進むなかで、どの国においても財政の主要部分を占めている。しかし、今日福祉国家が国民を統合する機能は弱まり、しばしばそれは国民を分断する作用すらもたらしている。

階級社会としての特徴が顕著であり、いち早く国民国家を福祉国家へと変容させた西欧では移民の増加を前にして、福祉を移民から守ろうとする動きが顕在化している。このような福祉ショーヴィニズム、あるいは福祉排外主義といわれる主張は、左右の別なく見られるが、これまでのところ極右政党が最もうまく反移民感情を動員してきた。彼らは、移民が国民としての義務も果たさず福祉に依存し、福祉国家の危機を招いていると主張し、勢力拡大に成功している。このような主張が事実に反するものであり、移民はむしろ国民経済に貢献しているという実証的な反論が繰り返しなされているが、移民＝福祉フリーライダーというイメージは消え去るどころか、ますます広まっているようにみえる。かつて福祉国家は多様性を包み込む国民統合パラダイムとして超党派的に支持されたが、今や社会を分断する政治的争点へと変質してしまったのである。

左右を問わず、リベラルな価値を共有する主要政党は、極右政党を厳しく批判し、封じ込めようとしているが、その試みは決して成功しているとはいえない。むしろ主要政党は、意図せざる結果として政策的には極右の動きを助長している面がある。たとえば新自由主義的な観点から福祉に対する就労義務を強化する改革が、アメリカ、イギリスはいうにおよばず、大陸ヨーロッパや北欧でも広まったが、これはフリーライダー・バッシングと論理的に同じ構造をもつ。もとより就労が福祉の前提であるというのは、一般論として何もおかしいところはないが、福祉国家において福祉は国民の連帯として実現され、就労と福祉の関係を個人レベルで直結させることは少なくなっていった。しかしワークフェア改革によって、こうした社会権的発想は否定された。ワークフェアの論理は、社会の底辺に滞留する可視的少数派、そして移民の攻撃へと容易に転換される。

移民への攻撃は、福祉の領域にとどまらない。そもそも移民は文化的に異質であり、西欧社会とは相いれない存在であるという考えが、テロへの恐怖から広く支持されるようになっている。このようなステレオタイプのイスラモフォビア（イスラム恐怖症）は極右の温床となっており、これへの対抗として主要政党の間ではリベラル・ナショナリズム的な言説が目立つようになった。すなわち、リベラルな社会（自由にして平等な個人を尊重し、他者性に対して寛容な社会）を生んだナショナルな文化、伝統、歴史の重要性を前面に押し出すようになった。この文脈で注目されるのが、多文化主義批判である。

多文化主義は、非リベラルな価値をもった集団が社会のなかに溶け込まず、閉鎖的な生活を続けることを許してしまったと批判される。多文化主義の過度な寛容性は、リベラルな社会そのものを危機に陥れてしまったと断罪されるのである。リベラルな価値を守るために、その価値を育んできたナショナルな文脈が再確認・再評価されねばならない。こうして福祉国家に代わる新たな国民統合の枠組として提唱されるようになったのが、リベラル・ナショナリズムである。リベラルな価値が特定の社会や歴史のなかで生まれたことを認め、その固有の文脈をナショナル・アイデンティティとして擁護すべきであるとされる。この考えによれば、可視的少数派はたとえリベラルな価値に内面的に服従しなくとも、少なくとも外面的には、リベラルな社会で生活を営む以上は、受容すべきなのである。

こうした福祉国家からリベラル・ナショナリズムへの国民統合戦略の移行を踏まえて、本書では①福祉国家の統合機能の破綻・弱体化、②極右政党の台頭、③多文化主義の実態について検討し、さらに一章だけであるが、④移民送り出し国についても分析している。以下、各章の位置づけと関係について簡単に触れておこう。

第一章において、英独仏のムスリムのヘッドスカーフ論争を事例として、各国におけるリベラル・ナショナリズムの台頭を確認し、その多様性を検討している。リベラル・ナショナリズムは、共通に多文化主義への反撥として登場する。普遍主義がとりわけ強いフランスでは多文化主義はそもそも受け入れられず、共同体主義として厳しく批判されてきたが、近年社会の多元化を認めるようになっていたドイツではメルケル首相が、そしてヨーロッパのなかでは最も多文化主義が成熟していると考えられていたイギリスにおいてもキャメロン前首相が、公然と多文化主義批判を繰り広げるようになった。

しかしながら多文化主義は、理論的にはもとより、政策的にも各国において大きく異なる。第二章ではイギリスにおける帝国の遺産ゆえに移民が増加し、それに伴い多文化主義が発展し、これに対応して福祉国家は就労義務強化を強調するものへと変容していったことが明らかにされている。イギリスは、ヨーロッパでは多元主義の代表国とみなされるが、実はイギリスの多文化主義は、自覚的というよりは、漸進的に生まれた「弱い多文化主義」にすぎなかったのである。

これに対して、第三章では、カナダの多文化主義は、英系と仏系という白人内部における対立・緊張が建国以降も解消されないまま、一九六〇年代には連邦制を脅かすまでに深刻化したため、国民統合を実現する手段として自覚的に導入された政策であることが指摘される。当初は国民統合の手段にすぎなかった多文化主義は、やがてそれ自体がカナダ社会の誇るべき価値とみなされるようになっていくが、そのような変化にもかかわらず今日に至るまでカナダの多文化主義は、一貫してリベラル・ナショナリズムの文脈で理解することができる。カナダにおいて、多文化主義は社会を分断するものではなく、社会の統合を促進するものとしてある。

第四章では、カナダ同様に早くから多文化主義が導入されたオーストラリアを取り上げている。オーストラリアの場合、カナダのような白人間の分裂から生まれる国民統合の危機は存在せず、いわば白人支配を前提に先住民や移民を統合する手段として、多文化主義に基づく少数派集団への再分配政策が採用された。社会的少数派はあくまでも政策対象であり、彼ら自身の主体的な力によって集団的権利を承認させたわけではなく、したがってグローバル化、産業構造の変化、排外主義の台頭などが起こると、多文化主義は比較的容易に新自由主義によって換骨奪胎されていった。

国民国家のなかで最も同質性の高い国の一つといわれる韓国において、近年多文化主義政策が積極的に導入されている。第五章では、これについて詳細に検討しているが、韓国の場合多文化主義は国際結婚や外国人労働力の導入を正当化するためのものであり、異なる文化集団の社会的承認という点では、十分な進展がみられない。多文化主義政策の一環として支給される外国人に対する福祉が特権として批判されている。規模も程度も異なるが、これはオーストラリアにおける多文化主義的な再分配政策が少数集団の特権として批判されたことを彷彿とさせる。上からの再分配を伴う多文化主義政策は、国民主流派のなかに少数派特権を擁護するものであるという批判を生みやすいといえるかもしれない。

いずれにせよ、これらの限られた国々をみるだけでも、多文化主義は様々であり、一概に社会的分断や並行社会をもたらすものであるとはいえないことがわかる。イギリスの「弱い多文化主義」については、分断説が妥当するにせよ、カナダ、オーストラリア、韓国、いずれの国でも多文化主義は、統治能力を高めるために導入されるか、あるいは高い統治能力を前提に導入されたものであり、社会的少数派を未統合のまま放置するものではない。

ヨーロッパにおける極右に関する研究は枚挙にいとまがないが、従来社民王国であるスウェーデンでは極右が伸長する余地はないと考えられてきた。ところが第六章が明らかにするように、近年福祉ショーヴィニズムを訴えるスウェーデン民主党が目覚ましい躍進を遂げている。二〇一〇年選挙において議会進出に成功し、二〇一四年選挙では四九議席を獲得し、社民党、保守党に次ぐ第三党となったのである。既成政党はスウェーデン民主党に対して包囲網を敷いて封じ込めているものの、他方において移民政策の再検討にも着手しており、極右がアジェンダ設定に影響力を行使し始めたといえる。

第七章では、近年急速に勢力を拡大している「ドイツのための選択肢（ＡｆＤ）」を分析している。ＡｆＤは二〇一〇年ユーロ危機に対する救済策への反対を契機に、反ユーロ政党として生まれたが、当初は論壇財界学界の大物が参加し、決して排外主義的な政党とは考えられていなかった。しかし右翼政党の元党員たちが相次いで入党し、州議会選挙を戦うなかで、ＡｆＤは移民・難民を非難する排外主義の立場を鮮明にしていく。なお極右ポピュリストの党として純化しているとはいえないが、ＡｆＤの躍進は戦後ドイツにおいてタブーとなってきた排外主義が、ついに「市民権」を獲得しようとしていることの証左かもしれない。

福祉国家のなかにあってユニークな事例を提供しているのが、家族主義福祉国家である。家族主義福祉国家のなかには家族福祉の弱体化を補強するために積極的に移民労働力を受け入れ、家族主義を再生産する再家族化政策を採る国々がみられる。第八章では、その代表例といえるイタリアについて検討している。家族主義福祉国家は、押し並べて家計への現金給付に依存したケア政策の限界に直面したが、イタリアでは、公的メカニズムや市場メカニズムの見直しがうまくいかず、安価な移民労働力への依存が高まった。不法移民の正規化も積極的に行われたが、安価で柔軟性に富む闇のケア労働市場は解消されておらず、供給に地域間格差もあり、移民労働力に依存した再家族化は国民統合の不安材料となっている。

第九章では、もう一つの南欧の国、スペインを取り上げているが、スペインは未曾有の好景気のなかで、短期間で移民送り出し国から受け入れ国へと変わった。福祉国家形成において移民の存在は寛大な政策推進を促す要因であった。しかしリーマン・ショック後の経済停滞によって福祉国家と移民国家の両輪はスムーズに回転しなくなっており、福祉縮減と移民規制をめぐって中央政府と地方政府との緊張関係が高まっている。スペインは福祉ショーヴィニズムをもたないヨーロッパの例外ともいわれてきたが、それは経済発展が移民を必要とし、寛大な福祉国家政策を実現するという積極的循環が働いていたからであり、経済が停滞期に入った今日、スペインが今後も例外であり続けられるのかどうかは不明である。

第一〇章では、アラブ諸国のなかで最大の人口を擁し、国民の八パーセントが国外に在住する移民送り出し国であるエジプトを取り上げている。エジプトでは多くの若者が職を得られず、社会的に排除された状態にあり、彼らを国内で暴走させないために、移民として国外に送り出す政策が採られてきた。彼らからの送金による外貨獲得も期待できるため、この政策は一石二鳥であった。移民は従来中東への出稼ぎが中心であったが、中東での治安悪化、アジア系労働力の参入により、この地域でのエジプトからの移民は減少しており、ヨーロッパを目指す新たな動きが生まれている。「アラブの春」以降国内の政治的経済的混乱が増したため、その傾向は一層強まっている。またエジプト内にとどまる五〇万人を超えるといわれるシリア難民に対する反感や締め付けが近年厳しくなり、彼らもまた、ヨーロッパに活路を見出そうとしている。

不法移民に対しては、ヨーロッパはもとより、送り出し国側でも国境管理が強化されているが、不法移民を生む政治不安、経済格差、社会的緊張といった構造的問題は、今日なくなるどころか、ますます深刻化していることを考えると、それらの政策が命を賭してまで国外脱出を試みざるをえない状況に追いやられた人々に対してどこまで抑制効果をもつのかは疑わしい。とはいえ事態の改善がみられなければ、ヨーロッパにおけるナショナリズムの波は、排外主義へと至るであろう。

戦後アメリカを中心に形成された自由主義世界は、共産主義世界の崩壊によって、最終的に勝利するどころか、自らもまた崩壊過程に入った。今日私たちは「終わりの始まり」という歴史の転換点に立っていることは間違いない。しかも私たちは、未来を照らす松明をもたず、手探りで進むことを余儀なくされている。そのよう状況のなかで比較政治研究が何をなしうるのか、あらためて問われている。本書は、あるべき未来を提言するものではないが、せめて時代の流れを理解する一助となればと願う。

第一章　リベラルな国民再統合パターンの析出

英独仏を事例として

新川敏光

一　歴史の反復と差異

永劫回帰という考えは秘密に包まれていて、ニーチェはその考えで、自分以外の哲学者を困惑させた。われわれがすでに一度経験したことが何もかももう一度繰り返され、そしてその繰り返しがさらに際限なく繰り返されるであろうと考えるなんて！　いったいこの狂った神話は何をいおうとしているのであろうか。（クンデラ　一九九八：六）

一九八九年ベルリンの壁が崩壊し、東欧に民主化の波が押し寄せると、ソヴィエト・ロシアを盟主とする東側陣営は瞬く間に崩壊した。東西冷戦は終わり、西側陣営のリベラル・デモクラシーが勝利したのである。リベラル・デモクラシーは、西側陣営内においても新たな栄光を手にいれようとしていた。一九九二年マーストリヒト条約の下に経済統合（単一通貨ユーロ創設）が実現され、次なるステップとして国境を越えた政治統合が展望されていたのである。リベラル・デモクラシーは、国民国家の制約からついに解き放たれようとしているかにみえた。

フランシス・フクヤマは、ソヴィエト共産圏の崩壊を目の当たりにして、「歴史の終焉」を宣言した。フクシマのいう「歴史」とは、私たちが日常的に漫然と使っているようなものではなく、大文字のHistoryであり、ヘーゲルやマルクスが考えたような、単一で、一貫した進化過程を意味する。フクシマによれば、人類の「歴史」とは、つまるところリベラル・デモクラシーに至る過程であり、それが社会主義に勝利したことによって大団円を迎える（Fukuyama 1992：xi–xii）。

時を同じくして、サミュエル・ハンチントンは、一九七四年南欧に始まり、ラテン・アメリカや東アジアにおける民主化、東欧革命、ソヴィエト連邦崩壊、南アフリカのアパルトヘイト完全撤廃と続く一連の過程を、民主化の「第三の波」として捉えた（ハンチントン 一九九五）。戦争と革命の世紀は終わり、二一世紀はリベラル・デモクラシーの千年王国の始まりのように思われた。

しかしミレニアム・イヤーの喧騒が収まると、人類は「歴史」が終焉していないことを否応なく思い知らされることになった。二一世紀は、二〇〇一年九月一一日アメリカにおける同時多発テロによって幕を開けることになった。その後も、思いつくままに挙げるだけで、二〇〇四年三月一一日マドリード列車爆破事件、二〇〇五年七月七日ロンドン同時爆破事件、二〇一三年四月一五日ボストン・マラソン爆破テロ事件、二〇一五年一一月一三日パリ同時多発テロ、二〇一六年七月一四日ニース・トラック事件などが続く。テロが戦争であるとすれば、もはやヨーロッパは戦場であり、そして戦線はなお拡大する勢いである。

二一世紀は、テロと大量殺戮の時代として始まった。リベラル・デモクラシーにとって一条の光にみえた「アラブの春」（二〇一〇年チュニジアのジャスミン革命に始まり、エジプト、リビア、シリアといったアラブ世界に飛火した民主化の波）は瞬く間に消え去り、中東地域の政情は極度に悪化し、ＩＳ（イスラム国）が台頭し、シリアの内戦は膨大な数の難民を生み出している。難民の目指す先は、近くにあって豊かな西欧諸国である。彼らの大量移入は、テロリストの活動と相まって、ＥＵ社会に極度な緊張を引き起こしており、リベラル・デモクラシーの寛容性の限界に挑戦するものとなっている。

東欧・ソ連における民主化は、北アフリカ・中東のように壊滅状態とはいえないが、決して順風満帆とはいえず、先行きは楽観できない。ロシアをはじめとするいくつかの東欧諸国では、市場経済導入後混乱が続き、結局権威主義政治体制へと回帰していった。かつてのライバル、ロシアの混迷を後目に、中国は共産党支配体制を堅持しつつ、市場経済の大胆な導入を行うことで、目覚ましい経済発展を遂げた。中国は、経済発展は民主化を促すという近代主義のテーゼをあざ笑うかのように、政治的規制強化を続けている。

リベラル・デモクラシーの困難は、民主化途上国だけではなく、その本家本元においても深刻である。ＥＵにおける政治統合の前に立ちはだかったのは、まずは「デモクラシーの赤字（不足）」であった。そもそもデモクラシーの赤字が活発に論じられたのは、国民国家を超えるリベラル・デモクラシーの可能性に対する強い期待があったからであるが、二〇〇五年デンマーク、フランスが欧州憲法条約の批准に相次いで失敗したことで、ＥＵの政治統合プランは抜本的な見直しを迫られることになった。近年ではＥＵ内での経済の不均等発展の問題が表面化し、関心は「デモクラシーの赤字」から文字通りの（財政）赤字へと移っている。今や政治統合どころか、ヨーロッパ単一市場と国民国家との間に深刻な軋みが生じ、ユーロ体制維持に汲々としている。長い歳月をかけ培ってきたＥＵの成果が一瞬にして灰燼に帰すとは思われないが、ＥＵがあたかも国民国家を超える政治統合を実現するかのような夢は、二〇一六年六月イギリスが国民投票によってＥＵ離脱を決定したことによって、潰え去った。可能性として残るのは、文字通りドイツ支配圏の確立であろう。

リベラル・デモクラシーは国境を前に立ち止まる。しかもそれは、世界の国々のなかで多数派を占めているわけですらない。イギリスのエコノミスト・インテリジェンス・ユニットによるデモクラシー指標（選挙過程と多元主義、市民的自由、政府機能、政治参加、政治文化の五つの範疇から作成）によると、世界一六七ヵ国（二自治領を含む）のうち二〇一五年に「完全なデモクラシー」とされる国は二〇ヵ国であり、世界総人口の八・九パーセントをカバーするにすぎず、「不完全なデモクラシー」五九ヵ国を加えても、デモクラシーに数えられる国の数は全体の半分に達しない。しかも「完全なデモクラシー」とされる国は、二〇一四年から四ヵ国減っている。ちなみに日本は不完全な民主主義に転落した四ヵ国のうちの一つである（http://www.yabiladi.com/img/content/EIU-Democracy-Index-2015.pdf、二〇一六年四月九日閲覧）。

私たちが今日にしているのは、「歴史の終焉」というよりは、「歴史の繰り返し」のようにみえる。(1) ナショナリティを強化する動きが、再び強まっている。二〇世紀において国民統合の要であった福祉国家は、グローバル化のなかで自由競争国家へと変質した。既存の再分配政策が放棄されたわけではないが、少子高齢化のなかで世代間の連帯は困難となり、移民増加に対する反動から福祉ショーヴィニズムが勢力を拡大している。このように福祉国家の遺産は、今日国民統合を生むどころか、社会に亀裂をもたらしている。経済においては左右の新自由主義的な政策への収斂がみられるなかで、福祉国家に代わる国民統合の手段として、ナショナリティの再構築が叫ばれるようになった。

といっても今日のナショナリティの再構築は、単純な過去の繰り返しではない。福祉国家による国民統合や同質性の実現は、国民の画一化（国民的同質性の加工）、訓育、管理にほかならない点を、ポストモダン理論は鋭く突き、国民少数派の権利を主張する「承認の政治」や「アイデンティティ・ポリティクス」を提起したが、皮肉なことに、そのような議論は今日では、国民多数派によるナショナリティ再構築のために用いられている。多数派の価値観やアイデンティティの承認が求められているのである。

リベラル・デモクラシーが世界に浸透するという夢が打ち砕かれ、今やそれは国境の内側へと撤収を始めたが、もはや国境の内側もリベラル・デモクラシーにとって安住の地ではない。ヨーロッパはテロの戦場と化し、今やムスリム（イスラム教徒）をリベラル・デモクラシーとは相いれない脅威（敵）とみなす「イスラム恐怖症」が西欧社会に蔓延している。ハンチントンのいう民主化の「第三の波」は期待外れに終わったが、もう一つの「文明の衝突」予測は、あたかも実現してしまったかのようにみえる。

ハンチントンによれば、東西冷戦の終焉によって世界は多極化し、多文明化する。彼のいう文明とは文化を拡大したものであり、文明を特徴づけるものとして宗教の重要性が指摘されている。冷戦後、利益やイデオロギーではなく、文明的アイデンティティこそが、紛争の原因となっているとハンチントンはいう。そもそもアイデンティティとは、他者との相違に直面し、しかもしばしば敵対するなかで、鮮明になるものである。そしてハンチントンは、とりわけイスラム文明圏が他の文明圏（とりわけ西欧文明圏）との接触において、さらにはその文明内においてすら、紛争を引き起こしやすいことを指摘し、イスラム文明を血なまぐさい、暴力的なものとして描いている（Hunchington 1996）。

「文明の衝突」論は、ハンチントン自身がいうように、社会科学的な研究ではないが、彼の長年にわたる研究に基づく豊富な知識と想像力を縦横無尽に駆使した壮大な文明史観であり、ロンドン、パリ、ブリュッセルなどのヨーロッパの主要都市がテロの恐怖に日常的に脅かされるようになった今日、イスラム恐怖症を予告する象徴的作品となった。移民排斥は、グローバル化への反撥として、当初極右政党によって主張されたにすぎなかったが、テロへの恐怖をきっかけに、可視的少数派の文化や宗教、生活習慣一般への違和感、さらには彼らが重度の福祉依存症であるとの偏見が広くヨーロッパ社会に浸透してしまった。

リベラル・デモクラシーは、これまで異質な文化に対して比較的寛容な態度を示してきたが、「イスラム文明の挑戦」（と想像されるもの）に対して、リベラルな価値が西洋という固有の文脈で生まれ、育まれたものであることを認め、非リベラルな伝統、価値、宗教、生活様式をもつ少数派に対して西欧社会の文化や生活様式を尊重するように求める声が強まっている。いわゆるリベラル・ナショナリズムの台頭である。

文脈負荷性を認めることは、普遍主義を標榜するリベラリズムにとって自己否定につながりかねない危うい行為であるが、リベラル・ナショナリズムは、リベラリズムが現実には西欧に生まれ、そこを中心に植民地や近隣諸国に受容されていったという現実を踏まえ、ナショナリズムの言説が、イスラム恐怖症に煽られ、右翼的な人種差別や排外主義に回収されることに抗するために、ナショナリズムをリベラルな伝統のなかに位置づけようとする瀬戸際戦略である。

もちろんリベラルな普遍的価値とナショナリズムとは予定調和的な関係というにはほど遠く、両者の間に自ずと均衡点が生まれるわけではない。両者をどのように均衡させるのか、あるいは緊張をどのように管理するのかは、国ごとに異なる。国民再統合の形は、各国の歴史、文化、社会構造、経済や政治状況に規定されている。本章の目的は、ハンチントンの言葉でいえば「西欧文明」に属する国々において共通にみられる国民再統合の動きを比較検討し、ポスト福祉国家時代の文化政治における国民再統合のパターンを析出することである。

この試みの意義を明らかにするためには、まず国民統合パラダイムとしての福祉国家が今日大きな危機に陥っていることを確認する必要がある。福祉国家の国民統合機能がうまく働かなくなったことによって、ナショナル・アイデンティティ再構築の動きが加速しているのである。次にナショナリティ再構築の試みとして、英独仏におけるムスリム女性のヘッドスカーフ問題への対応を比較検討し、三国のリベラル・ナショナリズムの異なるパターンを析出する。

二　国民統合の危機——福祉国家パラダイムの終焉

近代国民国家は、フランス革命とともに始まったといわれる。もちろんそれは象徴的な意味にすぎないが、フランスでは絶対主義王権による中央集権的な近代国家が生まれ、一七八九年革命において第三身分が国民＝市民となり、王に代わる主権者となっていく。いわば絵に描いたような国民国家形成がみられるのである。もとより国民形成は、イギリスのように、より漸進的、断続的に進行する場合もあるし、ドイツのように国民意識の高揚によって国家形成を先導する場合もあるが、主権を担保する国家機構とその主人である国民という二つの概念の組み合わせとして近代国家を捉えるのは、フランスをモデルとしている。

それでは国民とは何かといえば、一言でいえば、国家主権によって確定される国境内に属する者たちである。国民は同質性をもち、だからこそ連帯が可能になるといわれる。国民的同質性は、民族性、言語、宗教、歴史などの共有によって担保されるといわれるが、国境外にそれらを共有する者たちが存在しないわけではないし、逆に国境内にそれらを共有しない者たちも存在しうる。したがって国民とは、第一義的には所属の問題なのである。

しかし所属という事実だけで、国民としての一体感が生まれるわけではない。そこで主流となる民族性や言語などをもつ文化共同体の存在が重要になる。主流文化の基盤の上に政治、教育、メディア、様々な制度によって国民としての意識が形成される。国民なるものは社会的に構築されるものであるから、一定の条件が揃えばどこでも必ず実現されるというものでない。一定の社会的文脈では国民の統一性を促進した条件が、他の文脈では、一転してそれを脅かすこともありうる。今日福祉国家もまた、そのような変容過程にあるように思われる。

一九世紀ヨーロッパにみられた深刻な問題は、資本主義経済の発展に伴う階級分岐である。社会主義勢力、なかんずくマルクス主義者たちは、資本主義経済は労働者階級を搾取するものであり、国家は資本家階級の手先・手段にすぎず、デモクラシーは資本家の階級支配を隠蔽するヴェールにすぎないと批判した。彼らは国家を超えた労働者階級の団結を標榜し、国民統合を脅かすようになったのである。

福祉国家はこのような国民の階級的分裂を修復し、国民の連帯と統合を再構築することになった。かつて福祉国家は、左の勢力によって推進されたといわれたが、これには二つの留保が必要である。左が体制内化することと左右の争いが政策本位となることである。つまり左右が極端なイデオロギー・スタンスをもっていては、福祉国家は生まれない。たとえば左が社会主義革命、右が自由放任主義を標榜していては、福祉国家への合意の可能性は生まれない。福祉国家は左がより右に、右がより左に移行することによって、資本主義経済内において社会的公正や平等を追求する政策をめぐって競合することで実現する。

一九世紀末から自由主義のなかには個人の自由は公の目的のためには時として制限されることを認める修正リベラリズム（ニュー・リベラリズム、介入的リベラリズムなどとも呼ばれる）の流れが生まれ、古典的自由主義（自由放任主義）に取って代わる。他方社会主義のなかでも、国境を越えた労働者階級の連帯と革命を目指す路線は第一次世界大戦下でナショナリズムが台頭することで破綻し、資本主義国家内でデモクラシーを通じて社会改良を求める社会民主主義が主流になっていく。こうした左右の歩み寄りの結果、階級対立を超え、国民的連帯を実現する福祉国家への道が拓かれたのである。

いうまでもなく福祉国家の規模や程度は、国によって様々である。福祉国家が高度に発展したヨーロッパの小国においては貿易依存度が高く、国際競争力を高めるために政労使が協力するコーポラティズム体制が生まれた。国民の同質性が高く、人口規模が小さいことが、国民を管理し、経済に効率的に動員することを可能にしたと考えられる。コーポラティズム体制が生まれると、経済と福祉を包括的に管理する福祉国家が誕生しやすくなる。

他方において、アメリカのように、そもそも個人主義の伝統が強く、国民的同質性が低い、そして社会的流動性が高く、かつ貿易を必要としないほどの巨大国内市場をもつ国では、福祉国家を求める契機は弱い。しかしそのアメリカにおいても、公的年金や要扶養児童をもつ貧困家庭への福祉がニューディール期に生まれている。

二〇世紀において国民国家が福祉国家へと発展しえた背景には、資本主義の変容と、リベラル・デモクラシーの発展がある。まず資本主義経済をみれば、労使和解体制下で大量生産大量消費システムが生まれた。このシステムの鍵は、労使が相互の権利を尊重すること、そして労働者が生産性に見合った賃金（生産性インデックス賃金）を受け取ることによって生産過程だけではなく、消費過程にも包摂されることにあった。大量生産によって生産性を向上させ、価格を低く設定することが可能になり、賃上げによって購買力を増した労働者は大量生産された商品の消費者となる。要するに労働者が生産し、消費するのである（フォーディズム）。

生産現場での労使和解を前提として、完全雇用・再分配と物価安定・生産効率をめぐる労使の対立は制度化される。労使対立は、団体交渉によって、あるいはデモクラシーによって、制度的に管理される。階級闘争は、社会主義革命ではなく、資本主義経済内で雇用、賃上げ、再分配を求めて、ルールに従って闘われることになった。とりわけ労働者は数の優位から議会に代表を送り込み、政治を通じて社会改良を実現する戦略を多用するようになる。こうして階級闘争は、いわば民主的に翻訳される（民主的階級闘争）。

福祉国家は、資本主義がフォーディズム的展開を示し、デモクラシーが成熟したことによって生まれた。国民にナショナル・ミニマムを保障することで、貧困問題を緩和し、社会的不安を取り除き、国民としての一体感を強める。国民の生活水準向上は、ひるがえって、労働市場に必要とされる良質な労働力育成につながる。そして再分配政策は国民の間に広く購買力を配分し、需要を高める。

しかしながらフォーディズムのような一国主義的な資本蓄積体制が壊れると、福祉国家のもつ意義は弱まる。

国際分業が進むと、企業は原則的に、労働力や原材料の安価な国で生産し、需要のある国で売ればよいことになる。一国内における生産から消費までの完結したサイクルが壊れると、福祉はもはや経済成長に資するものとはみなされず、単なる労働コストとみなされるようになる。

しかも経済成長が鈍化し、少子高齢化が進み、福祉国家の財政基盤が揺らぎだすと、世代間、異なる社会階層間での利害対立が顕在化してくる。[2]とりわけヨーロッパにおいて深刻な問題は、移民排除を唱える福祉ショーヴィニズムの台頭である。福祉ショーヴィニズムは、当初極右に限られた運動であったが、徐々に支持を拡大し、今日では政治アジェンダに大きな影響を及ぼすに至っている。

今や移民は、福祉国家の危機を作り出す元凶として、非難されるようになった。福祉国家の財政逼迫の主たる原因が移民にあるというのはまったく事実に反するが、移民はいわばスケープゴートにされてしまった。移民はフリーライダーであるという考えが広く受け入れられてしまった背景には、そもそも福祉国家が国民主義に基づいているという事情がある。福祉国家は、理念的には普遍的な社会権を保障するものであるが、実際には国民としての同質性を担保し、再生産するものであったため、そもそも国民として同質とはいえない可視的少数派が社会に増えると、福祉国家が国民国家として本来もっている異質性を排除するメカニズムが露わになるのである。

福祉国家に代わって、国民の同質性、一体感を調達するものとして近年注目されるようになってきているのが、文化政治である。いわゆる差異の政治やアイデンティティ・ポリティクスといわれるポストモダン言説は、差異を否定し、同化を求めるのではなく、差異の必然性と意義を認め、少数派のアイデンティティを擁護するものであった。このような議論は、広く多文化主義といわれる文脈のなかに位置づけることができる。

多文化主義は、様々な文化を背景に異なるアイデンティティをもつ集団の共存として社会を捉える。このような考えは、普遍的市民の徳を前提とする共和主義的伝統の強いフランスではまったく受け入れられなかったが、アングロ・サクソン系諸国、さらには大陸ヨーロッパ諸国において影響力を高め、少なくとも二〇世紀最後の二〇年ほどの間、この議論は二一世紀における国民国家の行方を照らすように思われた。多文化主義理論では帰属の複数性や多次元性が認められ、多重的シティズンシップや多元的国民という構想も生まれた（cf. Keating 2001）。

しかし二〇〇一年九月一一日同時多発テロによって、事態は一変する。多文化主義は、非リベラルな伝統や価値をもつ集団を放置することで社会的緊張を高め、テロリストの温床を提供していると批判されるようになった。分断された「並行社会」を克服するために必要とされるのが、ナショナル・アイデンティティやナショナリズムである。このようにアイデンティティ・ポリティクスの言説は、皮肉なことに、国民主流派によって利用されるようになったのである。

とはいえ、社会の多様性そのものを否定する言動は、なお極右などの一部に限られている。リベラル・ナショナリズムにおいて求められているのは、価値の相対性や多様性を認めるリベラルな枠組の承認である。すなわち個人や集団のアイデンティティは様々であるにせよ、多様性を許容する基底的価値として、リベラリな価値を育み、維持してきた文化や伝統を誰もが受け入れ、尊重するように求められるのである。(3)

それでは次に、このようなリベラル・ナショナリズムが、英独仏という西欧の主要三ヵ国においてどのような展開をみせているのかを、ヘッドスカーフ論争を事例として検討していくことにしよう。

三　ヘッドスカーフ／ヴェール論争

ヘッドスカーフとリベラリズム

ムスリムのヘッドスカーフには、頭を覆うだけで顔はみえるアラビア語でヒジャフと呼ばれるものと、目以外をすべて覆うニカブと呼ばれるものがある。ヴェールという表現はニカブにこそふさわしいが、新聞や文献ではヒジャフを含めてヴェールという表現が頻繁に使われている。ここではより中立的と思われるヘッドスカーフという表現を用い、特に区別する必要があるときはヒジャフ、ニカブというアラビア語表記を用いる。

元来イスラムのヘッドスカーフには、政治的な意味合いはおろか、宗教的な意味もなかったという。それは「ムハマドの妻たちの私的領域の保護」を表し、コーランの教えは、「宗教的な義務」ではなく「社会的慣習」の観点からなされたものであった。しかし四半世紀前、イランや中東においてヘッドスカーフが復興し、それがヨーロッパのムスリムの第二、第三世代に広がり、反西欧的な意味合いをもつようになったといわれる。

ヘッドスカーフが女性に強制されるなら、それは女性差別であり、明らかにリベラルな価値とは相容れず、反リベラルの象徴とみなされる。しかしたとえそうであっても、ヘッドスカーフの着用禁止は、着用行為に抵抗のシンボルとしての意味を賦与することになり、ムスリムの社会統合にとって障害となりかねない。またヘッドスカーフ着用が、ムスリム女性の自発的選択であり、アイデンティティの表現であるとすれば、それを抑圧することはリベラルな価値観に抵触することになる。さらに事情を複雑にしているのは、ヘッドスカーフが強制されている場合、それを着用しなければ女性は外出できなくなり、家族やムスリム共同体外の世界に触れる機会がなくなってしまうことである。したがって、ヘッドスカーフの着用を禁止すれば、ムスリム女性の自立のチャンスを奪うことになる。

ヘッドスカーフはイスラムの世界においてはごく当たり前の社会習慣であったが、このように西欧社会のなかで様々な意味を与えられることになった。したがってヘッドスカーフ問題とはムスリムの問題であるというよりは、西欧リベラリズムの問題なのである。すなわちリベラリズムは、どこまで非リベラルな価値を許容し、寛容たりうるのか、あるいはそうすべきなのかが問われているのである（ヨプケ 二〇一五：九―一四）。こうしてヘッドスカーフは、西欧リベラリズムのリトマス試験紙となる。ある国がムスリムのヘッドスカーフにどのように対応したのかによって、その国のリベラリズムの特徴（リベラル度ということではない）が明らかになる。それは、各国の国民統合とリベラリズムの結節点の違いを反映している[4]。

ムスリムのヘッドスカーフは多くの西欧諸国で問題として論じられているが、ここでは英独仏を取り上げたい。これら三国は西欧のリベラル・ナショナリズムの異なるパターンを代表していると考えられるからである。しかし英独仏のリベラル・ナショナリズムを比較検討する前に、これら三ヵ国をリベラリズムの国であるとみなすことの妥当性について確認しておく必要がある。

リベラリズムといえば、マグナ・カルタ以降のイギリスにおける王権に対抗する議会主義の発展のなかに一つの典型を見出すことができる。これを共和主義の伝統が強いフランスと、あるいは民族主義の伝統が強いドイツと区別することはもちろん可能である。ジョーン・スコットは、ヘッドスカーフが全面的に禁じられたフランスとそれがまったく問題にならなかったアメリカとを比較し、フランス共和主義はリベラリズムとは異なるものであると主張している（スコット 二〇一二）。

ヘッドスカーフに対する米仏の対応が大きく異なることは確かであるが、スコットはアメリカのリベラリズムとフランスの共和主義の違いを誇張している。アメリカにおいても建国期においては共和主義が大きな力をもったことはよく知られているし、そもそもアメリカにおける市民像がフランス共和主義のそれと相容れないものとは思われない。国民は、自由と平等という普遍的な価値をもつ個人からなると考えられる点において、また明確な政教分離が法によって定められているという点においても、米仏は少なくとも形式的にはよく似ているのである[5]。

共和主義とリベラリズムが系譜の異なる原則であることは確かであるが、現実の政治のなかで市民の徳を重んじる共和主義を自己利益と快楽に興じるリベラリズムから識別できるわけではない。ここでは近代政治の第一原理を自由権の確立として捉え、リベラリズムはそれを反映する包括的な統治原則であると考える。ジョン・グレイによれば、リベラリズムには、「さまざまな生の様式を調停する暫定協定としてのリベラリズム」と「それ自体が自律的かつ合理的に営まれる一つの生の様式としてのリベラリズム」という二つの類型がある（グレイ 二〇〇六）。この論に従えば、前者はイギリスやアメリカのリベラリズムであり、後者はフランス共和主義に妥当するであろう（ヨプケ 二〇一五：v）。

それではドイツはどうか。ヨプケはドイツにおいてヘッドスカーフ禁止の根拠として「キリスト教－西洋的」価値が公然と持ち出されたことを重くみて、ドイツの対応を非リベラル的であると断じている。「ドイツの対応は、「われわれ」と「彼ら」を共存しえない異質なものとして位置づけ、両者の間に排他主義的な区別をつけるという点で、名目ではなく実質においてナショナリスト的な対応なのである」（ヨプケ 二〇一五：vi）。

しかし、のちにみるように、このような対応によってヘッドスカーフ禁止を行ったのは保守的な州に限られており、連邦レベルでなされたわけではないし、そもそもドイツでは英仏のように生徒のヘッドスカーフ着用が問題になることはなく、あくまでも教師の着用が問題になった。ドイツ基本法（憲法）において自由権は包括的に認められており、政教分離も明記されている。連邦憲法裁判所は、ヘッドスカーフ問題については基本法に示されたリベラルな価値を擁護する立場を明確にしている。したがってドイツの対応は、他の二つの国においてはみられないような非リベラルな面があるにせよ、なおリベラリズムの一変種であるといえる。

英独仏のヘッドスカーフ問題

〈イギリス〉

イギリスにおいては政教分離が憲法的に明示されておらず、イギリス国家はいわゆる世俗国家、中立国家ではない。伝統的に宗教教育は認められており、宗教的学校への政府の財政支援もある。イスラム系の学校への財政補助については、ブレア労働党政権の時代に始まるが、それ以前から、「一にして不可分の」ネイションを標榜するフランス共和主義とは異なり、イギリスでは民族的少数派の文化的多様性を認める多文化主義的な政策が取り入れられていた。

イギリスにおけるヘッドスカーフ問題は、一九八九年にマンチェスターのグラマー・スクールにおいて、ムスリムの姉妹がヘッドスカーフを着用したまま授業に出席することを主張したことで表面化した。校長はこの主張を認めず、二人を帰宅させる。その後学校当局は、生徒やその家族と話し合い、結局スカーフの色をスクール・カラーに統一することで着用を認め、決着がつく。爾来ヒジャフの着用については、イギリスでは問題にならなくなる。

新たな問題の発端は、二〇〇二年ロンドンのルートン地区の学校で、女子学生が顔と手を除く全身を覆う「ジルバーブ」の着用を主張し、放校処分になった事件である。この件は法廷に持ち込まれるが、最終的には学校側の判断が支持された。法廷で問題になったのは、もっぱら個人の権利侵害、すなわち生徒の信教の自由が守られているかどうかであった。そこでは一九九八年人権法（欧州人権条約を国内法化したもの）に規定された信教の自由に対する学校側の制限が「均衡のとれたものであるかどうか」が争われたのである。学校側は、ムスリム・コミュニティと相談のうえ、シャルウォー・カミーズといわれる制服の代替を用意するなど、十分に生徒の信教の自由に配慮しており、その判断に均衡を欠くところはなかったと裁判所は判断したのである。

以上の二件に共通するのは、政府が不介入主義を堅持したことである。しかし二〇〇七年にバッキンガムシャーのグラマー・スクールで起きたニカブ着用禁止をめぐる争いでは、政府内からの発言が相次ぐ。この事件は、二〇〇五年七月七日ロンドン同時爆破テロが発生し、反イスラム感情が高まるなかで起きたため、政治の場でも重大な関心を呼ぶことになったのである。

労働党政権の閣僚ジャック・ストローは、二〇〇六年一〇月、自分に面会の際には顔がみえるようにニカブを脱ぐようにと要望したことが大きく報道された。彼は、その後ヴェールは分離の含意をもつので、廃止されるのが望ましいとの心情を明らかにしている（ただしストローは二〇一〇年に公式に謝罪し、前言を撤回している）。これを受けて、ブレア首相が、ニカブを「分離の徴」であると明言し、ブレアの後継者となるゴードン・ブラウンもこれに同調し、ヴェールを着用するムスリム女性が少なくなることは、イギリスにとってより良き事であると語った。このような政府首脳の発言をきっかけに、労働党内、さらには保守党内からも活発な議論が巻き起こった。しかしイギリスでは結局政治の不介入主義は維持され、裁判所は、ニカブが本人確認を困難にすることや授業および同級生に与える影響を考慮し、学校側の判断が均衡のとれたものであったと判断した[6]。

〈ドイツ〉

ドイツにおいて、生徒のヘッドスカーフ着用は宗教的自由として認められ、問題になることはなかったが、教師のスカーフ着用が問題になった。バーデン＝ヴュルテンベルク州の公立学校において、一人のムスリム女性が授業中のヘッドスカーフ着用を主張し、結局教師に正式採用されなかったことを不服として、行政裁判所に提訴した。原告側は、シュツットガルト行政裁判所、州の行政裁判所、さらには連邦行政裁判所においても、敗訴する。行政裁判所は、ドイツ基本法に照らして、教師に信教の自由が認められるのは当然であるが、生徒の消極的信教の自由や親の子供を教育する権利、国家の宗教的中立性等を考慮し、国家の代理人である公立学校の教師がスカーフを着用する権利は制限されると判断したのである。

しかし連邦憲法裁判所は、二〇〇三年九月の判決において原告の訴えを認めた。生徒の消極的信教の自由については、学校は様々な宗教的見解が出会い、相互理解の機会を提供する場であるとし、学校側に宗教的多様性と寛容性を求め、また基本法にいう国家の宗教的中立性とは国家と教会の厳格な分離を意味するものではなく、すべての信条に対して平等に開かれたものであるとし、国家の代理人として教師が厳格な中立性を求められるという考えを斥けた。しかし連邦憲法裁判所の見解は、州によるヘッドスカーフ禁止の可能性を全面的に否定したものではなく、憲法上の権利は制定法の根拠なしには制限できないとの見解が付せられていたため、その後法制定によってヘッドスカーフ着用を禁止する州が相次いだ。特別な規制をしない、あるいは原則的に宗教的表徴の着用を認める州も半数に達したが、保守勢力の強い州ではほぼヘッドスカーフ規制法が制定された。しかもキリスト教の表徴については例外扱いとする州が大勢を占めた。

このような州法によるヘッドスカーフ禁止に対して、ノルトライン゠ヴエストファーレン州で二人のムスリム教師が信教の自由を侵すと訴訟を起こすが、州裁判所レベルでは原告の訴えは認められなかった。しかし二〇一五年三月に連邦憲法裁判所の下した判断においては、学校側が教室での混乱や教師の中立性を維持するという理由でヘッドスカーフを禁止する場合、抽象的ではなく十分に明確な危険性がなければならないとされ、またキリスト教や西洋的価値を例外とする規定は差別的であるとされた。さらに裁判所は、教職者の外見上の宗教的表現に関して包括的な禁止を行うことは、宗教的自由とは相容れないとしたのである。連邦憲法裁判所の判決は、なお州法によるヘッドスカーフ禁止を全面的に違憲とするものではないが、それに大きな制約を課すものであり、ニーダーザクセン州のように、教師のヘッドスカーフ着用禁止法を撤廃する州も出てきている(7)(http://www.reuters.com/article/us-germany-islam-headscarves-idUSKBN0M911V20150313、二〇一六年五月一八日閲覧)。

〈フランス〉

一九八九年九月にパリの北部郊外にあるクレイユ市の公立中学校で、三人のムスリム女子生徒がヘッドスカーフをかぶって登校し、授業中もそれを脱ぐことを拒否し、校長によって帰宅を命じられた。この事件をメディアが大きく報道し、大論争が巻き起こる。共和派知識人は、これをライシテ（非宗教性／政教分離の原則）の危機とみなす共同宣言を発した。ライシテ原則主義からすれば、教育現場におけるスカーフ着用を擁護することは、コーランの規律への屈服であり、イスラム原理主義を利するものである。フェミニストもまた、「スカーフ＝男性支配への服従」とみなして、ライシテ原則主義者以上にヘッドスカーフ着用を強く非難した。

事態を重くみたジョスパン教育相は、一〇月コンセイユ・デタ（国務院と通常訳されるが、政府の諮問機関であるとともに、行政訴訟において最高裁判所として機能する）の判断を仰ぎ、国務院は翌月には、公立学校で生徒が宗教的帰属を示すようなものを身につけることは、必ずしもライシテ原則に抵触しないという判断を下した。ジョスパンはこれに従い、学校に対してケース・バイ・ケースでの判断を求め、事態は沈静化に向かった。

しかし一九九四年九月フランソワ・バイルー教育相は、ヘッドスカーフが個人的な宗教実践以上の原理主義的意味をもつことをもはや無視できないとし、「宗教信仰へのささやかな個人的愛着」を示す表徴は許されるが、宗教的帰属を誇示する表徴は禁止されるという大臣通達を出す。これに対して、国務院は一九八九年の判断を再確認するが、ル・ペン率いる極右の国民戦線が移民排斥を主張して勢力を拡大し、二〇〇二年の大統領選挙ではル・ペンが決選投票に進む事態に至った。

国民戦線を封じ込めるため、保守政権は従来のケース・バイ・ケースという方針の見直しに入る。二〇〇三年三月、ニコラ・サルコジ内務大臣がムスリム女性も身分証明用の写真では無帽であるべきと再度ヘッドスカーフを政治問題化し、七月にはシラク大統領が、「フランス共和国におけるライシテ原則の適用にかんする検討委員会」を立ち上げる（ベルナール・スタジを委員長に一九名の各界の委員からなる特別委員会であり、通称スタジ委員会と呼ばれた）。そうしたなか、九月末にはオーベルヴィリエ郊外に住む二人の姉妹が、ヘッドスカーフを着用し、放校になる事件が起きた。姉妹の親はイスラム教徒ではなく、彼女たちはリベラルで世俗的な家庭に育ったが、自ら進んでイスラム教に改宗し、ヘッドスカーフ着用を選択したのである。

注目されるスタジ委員会の報告は、人種差別への断固たる対応や食物に対する宗教的配慮など、二六に及ぶ包括的な提言を行ったものの、宗教的表徴については禁止の方向性を打ち出した。政府はこの提言を得て、二〇〇四年三月宗教的表徴禁止法を制定する。新法では、公立学校において児童・生徒は、宗教的所属をこれみよがしに示すような表徴、服装を身に着けることを禁じられることになった。禁止対象にはユダヤ教の頭蓋帽（キッパ）や大きな十字架も含まれたが、ムスリムのヘッドスカーフの着用禁止が主たる目的であったことはいうまでもない。

フランスでの規制は、さらに進む。二〇〇八年にはフランス人男性と結婚したモロッコ人女性が、全身を覆うブルカ着用という「過剰な宗教的行為」のためにフランス国籍申請を却下されるという事件が起こる。二〇〇九年六月サルコジ大統領は両院総会の場で、ブルカは信教の問題ではなく、隷属の徴であり、フランス共和国では歓迎されないと明言した。そして二〇一〇年ブルカ禁止法が制定され、「公共空間で顔を隠すこと」が禁止され、違反者に対しては一五〇ユーロの罰金、もしくは市民教育の講習が義務づけられることになった。また着用を強制した者に対しては三万ユーロの罰金と一年の禁固、未成年に対して強制した場合は各々倍の刑が科せられることになった。

各国対応の比較検討

〈相違点〉

各国の対応の違いをまとめると、フランスにおいて国家による包括的な厳しい規制が導入され、ドイツにおいては州レベルでターゲット（ムスリム女性教師）を絞った規制がなされ、イギリスにおいては学校によるケース・バイ・ケースの対応が堅持されたということになる。このような対応の違いについて、政教分離と国民形成という二つの基準にそって考えてみよう。

これら三国のなかで政教分離原則が厳しいほど、ヘッドスカーフ規制も厳しいという対応関係がみられる[8]。経験主義の国、イギリスにおいては明確な政教分離の原則が確立しておらず、宗教を教育現場から排除しようという発想がそもそもない。むしろ宗教教育が義務化され、宗教学校への政府の支援もなされている（安達 二〇一三：二八四―二八七）。ニカブについては規制の動きがみられたが、政府は自重し、学校の判断に委ねられている。

ドイツにおいては政教分離原則が確立しているが、その原則は、信教の自由と国家の宗教的中立性という考えに基づき、学校においては第一義的に生徒の信教の自由を侵してはならないものとして理解される。教師ももちろん信教の自由をもつが、国家の代理人として制限を受けることがありうる。ムスリム女性教師がスカーフを着用して授業を行うことを禁じた州法においては、国家の代理人たる教師が宗教的表徴を身に着けて授業を行うことは、生徒の消極的信教の自由、国家の宗教的中立性を侵すとされた。

フランスは、最も厳格な政教分離原則、ライシテをもつ。ライシテの原理は、フランス人権宣言第一〇条（「良心の自由」）に根拠をもつといわれるが、それが明確な形をとるようになるのは、第三共和政下においてカトリックの影響力排除を目指す初等教育改革などの一連の動きを通じてであり、一九〇五年に制定された「教会と国家の分離に関する法」によってライシテは直接的な法的根拠をもつことになった。教会の活動は宗教的領域に限定され、公的空間は徹底的に世俗化される。国家には宗教的中立性が求められ、学校は共同体的な属性や宗教から解放された普遍的市民を育成する場として「神聖化」されることになった。

したがってフランスの政教分離においては、ドイツ同様に信教の自由や国家の宗教的中立性が求められるが、なによりも教会の世俗的な影響力を排除することが最重要であった。これを戦闘的ライシテと呼ぶが、やがてカトリック教会の市民生活への影響力が弱まると、戦闘的ライシテ原則は徐々に緩められ、ヨプケによれば、「ライシテのライシテ化」、戦闘的ライシテから多元的ライシテへの移行が生じた。ライシテのイデオロギー的性格は弱まり、むしろそれは宗教的自由を意味するようになったのである（ヨプケ 二〇一五：六〇―七一）。

ところが一九八九年事件をきっかけに、このような「ライシテのライシテ化」に挑戦し、戦闘的ライシテを復活させる試みが生まれた。そこでの真の争点は、実はムスリムのヘッドスカーフではなく、ライシテの解釈であった[9]。このような動きにブレーキをかけようとしたのが、国務院によるケース・バイ・ケース原則の確認であったが、二〇〇四年法によってその考えは否定され、戦闘的ライシテが公に復活した。

次に国民形成の違いをみると、イギリスにおいて国民形成は、長い時間をかけて漸進的に行われ、イングランド、ウェールズ、スコットランド、アイルランド、さらには英連邦内から移入した多様な人々、移民が共存する社会が作り上げられた。すなわち多様な文化や共同体に属する人びとによって構成されるのがイギリス社会であり、イギリス国民なのである。イギリスのナショナル・アイデンティティとは、社会的多元性を許容するリベラリズムであり、多元主義的リベラリズムと呼ぶことができる。このような多元主義的リベラリズムにおいても、ムスリム共同体は非西欧的であり、非リベラルな文化をもつゆえにイギリス国民性とは異質なものとして位置づけられるが、社会的に許容される一つの文化集団である。

ドイツにおける国家形成が、民族精神の鼓舞によって推進されたことはつとに指摘されてきた。政治的な存在としての国民が、まずは言語的文化的共同体として観念されることによって、ドイツでは国民とムスリム共同体とは相いれない存在となる。また国民が民族共同体として観念されるゆえに、教室でのムスリム女性教師のヘッドスカーフを禁止しながら、キリスト教の修道服は認めるといった取り扱いの差別が生ずる。後者は宗教的価値ではなく、ドイツの国民的価値の象徴であるとみなされるのである（ヨプケ 二〇一五：ブルーベイカー 二〇〇五：ダン 一九九九）。このようなドイツのリベラリズムは、民族主義的リベラリズムと呼ぶことができる。

民族主義とリベラリズムの間には、控えめにいっても、鋭い緊張関係がある。民族性があまり強調されると、リベラルな寛容性は失われる。ムスリムのヘッドスカーフのみを標的とする州法が、非リベラルであることは間違いない。ただしドイツでは、そのような州法に対して、連邦憲法裁判所がリベラル原則を擁護することで、民族主義を抑制してきた。州レベルにおいても民族主義が圧倒的に強いわけではない。ヘッドスカーフを禁止する州は全一六州の半数に達したが、ベルリンやニーダーザクセンではキリスト教的表徴も含む（キリスト教を特別扱いしない）全面禁止である。他方禁止していない州では、イギリスのように柔軟な対応がなされている。

フランスでは、革命によって旧体制が転覆し、一夜でというのは大げさであるにせよ、短期間で国民が誕生した。フランス革命によって誕生した国民は、民族や伝統ではなく「自由、平等、友愛」という理念に基づく普遍的市民と考えられた。このようなフランスのリベラリズムは、共和主義的リベラリズムと呼ぶことができる。共和主義的リベラリズムにおいて多様な文化共同体に属する者たちは、公共空間においてはそのような属性を脱した普遍的国民として一体化すべきであり、共同体的な契機を公共空間に滑り込ませることは厳格に禁じられる。

しかしこのような普遍主義的市民像が、フランスにおいて歴史上堅持されてきたとは言い難い。フランスの国民像は、ドイツとの戦いのなかで愛国主義に基づく限定的なものになっていく。さらに二〇世紀後半になると、アルジェリア、そして中東からの移民の流入によってフランス社会は、実質的にはイギリスのような多元主義的なリベラリズムに近づいていったと考えられる。したがって戦闘的ライシテの復活は、フランスの共和主義的伝統の再建を意味していた。国民が多様な共同体に属するという共同体主義を否定し、そのような多様性を超えた一体の存在として国民を再確認すること、換言すればフランスの共和主義的リベラリズムがイギリスのような多元主義的リベラリズムへと変容することを防ぎ、共和主義というフランスのナショナリティを再確認することがフランスのヘッドスカーフ問題の真のテーマであった。

〈共通点〉

前項では英独仏のヘッドスカーフ対応の違いを、政教分離と国民形成という二つの軸から比較検討し、各々を多元主義的リベラリズム、民族主義的リベラリズム、共和主義的リベラリズムと名づけたが、このような違いにもかかわらず、そこに一つの共通点を見出すことができる。どの国においても、ナショナル・アイデンティティが前面に押し出されるようになったのである。多元主義、民族主義、共和主義は、英独仏におけるリベラリズムの固有の文脈である。各々は、リベラリズムと決して予定調和的なものではなく、ときにはそれと鋭く対立しながらも、独特のナショナル・アイデンティティを形作ってきたのである。

リベラリズムは各国固有の文脈のなかで、はじめて生命を得る。平時においてはそのような文脈性が後景に退き、普遍主義的、リベラルな価値観が強調され、非西欧的非リベラルな価値をも許容する寛容性を示すが、異質な価値・宗教・文化が社会構成文化（社会を構成する主流の文化）にとって脅威と感じられるようになると、各国固有の文脈が顕在化する。リベラルな価値そのものによっては、非リベラルな価値を排斥することができないためである。リベラリズムを成立させている各国固有の文脈こそが、各国のリベラリズムの寛容の限界を確定することになる。

しかし近年イギリスでは、多元主義によってはリベラルな価値を防衛できないという認識が強まり、ブリティッシュネスを強調するようになっている。二〇〇一年北イングランドで暴動が相次ぎ、『カントル報告』においてコミュニティが相互に交わらない「並行生活」が無知と憎悪を増幅させる危険性が指摘され、コミュニティ間の交流と活性化、シティズンシップ教育が労働党政権下で方針化された。そこではコミュニティの多様性は否定されないものの、共通の枠組、市民的同一性を担保するものとしてシティズンシップが構想されている。すなわちなお多文化主義は容認されてはいるものの、その共通の枠組としてシティズンシップが強調されるようになったのである。

ここでいうシティズンシップは、もちろんドイツのように民族、血統、土地に結びつく概念ではなく、法と権利に結びつくものであるが、それは普遍的なものというよりは、文脈依存的なものであり、イギリスの伝統や生活様式のなかで育まれたものである。ブレアの後を継いで労働党政権の首相となったゴードン・ブラウンは、次のように語っている。「私たちは、自身のナショナル・アイデンティティから後ずさりすべきではありません。むしろ、私たちは、それを教育の中心へと押し上げねばならないのです」（安達 二〇一三：二〇二―二〇三）。

ディヴィッド・キャメロン保守党政権は、労働党政権の方針をさらに推し進め、多文化主義を否定し、ブリティッシュネスを擁護する立場に至っている。キャメロン首相は、イスラム教徒とイスラム過激派を混同し、「文明の衝突」を説く愚を諫めながらも、イギリス生まれのムスリムの若者たちにとって親の信仰する伝統的なイスラムはもはや古めかしく、かといってイギリス社会もまた彼らに満足させるアイデンティティを与えられていない現実がイスラム過激派に付け入る隙を与えていると警告する。

このような問題の原因を、キャメロンは多文化主義に求める。多様な文化圏に属する者たちが各々孤立した状態で、主流文化圏から切り離されて存在することを奨励してしまったこと、しかもイギリスの価値に真っ向から挑戦する文化であってもそれを受け入れてしまったことを反省し、消極的寛容ではなく、積極的でたくましいリベラリズムが求められると、キャメロンは説く。消極的に寛容な社会は、法を遵守する限り、いかなる価値に対しても中立的に振る舞う。しかし真にリベラルな国家は、言論の自由、礼拝の自由、デモクラシー、法の支配、人種や性別等を問わない同等の権利といった諸価値を信じ、積極的に推進するのである。そして国民に、この国に属することは、これらの価値を信じることであると伝えるのである（https://www.gov.uk/government/speeches/pms-speech-at-munich-security-conference、二〇一六年五月二一日閲覧）。

キャメロンは、二〇一六年一月には「適切かつ合理的根拠があれば」学校、法廷、その他の公的機関でムスリム女性のヴェール着用を禁ずることができると語っている。さらにイギリスのムスリムが過激化し、テロリストに合流するために中東に向かうことを止めるために、政府は公共施設での会合において男女を隔離することを非合法化するという方針を打ち出す。すなわち男女差別的なムスリム文化が、テロリストの温床となっていると考えているのである。

キャメロンはまた、配偶者査証でイギリスに入国したムスリム女性は、一定期間ののちに英語試験で満足な結果を得られなければ国外追放もありうると語っている。キャメロンは、イギリスにフランス流の手法は適さないと語っているが、ブリティッシュネスを守るために国家による法規制も辞さないという彼の態度は、フランス的な国家主義への接近を示している。二〇一六年六月二三日に実施されたイギリスのEU離脱の国民投票において、この間のナショナル・アイデンティティ再確立の動きがどのような影響を与えたかをここで明らかにすることはできないが、少なくとも多文化主義の否定とブリティッシュネスの強調が、イギリスにおけるリベラリズムとナショナリズムのバランスを後者に傾けたことは間違いないだろう。

ドイツにおけるヘッドスカーフ論争においては、ただちにナショナリスティックな価値による対応が生まれたが、それを過度に強調するのは間違いである。多くの州がヘッドスカーフ規制の動きを示していないし、なによりも連邦憲法裁判所がリベラルな価値を擁護する砦として機能している。したがってドイツにおいてはナショナリズムがまずあって、その動きをリベラリズムが抑制するというパターンを示しており、これは英仏とは対照的である。なおドイツにおいても多文化主義に対する拒絶反応は当然強く、二〇一〇年にはメルケル首相がドイツにおける多文化主義は完全に失敗したと宣告を下している(10)(https://www.theguardian.com/world/2010/oct/17/angela-merkel-german-multiculturalism-failed、二〇一六年五月二五日閲覧)。

フランスのヘッドスカーフ国家規制の根拠は、いうまでもなくライシテであるが、実はライシテは多様な意味をもち、すでに指摘したように、当初政府は国務院見解に基づき、イギリス同様にケース・バイ・ケースの対応を取っていた(ボベロ 二〇〇九)。しかし共和主義原理派は、繰り返しこれに挑戦した。たとえば一九九四年のバイルーの政令では、国民は運命共同体であり、そのような理想はまずもって学校で創られると主張し、非宗教的(ライック)で国民的な理想こそ、共和主義的な学校の本質であると宣言したのである(ヨプケ 二〇一五:七一)。このような共和主義原理派にとって追い風となったのが、一九九〇年代後半から二〇〇〇年代にかけて移民排斥を主張する極右ル・ペン国民戦線の台頭であった。サルコジやシラクは、国民の支持が極右に流れることを封じるために戦闘的ライシテへの方針転換を選択したと考えられる。

二〇〇四年法の背景としてさらに見逃せないのは、社会党の豹変である。社会党は、当初ヘッドスカーフ禁止に反対し、ロカール首相(一九八八~八九年)は教育の目的は排除することではなく、世俗的な公立学校では、「受け入れ、説得し、統合する」ことが肝要であると主張していた。しかし二一世紀に入ると、社会党のなかから、すべての宗教的、政治的、哲学的な表徴を学校から追放するよう求める声が生まれる。ヘッドスカーフは、フランスの価値や文化と相いれず、共和主義的な世俗的統合モデルの拒絶を意味すると主張されるようになった。

ヘッドスカーフ禁止の合意形成にあたって大きく貢献したと思われるのが、ヘッドスカーフ問題はジェンダー平等の問題であるというフェミニストたちのフレーミングであったといわれる。フェミニストたちは、ヘッドスカーフ着用が自発的に行われ、女性差別によるものではないという主張に対して、たとえ自発的であろうともヘッドスカーフ着用を認めれば、そのことがムスリム共同体内においてヘッドスカーフをかぶらない女性に対する抑圧へとつながる危険性を指摘した。結果として、ジェンダー平等を守る戦いは、国民的（共和主義的）価値を守る戦いと結びつき、戦闘的ライシテ復活の原動力となったのである（Lettinga and Saharso 2014：32）。

むすび

二〇世紀型国民国家の範型であった福祉国家は、グローバル化、少子高齢化、社会的多様化が進行するなかで、国民を統合する機能を果たしえなくなってきた。これに代わる新たな政治の可能性として登場したのが、文化政治である。再分配の政治を通じて国民統合を図ることが困難になるや、再びナショナリティという価値が「発見」されたのである。

二一世紀に入ってイスラム過激派によるテロ事件が多発し、あたかも「文明の衝突」が生じているかのようなヨーロッパの社会状況のなかで、極右の排外的なナショナリズムに対抗する言説は、コスモポリタニズムやグローバル市民社会といったユートピアではなく、リベラルな価値を擁護するナショナリズムである。リベラル・ナショナリズムは、リベラルな価値というものが固有の文脈性をもつことを認め、その文脈を再確認することで、国民国家とリベラル・デモクラシーの結びつきを再強化しようというものである。しかしその試みは、一様ではない。本章では、各国の文脈に規定された文化政治の多様な展開を、英独仏におけるヘッドスカーフ問題を事例として考察した。

当然のことながら、リベラルなナショナリズムと非リベラルなナショナリズムの間に明確な境界があるわけではない。かつてコーンはイギリスやフランスにみられるようなシビック・ナショナリズムとドイツ、東欧にみられるエスニック・ナショナリズムを弁別し、前者を市民社会とデモクラシーに適合的なものとみなしたが（Kohn 2005）、実は両者の違いは相対的なものにすぎない。リベラルなナショナリズムが非リベラル化する可能性は、つねに伏在するといわねばならない。ナショナリズムというものは、なにがしかのエスニックな基盤をもつのであって、そこにはつねに非合理的で、情念的な要素が含まれる。

国民再統合の手段としてリベラル（シビック）・ナショナリズムが掲げられるとき、それが排外的な、非リベラルなナショナリズムへと移行することを防ぐためには、ナショナリティを他者性に対して開かれたものとして構築する必要がある。そのような一つの可能性として、多文化主義をあらためて考え直す必要がある。はたして多文化主義は、キャメロンやメルケルが断罪したように、非西欧的な価値が社会にはびこるのを放置し、「並行生活」を許し、社会の分断化を促進し、ひいてはリベラル・デモクラシーを危機に陥れる危険な考えなのであろうか。しかしそうであるなら、なぜカナダのように現在なお多文化主義を国是として掲げている国があるのであろうか。

このような疑問に答えるために、第三章においてカナダの多文化主義を中心に、国民統合と多文化主義の関係について検討することにしたい。

注

（1） そもそもフクヤマのいうような大文字の歴史などは存在するはずもなく、歴史がリベラル・デモクラシーへと向かって進歩しているなどというのは妄想にすぎないし、リベラル・デモクラシーは、フクヤマが信じたほどに誰もが素晴らしいと認めるような崇高な価値でもない。それに懐疑の目を向けた論者は、歴史上枚挙にいとまがない。プラトン、アリストテレスはデモクラシーそのものに懐疑的であったが、ルソーは、イギリス議会政治に対しては、「市民は、選挙以外のときは奴隷である」と揶揄した。にもかかわらず、リベラル・デモクラシーがどうにか生き長らえてきたとすれば、それが疑問の余地のない完璧な理想だからではなく、かつてウィンストン・チャーチルがいったように、「民主主義はこれまで試みられてきたすべての統治形態を除けば、最悪の統治形態である」からだ。

（2）以上の点については、新川（二〇一四）で詳しく検討しているので、参照されたい。

（3）本章第一節、第二節は、拙著（新川 二〇一四）で展開した議論を簡潔にまとめたものである。

（4）周知のようにムスリムは多様であり、イギリス、フランス、ドイツのムスリムが同一なわけではないが、本章ではそのような人々の実態ではなく、「ムスリム」として観念された対象に対する各国の政策対応から国民再統合の論理を読み解くことに主たる関心がある。

（5）ただしアメリカにおいて政教分離とは、もっぱら市民の宗教的自由を指し、フランスのように国家の、あるいは公共空間の世俗化を意味するものではない。むしろアメリカ大統領は好んで神に言及するし、宗教的儀礼も好んで用いられ、ベラーたちのいう「市民宗教」が顕著な国である（ベラー 一九九一；ピラート 二〇〇三；藤本 二〇〇九）。

（6）イギリスについては、安達（二〇一三）のほか、ウェッブ上の記事を適宜参照した。

（7）ドイツについては、Gould（2008）、Lettinga and Saharso（2014）、塩津（二〇一〇）、ヨプケ（二〇一五）を参照した。

（8）ちなみにヘッドスカーフへの対応の厳しさは、世論の動向とも一致している。二〇〇五年の調査ではフランスにおいては回答者の七八パーセント、ドイツでは五四パーセント、イギリスでは二九パーセントが「ムスリムヘッドスカーフの禁止に賛成」を選択している（Morin and Horowitz 2006）。

（9）フランス社会でヘッドスカーフ着用が増え、問題が深刻化したために二〇〇四年法が制定されたわけではない。二〇〇四年時点でのヘッドスカーフ着用の事案は一二五六件であり、これは一九九四年の一一二三件よりは若干増えているが、実は二〇〇三年までは一〇年連続で減少していたのである。しかも強制的な除籍処分は四件だけにとどまっていた（ヨプケ 二〇一五：七六）。

（10）二〇一六年八月一九日ドイツ連邦デメジエール内務相は保守系八州の内務相と会談後会見を行い、公共の場でのブルカやニカブの着用を禁止する法案を提出する意向を明らかにした。メルケル首相は前日、ブルカを着用する女性は「社会に自らを統合する機会を失ってしまう」とメディアに語っていた。背景には、七月に相次いだイスラム教徒の難民らによる襲撃事件があり、ヨーロッパにおける「文明の衝突」がますます先鋭化していることがうかがえる。

参考文献

安達智史（二〇一三）『リベラル・ナショナリズムと多文化主義――イギリスの社会統合とムスリム』勁草書房。

キムリッカ、ウィル（一九九八）『多文化主義時代の市民権』角田猛・石山文彦・山崎康仕監訳、晃洋書房。

――――（二〇一二）『土着後の政治――ナショナリズム・多文化主義・シティズンシップ』岡﨑晴輝・施光恒・竹島博之監訳、法政大学出版局。

グレイ、ジョン（二〇〇六）『自由主義の二つの顔――価値多元主義と共生の政治哲学』松野弘監訳、ミネルヴァ書房。

クンデラ、ミラン（一九九八）『存在の耐えられない軽さ』千野栄一訳、集英社。

小林清一（二〇〇七）『アメリカン・ナショナリズムの系譜――統合の見果てぬ夢』昭和堂。

塩津徹（二〇一〇）『ドイツにおける国家と宗教』成文堂。

シュレジンガーJr.、アーサー（一九九二）『アメリカの分裂――多文化社会についての所見』都留重人監訳、岩波書店。

新川敏光（二〇一四）『福祉国家変革の理路』ミネルヴァ書房。

スコット、ジョーン・W（二〇一二）『ヴェールの政治学』李孝徳訳、みすず書房。

高橋進・石田徹編（二〇一六）『「再国民化」に揺らぐヨーロッパ――新たなナショナリズムの隆盛と移民排斥のゆくえ』法律文化社。

ダン、オットー（一九九九）『ドイツ国民とナショナリズム　1770―1990』末川清・姫岡とし子・高橋秀寿訳、名古屋大学出版会。

テイラー、チャールズ（一九九六）「承認をめぐる政治」エイミー・ガットマン編『マルチカルチュラリズム』佐々木毅・辻康夫・向山恭一訳、岩波書店、三七―一一〇頁。

ハンチントン、S・P（一九九五）『第三の波――二十世紀後半の民主化』坪郷實・中道寿一・藪野祐三訳、三嶺書房。

ピラート、リチャード・V／ロバート・D・リンダー（二〇〇三）『アメリカの市民宗教と大統領』堀内一史・犬飼孝夫・日影尚之訳、麗澤大学出版会。

藤本隆児（二〇〇九）『アメリカの公共宗教――多元社会における精神性』NTT出版。

ブルーベイカー、ロジャース（二〇〇五）『フランスとドイツの国籍とネイション』佐藤成基・佐々木てる訳、明石書店。

古矢旬（二〇〇二）『アメリカニズム――「普遍国家」のナショナリズム』東京大学出版会。

ベラー、ロバート・N他（一九九一）『心の習慣』島薗進・中村圭志訳、みすず書房。

ボベロ、ジャン（二〇〇九）『フランスにおける脱宗教性（ライシテ）の歴史』三浦信孝・伊達聖伸訳、白水社。

ヨプケ、クリスチャン（二〇一五）『ヴエール論争――リベラリズムの試練』伊藤豊・長谷川一年・竹島博之訳、法政大学出版局。

Bloom, Allan（1987）*The Closing of the American Mind*, Penguin.（アラン・ブルーム『アメリカン・マインドの終焉』菅野盾樹訳、みすず書房、一九八八年）

Dominiczak, Peter and Steven Swinford（2016）“David Cameron Backs Bans on Muslim Face Veils as Tories Plan Crackdown on Gender Segregation”.（http://www.telegraph.co.uk/news/religion/12106833/David-Cameron-I-will-back-schools-and-courts-which-ban-face-veils.html, accessed on May 19, 2016）

Fukuyama, Francis（1992）*The End of History and the Last Man*, Free Press.（フランシス・フクヤマ『歴史の終わり　上下』渡部昇一訳、三笠書房、一九九二・九三年）

Glazer, Nathan（1997）*We are All Multiculturalists Now*, Cambridge, Harvard University Press.

Gould, Robert（2008）“Identity Discourses in the German Headscarf Debate”.（http://ccges.apps01.yorku.ca/wp/wp-content/uploads/2009/01/gould.pdf, accessed on May 19, 2016）

Huntington, S. P.（1996）*The Clash of Civilizations and the Remaking of World Order*, Simon & Schuster.（サミュエル・ハンチントン『文明の衝突』鈴木主税訳、集英社、一九九八年）

Keating, Michael（2001）*Plurinational Democracy: Stateless Nations in a Post-Sovereignty Era*, Oxford University Press.

Kohn, Hans（2005）*The Idea of Nationalism*, with a New Introduction by Craig Calhoun, Transaction.

Lettinga, Doutje and S. Saharso（2014）“Outsiders Within: Framing and Regulation of Headscarves in Francc, Germany and The Netherlands”, *Social Inclusion*, 2（3）, pp.29–39.

Morin, Richard and Juliana Menasce Horowitz（2006）“Europeans Debate the Scarf and the Veil”.（http://www.pewglobal.org/2006/11/20/europeans-debate-the-scarf-and-the-veil/, accessed on May 19, 2016）

第二章　現代イギリスにおける移民の〈包摂〉

ポスト多文化主義・就労福祉・権利の条件化

島田幸典

移民流入によって国民的均質性が相対的に低下すると、福祉国家の基盤が掘り崩されるという議論がある。他方で政府は、国際的環境変化に受動的に対応するだけでなく、政策形成を自律的に行う主体でもあり、移民政策においても国家は「重要である」（Hampshire 2013：2）。だとすれば移民の衝撃を国家はいかに、またどれほど統御できるのか。

以上は先進国共通の課題だが、政策的帰結は一様ではない。包摂・排除にまつわる手段は、各国の政治的・経済的・社会的条件に規定されつつ歴史的経緯に沿って形成され、固有の「レジーム」を構築するとともに、政策の変化と分化のための文脈を設定してきた。したがって福祉と移民をめぐる過去の展開は、現代の政策形成にとって重要性をもつ。

かかる観点から、本章では福祉国家と移民をめぐる問題状況について概観した後（第一節）、帝国から国民国家への転換という文脈に着目しつつ、イギリスの移民政策の歴史的特性の検討を行い（第二節）、次にその包摂と排除をめぐる力学について、現代イギリスの移民統合政策（第三節）及び福祉国家再編（第四節）との連関において考察する。

一　移民と福祉国家の両立可能性

進歩派のディレンマ

境界づけされた領域空間に成立する政治的共同体の成員にたいして、政府が一定の基準に従って給付を行い、成員間の不平等の是正にとり組み、その統合を図る一方、成員の側では給付にたいする請求権を平等に有するとともに、共同で負担する義務を負う——ここに古典的な福祉国家の本質を見出すなら、それは国民国家の維持に寄与するのみならず、国民の連帯に依拠する点で国民国家を前提としているとも言える。福祉国家は国民の相対的な均質性と凝集性の原因であり、かつその帰結である。

しかしまさにそれゆえに移民流入は福祉国家に決定的な打撃を与えるとフリーマンは論じる。「〔……〕福祉国家政治の観点から言えば、移民がほとんど災難も同然であったのは疑いを容れない。それは伝統的に福祉国家発展への支持の主たる源泉であった社会層の政治力を減じ、福祉国家が依拠する政治的合意の侵蝕の一因となった。それはヨーロッパ福祉政治のアメリカ化に導いてきたのである」。社会給付の負担者と受益者が「われわれ」と「彼ら」とのあいだで分断されることで、福祉国家を基礎づける「より一般的な規範的合意」が損なわれるというわけである（Freeman 1986：61f.）。ヨプケが注目するとおり、こうした「移民に基づく多様性が社会的市民権に及ぼす影響」は、二十年近くを経た後、イギリスであらめて論争の的になる（Joppke 2010：74f., 邦訳一〇五）。

すなわちグッドハートは、福祉国家の精神的基盤に移民が及ぼす影響について、公共サーヴィスや負担をめぐる「そうした分かちあいの行為のすべてが、もしわれわれが一定の共通の価値観や前提を当然視できるのなら、より円滑にまた寛大にとり決められる。だが、イギリスがますます多様になるにつれて、そうした共通文化は侵蝕されつつある」と指摘した。要は「分かちあいと連帯は多様性と衝突しうる」のであり、これによって福祉国家と、多様な集団や価値観、生活様式にたいする「平等な尊重」（多文化主義）との二兎を追ってきた進歩派は、深刻なディレンマに陥ると論じたのである（Goodhart 2004a：30）。

「欧州福祉国家のアメリカ化」？

こうした議論は、世論の関心の高まりを反映していた。二〇〇四年春のユーロバロメーターによれば、移民はイギリスにおける最重要問題として一位（四一パーセント）につけ、ＥＵ一五ヵ国平均の一六パーセントを大きく上回った。また同年末のエコノミストは、別の調査でも七四パーセントの人々が「あまりにも多くの移民が入国している」と考えている事実に触れ、「多文化をめぐる合意が支配的」との見解を「維持するのが難しくなっている」と論じた（*The Economist*, 11 Dec 2004）。

しかしながら移民が福祉国家に打撃を与えるとの主張は、学術的検証にも曝された。クレパスによれば、反移民論の高揚にもかかわらず、社会支出は減るどころか増えさえしたのであり、社会サーヴィスの充実を求める声も依然として衰えていない。反移民論の支持者が、失業の脅威のもと公的資源をめぐって移民と競合関係にあるのであれば、福祉縮減を望むはずもないからである。さらにクレパスは、福祉国家の精神的基盤となる「信頼」について比較分析を行い、社民主義レジームにおいては対人的信頼を高水準で維持し、福祉ショーヴィニズムを減少させる効果があると指摘する。福祉国家が寛大であればそのぶん統合作用も強まるのであれば、「『欧州福祉国家のアメリカ化』という主張はあまりにも煽情論的」ということになる(1)（Crepaz 2008：ch.3 and 5）。

ここで問われているのは、福祉の発展度と民族的多様性において異なるアメリカの経験から、欧州の将来を展望することの妥当性である。テイラー－グッビィも、アメリカに固有の諸要因のために、そこでは社民勢力が台頭しなかったのにたいして、左翼が政治的影響力を確立してきたヨーロッパでは事情が異なり、「市民の多様性の増加がもつ衝撃から福祉システムを遮断できるように見える」として、アメリカ化命題を否定した（Taylor-Gooby 2005）。つまりバンティングとキムリッカが指摘するとおり、移民の歴史や国家諸制度の違いを考慮すれば、異質性の増大が先進国に共通する現象であるとしても、その政治的帰結も、またそこに至る道筋も各国間で異なるものとなるであろう（Banting and Kymlicka 2006：27f.）。

多文化主義と福祉国家

さらに多文化主義をめぐる「承認と再配分の相殺」仮説について、バンティングとキムリッカは検証を行った。問題となるのは、承認の政治が再配分政治に及ぼすとされる三つの作用、すなわち後者から前者に時間や精力、カネを向かわせる「締め出し作用」、差異の強調が共通性を弱める「腐食作用」、少数派が直面する問題の原因を（たとえば経済要因ではなく）もっぱら文化に求めるよう人々に促す「誤診作用」である。しかしながら両人の見るところ、作用の解釈は多様でありえ（*Ibid.*：10–22）、しかも過去二〇年ほどの社会支出の量的変化に注目するかぎり多文化主義との明白な相関性は実証されない[(2)]（Banting *et al.* 2006：65–67, 77–86）。多文化主義については、民族諸集団の隔離と敵愾心を助長するとの指摘がある一方、相互理解の深化を促し、排外論を抑え、福祉国家支持に寄与するとの見解もあり（Crepaz 2008：191–199）、議論は尽きない。とはいえ、たとえ福祉国家にたいする量的影響が確認できないとしても、民族的異質性の認知と解釈が、政策的帰結に象徴的あるいは質的な側面でインパクトを及ぼす可能性は依然として残る。

また移民の包摂と排除に関わるのは、福祉国家や、多文化主義を含む統合政策だけではない。社会の新たな要素にたいする寛容度を左右する政策体系として、市民権政策や入国管理政策も重要な役割を演じている。こうした観点からセインズベリは各国における移民の社会権に差異をもたらす変数として、福祉レジームに加え、権利の階層化をもたらす「入国カテゴリー」や、帰化や永住権に関わる包摂レジームの三要素に注目し、それらの相互作用と移民への影響を明らかにしようと試みた（Sainsbury 2012：9, 15–19）。

現代イギリスにおける移民政策の変化と特質もこうした状況に照らして検討されるべきであるが、そのまえに、過去の移民と福祉をめぐる政策体系の展開をふり返り、前提となる固有の文脈について確認する必要がある。

二　イギリス移民政策の歴史的特質

帝国的寛大さ

ダメットはこう述べる。「イギリスの市民権について最初に言うべきことは、そんなものは実のところ存在しない――少なくとも、市民権が他国で理解されるようには存在しない」。成文憲法を欠くイギリスにおいて、市民権は法と慣習をつうじて積みあげられてきたのであり、端的に言って「曖昧で流動的」である（Dummett 1994：75）。

こうした状況のもと越境的な人の自由移動を規制する立法が、単に入国管理のみならず、市民権政策としても重要な意味をもったのは、イギリス本土に入国・定住する権利こそ、選挙権を含め諸々の権利の享受を可能とする権利にほかならなかったからである。一連の立法をつうじて、入国・定住の権利が附与される範囲は海を越えて拡がる帝国の版図からヨーロッパの島国へと縮減した。つまり国籍の再定義を重ねることで、市民権を享受できる者を窮極的に英国本土の住人に限定する一方、逆に戦後の移民の主たる供給源であった英連邦市民から見れば、その権利は段階的に制約・階層化され、しまいに剝奪されるに至ったのである。

その経緯をヨプケの『移民と国民国家』その他の所論に従って概観すれば、以下のとおりである（Joppke 1999：ch.4；Howard 2009：157–160；柄谷 二〇〇三：一八三―一八七：樽本 二〇一二：第三章）。初期条件は一九四八年国籍法によって設定され、地球上の四分の一を占める旧帝国の住民およそ八億人に（複数のカテゴリーを伴いつつ）入国・定住の権利を授けた。すなわちハワードが述べるとおり「英連邦諸国の人々は依然として臣民と考えられた」のであり、その寛大さによって〈帝国〉の一体性は戦後も確認された。欧州一五ヵ国の市民権政策を比較し、イギリスを「歴史的にリベラル」な国と位置づけたハワードによれば、「かつての植民地大国は〔……〕外部の世界との関係を発展させ、それによって移民と市民権の両者についてより開放的な歴史的政策を創りだす見込みがより高かった」（Howard 2009：31, 37）。しかし、のちの縮減と選別につながる契機は、すでに潜伏していた。門戸を閉ざさなかったのは白人入植地とそこに暮らす同胞との紐帯に配慮したからである。このとき英連邦は白人共同体と多人種共同体との「二重性」を孕んでおり（浜井 二〇一四：九八―九九）、だからこそ「新英連邦からの移民を制限し、新旧英連邦の英国人入植者の帰還移民を可能にする」（ヨプケ）ことがその後の移民政策のライトモチーフとなった。かくして同国人のなかからイギリス本土に入国できる者とそうでない者とを「人種的選好」（同）に従って選りわける作業が開始されることになる。

臣民選別基準としての〈人種〉

その端緒は、カリブ系移民の流入とそれに刺激された人種暴動を機に制定された一九六二年の英連邦移民法である。正統な市民権概念を有さないイギリスは、その代用を連合王国における出生と（確認作業の便宜のために）イギリス政府発行旅券の保持に求めた。[3] さらに六八年英連邦移民法において、帰属の概念は、出生に加え、祖父母の代までの血統その他を介した連合王国との「実体あるつながり」に拡大される一方、旅券保持だけでは入国・定住することができなくなった。後者が秘める問題性が顕在化したのが東アフリカの南アジア人追放である。浜井祐三子によれば、ウガンダがインド系住民の国外退去を宣告し、イギリス政府による旅券保持者の受け入れが決まったときも、「市民」にたいする政治的・法的責任としてではなく、「難民」にたいする人道的措置として表象された。白人には緊急国外避難計画が用意され、急迫の場合は軍の介入が考慮されたにもかかわらず、である（浜井 二〇一〇）。

旅券保持者の入国を当然には認めず「実際上無国籍」（ダメット）にしたことは、自国民の自由な入国を求める国際規範に牴触する危険性を帯びていた[4]（Dummett 1994：81）。同時にこのエピソードは、膨大な英連邦の市民のなかから誰をイギリスに帰属する者とするかという課題にとり組むうえで、イギリス本土での出生や血統によるつながりを重視することで、市民権分配の基準として〈人種〉の意義が前景化したことを示唆した。この方向での制度改正は七一年移民法において進展し、「パトリアル」、すなわち祖父母までの血縁（及びこれにより「パトリアル」たる夫との婚姻）関係を介したイギリスとのつながりに居住権を基礎づけた。ひるがえってその余の英連邦市民と外国人との区別はますます曖昧になったのである。

以上の過程に一応の決着をつけたのが八一年国籍法である。移民規制を免れていた「連合王国及び植民地市民」を再編し「イギリス市民（British citizens）」というカテゴリーを設け、これにイギリスの居住権を帰せしめた。ヨプケが指摘するとおり、それは従来の「移民法の置き換え」にすぎず、権利の内容も居住権のみに留まった。しかしこの居住権を得てはじめて他の諸権利を享受できることから、それは市民権の土台にほかならず、しかもその享受者は今や「イギリス市民」に限定された。かくして市民権を基礎づける「準拠共同社会」（樽本英樹）の〈帝国〉から〈国民国家〉への転換過程はおよそ一世代にわたって遂行され、一定の帰結を得たのである[5]。

かくも長期間にわたって移民政策を漸進的制限の方向で持続しえたのは、この問題について二大政党間での合意が形成されてきたからである。代議制民主主義のもと政党は移民規制を求める世論の圧力を免れず、その突発的な沸騰は規制強化に弾みを与えた[6]。だが、同時に両党ともその争点化を回避するよう努め、政治エリートによる管理のもとで政策を慎重に進めた。ひるがえって立法によって規制の大枠が設定された後は大臣責任制のもと内務大臣が細則制定と執行に排他的責任を負った（Schain 2012：125）。イギリスでは成文憲法による権利保護と司法による統制の仕組みがないため、議会と大臣は移民の権利について大胆な判断を行うことができた。ヨプケによれば、「内務省絶対主義」が辣腕を揮ったのは、家族再結合においてである。内務省は家族の権利に配慮する必要に迫られることなくその制限にとり組み、入国査証制によって手続を域外で行い、その裁量のもとで事前に入国者を効果的に減少させた。かくしてイギリスは「ゼロ移民国」（ヨプケ）として、移民流入の規制と最小化にとり組んできたのである[7]。

「弱い」多文化主義の始まり

移民にたいする政治エリートの態度は、峻厳一辺倒だったわけではない。労働党議員ハタズリーの「統制なき統合は不可能だが、統合なき統制は擁護できない」という発言に示されるとおり、政府は対外的には規制をもって臨む一方、すでに国内に流入した者については、（贖罪意識もあずかって[8]）その文化的特性を寛大に受け入れつつ、イギリス社会への順応を支援する方針をとったのである。その意味で多文化主義は、帝国の遺制によって「それと知ることなく多文化社会となった」（Dummett 1994：79）ことの随伴現象であったが、イギリスの歴史的経験と調和するアプローチでもあった。ヨプケはそうした要素として、「帝国の間接支配や多民族的国民性の遺産」、「新しい成員にいかなる同化要件も押しつけず、たった一つの権利、すなわち連合王国における居住権しか授けない空疎な市民権概念」に加えて、「コモン・ローの柔軟で実際的な精神」を挙げる（Joppke 1999：233f.）。

一九六五年人種関係法をもって踏みだされたイギリスの多文化主義の歩みは、アメリカにおける公民権運動と並行した現象であったが、ヨプケによれば以下の点で特徴的であった。問題に先んじて行動するエリートの温情主義、治安維持の重視、人種を明確にしない普遍主義的取扱い、これである(9)（*Ibid.*：226f.）。要するに、警察的観点から社会不安の発生を未然に防ぎ、その目的に資する範囲内で差別の解消と救済を制度化し、ひいては相互寛容の醸成にとり組む一方、統合の目標として同化まで求めないが、民族集団の集合的権利の公認には至らない。その意味でグリロによれば「「弱い」多文化主義」であり、「文化的多様性を（さまざまな程度で、また一定の上限まで）承認するが、生活の多くの領域で文化変容を促進し、雇用、住宅、教育、保健そして福祉の獲得における不平等にとり組もうと試み」たのである（Grillo 2010：52）。

人種関係法の展開

人種関係法の展開をふり返れば（Joppke 1999：228–233, 240；樽本 二〇一二：第三章）、差別禁止を公共の場に限定した六五年法の欠を補うために、六八年改正ではその範囲が雇用や住宅も含め社会領域に拡張された。ヨプケが指摘するとおり、こうした場面での差別は、言語や生活様式において本国人と大差ないはずの移民の第二世代にとって苛酷であった。さらに七六年人種関係法では差別解消の実効性を高めるべく、公的機関の関与や個人の訴権の強化に加え、差別概念を直接的なものから間接的なものにまで拡張した。「間接差別」とは、チョウドリーの言葉では「表面上はあらゆる人を同様に扱うが、特定人種集団に属する個人を不利にする〈効果〉をもつ規定、基準あるいは慣行」を指す（Choudhury 2011：116）。すなわち一見して中立的な規定でも、宗教的実践を行う特定集団に苦痛と不利益をもたらすのなら、差別と捉えることが可能になった。またヨプケによれば、「積極行動」も重要である。このとき「積極行動」は、雇用主に少数派雇用者への特別な職業訓練の提供や職業の性格に応じた優先的雇用等を許容した。こうした規定は、従来の普遍主義的取扱いからの逸脱とみなされうるものであったが、義務づけには至らぬ点でアメリカ流の積極的優遇措置とはなお隔たりがあった。しかし政策執行の責任が地方政府に委ねられたことに加え、七九年総選挙敗北後に急進化した労働党が地方に活路を求めた事情が相俟って、「積極行動」を、公式の政策が一線を画したはずのアファーマティヴ・アクションの方向で運用する自治体も現れた。その急進性は保守党政権による攻撃の的となったものの、地方政府が政策の執行主体であるかぎり、多文化主義は存続できたのである（*Ibid.*: 111）。

このように戦後イギリスの移民政策は、入国規制を厳格化する一方、社会の多民族化にたいして、穏和な多文化主義政策のもと差別解消と統合を試みた。ブルーベイカーは「市民権は対内的には包摂的だが、対外的には排他的である」と述べた（Brubaker 1992: 21, 邦訳四四）。近代国家の歴史的特質の一つは、領域組織としての国家を成員組織としてのそれに一致させ、域内へのアクセスを国家成員資格に基づいて制限する一方、それを有する者の平準化を進め、身分などその余の社会的属性のもつ意味を低下させる点にある。このことを思い起こすなら、移民規制と多文化主義との結合は、いかに「大矛盾」（セインズベリ）を抱えているように見えるとしても（Sainsbury 2012: 161）、ポスト帝国期のイギリスにおける、遅れて来た政治的近代化の一局面と見ることもできるだろう。

三　移民〈統合〉の前景化——二〇〇〇年代以降の動向

「共同体の結束」

対外的入国制限と対内的多文化主義的包摂によって特徴づけられる戦後イギリスの移民レジームは、新世紀に入って後者について大きな動揺を経験した。二〇〇一年の北イングランドにおける人種暴動に示されるとおり、白人多数派の危機意識はそのアイデンティティの再主張を促し、多文化主義への疑念も高まった。極右政党の成功は局地的・一時的なものに留まったとはいえ（島田 二〇一五ａ）、それでも反移民論の沸騰は主流派政党の態度に影響を及ぼすことになる（Hampshire 2013：157）。

安達智史によれば、この年暴動の原因究明のために提出された『カントル報告』は、コミュニティ相互の、それも人種的差異に沿った分離がもたらす「並行生活」に着目し、これを克服し「共同体の結束（community cohesion）」を強化するために、多様な集団の「接触」の促進と共通の価値観に立脚する「シティズンシップ」の涵養を求めた（安達 二〇一三：一四八―一六二）。折しも欧州各国で極右政党の台頭が注目を集めるなか、内相ブランケットはこれとは異なる方法で、また中道左派の責任において移民について議論する必要を認め、同報告に沿って「多様性を伴う統合に結束力ある共同体が備える」社会を築くとの目標を打ちだした（Blunkett 2002）。政権発足当初こそ労働党はイギリスの民族的・文化的多様性を称揚していたが、政権第二期に入ると移民政策の重心を「イギリスらしさ《ブリテッィシュネス》の核心」（人種平等委員会委員長トレヴァー・フィリップス）に基づく〈統合〉へ移動させた（Crepaz 2008：176；Choudhury 2011：111f.）。かくして、民族文化というより民主主義的価値観によって定義されるアイデンティティを強調する「リベラル・ナショナリズム」的な方向での統合が模索されるに至ったのである（安達 二〇一三：一一三―一一七）。

シティズンシップとナショナル・アイデンティティ

結束の強調は「多文化主義からの「撤退」」（ヨプケ）を印象づけるが、こうした見方についてメーアとモドゥードは「市民統合」と「多文化主義」をゼロサム的二分法において捉える点で誤りだと指摘する（Meer and

Modood 2013：79)。またチョウドリーによれば、「共同体の結束」は単一の集団ではなく、共同体横断的な関係に関心を寄せている（Choudhury 2011：121)。要するにそれは隔離や分裂を批判するとしても、同化主義的な画一化ではなく、多様性のもとでの統合をめざすものである。

こうしたなか二〇〇二年に市民権教育が一一歳から一六歳までの生徒を対象とする必修教科に取りいれられ、結束促進の責務は学校に委ねられた（*Ibid.*：126)。市民権教育にかんする顧問団（バーナード・クリック議長）の最終報告書において、市民権は「社会的・道徳的責任、共同体への参画、及び政治的リテラシー」の三要素から構成されていたが（QCA 1998）キワンの見るところ、民族的・宗教的多様性についての考慮は十分ではなかった。クリックじしん、共同生活のための「技能と知識」に重きを置く一方、国民的アイデンティティをめぐる議論を回避したことを認めていた（Kiwan 2008：61–64.)。多民族的市民社会において異質な他者と対等に交流する能力をいかに培うか。たしかにこうした能力は、キムリッカが「礼儀」をめぐって強調するとおり、リベラルなシティズンシップを構成する基本要件の一つとして、習得に価するものと考えられる（キムリッカ 二〇一二：四二一─四二四)。ところが、その後多様性や移民をめぐる争点が注目を集めるに及んで、アイデンティティも市民権教育における重要な要素として認知されたとキワンは指摘する。このことはシティズンシップを多様なアイデンティティとの関係から掘りさげる契機となった一方で、移民の帰化という局面ではナショナル・アイデンティティに基づく統合の要請が前景化することともなった。折しも二〇〇二年には「国籍、移民及び庇護法」により、帰化の条件として「英語、ウェールズ語あるいはスコットランド系ゲール語」や「連合王国の生活」について「十分な知識」の証明を求めるテストが、宣誓の儀式とともに導入された。こうした新制度も結束や統合を強調する気運を反映するものとみなされるが、キワンによれば、受験回数に制限が設けられていない点に示されるとおり、テストは「市民権獲得の機会を制限する意図をもつものではない」。すなわちそれは「市民権へと向かう旅の初期段階」として位置づけられており、その目的は障壁というより社会参加の出発点となる「資格」の提供にあった（Kiwan 2008：64-71；Joppke 2010：57-59，邦訳八二―八五：岡久 二〇〇七）。

統合と多様性への両義的態度

したがって多様な共同体の並行生活への懸念を背景として、社会的統合への関心が高まったのは事実だが、多文化社会そのものを否定しようとしたわけでもない。こうした両義的態度は、イギリス人の移民観を反映するものでもある。第一節で触れたとおり、この時期には排外感情のうねりが観察されたが、他方でエヴァンスは非白人の上司や異人種間結婚への態度を問う調査を示し、民族的少数派への寛容さはむしろ増していると指摘する（Evans 2006：158）。排外的世論も解釈次第で意味を変える。そこでは雇用の喪失が懸念されているわけではなく、庇護申請者や不法移民による公共サーヴィスの濫用（と認知されるもの）に反撥しているのであり、就労のための入国にイギリス人は好意的である（Schain 2012：156f；*The Economist*, 11 Dec 2004）。さらに多文化主義批判についても、たしかに民族的少数派のより大きな社会への順応を望む声は、独自の文化を維持すべきだという意見より一貫して多数を占めるものの、そうした世論に世紀転換期の動向が影響を及ぼした形跡は見られないとエヴァンスは指摘する。反移民論は入国制限強化の圧力を高めはするが、すでに入国した移民の統合のための施策、すなわち多文化主義や福祉政策の否定に直結するとは言えないのである（Evans 2006：159-164）。

したがって差異と結束をめぐる現代イギリスの曖昧な状況を見れば、これをゼロサム的二分法で把握することは困難である。リベラリズムとナショナリズムが緊張関係を内在させつつ、均衡点を模索しているのが実情である。このことはブラウン政権以降頻繁に用いられるようになった「ブリティッシュネス」という観念についても言える。ハンプシャーが指摘するとおり、国民的アイデンティティにかんする理念は移民統合政策に影響を及ぼす（Hampshire 2013：10, 52）。そしてまたパレクが論じるとおり、およそアイデンティティは来歴とともに語られるものであり、集合的な、とくに国民的なそれも過去（とその理解）に多くを負っているが、それが民族的多様性や未来における可変性に開かれ、文化的というより「政治的共同体のアイデンティティ」として定義される必要があるこんにち（Parekh 2000）、はたして「ブリティッシュネス」は格好の概念であった。というのも安達智史が指摘するとおり、それは市民的自由や多民族国家（もしくは帝国）の歴史の助けを借りて、普遍的諸価値とナショナル・アイデンティティを結びつけることができ、要するに多様性を許容しつつ、しかも結束のための求心力を与えるからである。その歴史認識や価値観による選別の虞のために非難を免れないとはいえ、民族的・文化的属性にその基礎を直接求めない点で、一定の開放性を備える概念でもある（安達 二〇一三：一九九—二〇八、三四〇—三四五、四〇〇）。

ひるがえって多様性と統合の結合、その裏面としての流入規制の強化は、今に始まったわけではなく、戦後一貫して認められるものであり、ありきたりな対応とも言える。現状に批判的なグッドハートも、みずからの見解を同化主義と（放任的）多文化主義とは異なる「第三の道」と位置づける（Goodhart 2004a：36）。共通文化再生を目論む点でバランスが統合に傾くのは明白だとしても、その言説が差異と統合をめぐる既存の文脈のなかで展開されているのも事実なのである。じっさいグッドハートは、上記評論への反応を閲した後にその真意は多様性の否定ではなく、「多様性は望ましいが、結束を置き去りにしないようにしよう」という点にあるとし、反人種差別と移民への門戸開放を〈分離〉し、前者にとり組みつつ後者について議論することを呼びかける（Goodhart 2004b：9）。だがこの論法は、一九六〇年代以降の移民規制と人種関係法が辿ってきた途そのものである。

最後に移民争点は政党選択に影響を及ぼしうるものの、この点で不利な立場にあると思われる労働党も拱手傍観していたわけではなく、結束を訴え、規制強化にとり組んできた。その意味でエヴァンスが指摘するとおり、この争点の政治的影響は「通常は決定的ではない」(Evans 2006：170–175)。このように現在の移民統合政策は戦後の文脈の延長線上でなお理解できる一方、今や国民的アイデンティティの共有に基づく統合に力点を置くかたちで[10]、ただし差異の否定と同化の強制を意味しないかぎりで、二大政党のあいだである種のコンセンサスが成立していると見ることもできる。

だが、そのことは排除の不在を意味するわけではない。排除の現場は別のところにもある。流入規制は内外を隔てる境界線上で移民を排除するが、国内においても帰化・永住権を含む市民権政策の変更によって境界はあらたに引き直される。次節ではこの問題と福祉レジーム再編との連動について考察する。

四　福祉縮減・再編と移民

「自由主義」レジームの純化

第一節で触れた多文化主義と福祉国家の関係について、エヴァンスによるイギリスの事例研究も両者の相関性は弱く、社会支出にたいする態度の変化は経済状況によって説明できるとする。また増税してでも支出を増やすべきとの声は弱まりつつある一方で、福祉国家そのものの否定に繋がるわけでもなく、むしろ「福祉国家の創造は、イギリスの最も誇りとする達成の一つである」と回答する者が圧倒的多数を占めるとも指摘する（Evans 2006：165–170)。その点で多文化主義の「腐食作用」は確認できないとしても、そこで肯定されている福祉国家とはいったいいかなる福祉国家なのか。

福祉レジーム論においてイギリスは、一般に「自由主義」レジームに分類される。他方でそれは、しばしば「普遍主義」という言葉とも結びつけられてきた。だからこそヨプケも指摘するとおり、福祉国家は、多文化主義的な「集団特殊主義」と（対抗的あるいは補完的に）並存しつつ、移民統合に一定の役割を果たしてきた（Joppke 1999：223f.）。もっとも別稿で論じたとおり（島田 二〇一五ｂ）、ベヴァリッジ体制の普遍主義には内在的制約が課せられており、さらにサッチャー保守党政権による福祉縮減以降、低所得者への選別的給付と福祉の市場本位の編成、脱商品化の乏しさによって特徴づけられる「自由主義」的な性格の純化が推進されてきた。

ニューレイバー政権も厳しい財政的制約のもとでこうした路線を踏襲し、労働力の再商品化という観点から就労促進を福祉再編戦略の基軸に据えた。すなわち就労の努力が受給の条件として位置づけられ、両者の一体化の傾向が観察されたのである。かくして現代の福祉国家は、ボノーリらの言葉を借りれば、「非就労者の雇用復帰の援助・強要（の一方あるいは両者）、就労貧困層の勤労所得の補塡、両親が労働と家庭生活を調和させることの援助、両性平等促進、子どもの発達の支援、そして高齢化社会にたいする社会サーヴィスの供給」といった新しい機能を担っており、その多くが「所得保護から労働市場参加促進へと向けた、社会政策のより広範な方向転換の一環」（Bonoli and Natali 2012：3-9）をなしている。それとともに、テイラー－グッビィやミラーが指摘するとおり、格差是正という垂直的再配分機能が後退する一方、リスクにたいして共同で出資する水平的機能に重心が移りつつある（Taylor-Gooby 2005：666；Miller 2006：327-330）。つまり量的尺度で福祉国家の衰退は観察されないとしても、質的な変化が生じている。福祉国家の機能が巨大保険モデルに収斂するとき、就労し拠出できる能力をもつ者でなければ、（安全網を除いて）恩恵を請求する権利をもちえない。その意味で本節冒頭の問いに立ちかえれば、現代イギリスの福祉国家は「創造」時のそれとは異なる顔を見せており、そこでは労働市場への参加が社会的包摂において格別の意義を有することになる。

移民の社会権の条件化

移民の社会権も、こうした動向の影響を免れない。ましてや納税者のカネが給付に価する人々のために使われていることを確約するために「福祉はますます公然と条件つきとなって然るべきである」（グッドハート）と論じられるとき、福祉は移民にとって容易に手の届かないものとなる。「二層式福祉」によって、一時的な移民は受給資格を制限される一方、完全受給権は「市民になる努力をする永住移民」にのみ与えられることになるからである（Goodhart 2004a：36f.）。受給条件化を求める声は、同時期に行われた調査会社ＭＯＲＩによる報告にも現れており、移民は市民と同水準の福祉援助を享受して然るべきと考える人々の割合は一八パーセントに留まる一方、五八パーセントの人々がそのためには、言語や歴史の習得など身を入れてこの国に臨むこと（commitment to the country）が必要と答えた。

しかし社会権の条件化・階層化は、一九八〇年代の福祉縮減のための諸改革以来すでに着手され、移民に負の作用を及ぼしていた。セインズベリが紹介する広汎な事例のうち、第二節で扱った入国管理政策と関連する範囲で触れれば（Sainsbury 2012：43–52）、英連邦市民と外国人を一元的な入国管理制度のもとに置いた七一年移民法により、入国する者は「公的資金への無依存」を証明しなければならなくなった。しかもそれ以降自給能力の証明義務は広範な社会給付に該当するよう拡大され、実質的に移民の社会権を制約し、しかもその違反は追放を含む厳しいものとなった。また九四年には常時居住も条件に加わった。そこには「イギリス市民」も含まれたが、他国と絆をもつ「有色」の市民にとって打撃が大きかった。さらに新規入国者は永住権を獲得するまで受給資格を得られなかった。その取得のためには入国カテゴリーに応じて一定年数の居住が求められたが、次第に長期化した。一連の政策は、受給資格を移民の法的地位に結合させることで、以前なら普遍的・平等に享受できたはずの社会権に制限を課したのである。

移民の社会権が、居住資格をめぐる諸規則の制約下にあることを象徴的に示すのが、二〇〇九年の「国境、市民権及び移民法」における「保護観察中市民権（probationary citizenship）」である。この地位は「一時的移民の地位と完全な市民権ないし永住権との橋渡し」（チョウドリー）として設けられた（Choudhury 2011：124）。それは給付無依存期間を六ないし八年に延長する一方、共同体への貢献次第で短縮されえた。こうした制度の背景には契約的な（あるいはヨプケの言葉では「取引」としての）権利観がある。権利取得は就労や素行のよさなど責務の充足に基礎づけられ、貢献・献身というかたちで徳性の発揮を期待された（Joppke 2010：59-61, 邦訳八五―八七）。ここで市民権はまさに「勝ちとられる（earned）」ものとして理解されているのであり、逆に言えばそのための対価の重みが強調されている。これと対応するかのように、前述の「国籍、移民及び庇護法」（二〇〇二年）では、国益を害する（後には「公共善」を理由として）重国籍者に市民権剝奪という懲罰も用意された（*Ibid.*：71, 邦訳一〇一；柄谷 二〇〇三：二〇六）。まさにグッドハートの求める権利の条件化は、社会権に留まらず今や市民権も含めて進展している。ハンプシャーが指摘するとおり、移民の権利の階層化は「多数の外国人の諸権利が譲与の性格をもつことを明らかにしており、これらは経済的に有益と考えられる者には授けられるが、そうでない者には見あわせられうるのである」[11]（Hampshire 2013：113）。

市場による〈包摂〉

権利と責務を結合させる発想は、縮減・再編期の自由主義福祉レジームを特徴づけるとともに、イギリスの「制限的な包摂レジーム」（セインズベリ）にも認められる（Sainsbury 2012：37f.）。その意味で、それぞれ固有の経緯と論理のもとに発展してきた移民政策と福祉政策は、今や共通の権利観を介して結合されている。別の観点から見れば、他のいかなる属性にも目をつぶり、もっぱら各人の責務充足能力のみ重視する点では、こうした発想はすぐれて個人主義的であり、ある種の平等性と開放性を備えてもいる。じっさい政府は、国境を厳重に管理するだけでなく、貢献を期待できる外国人には門戸を開放する用意もしていた。一九九九年より労働許可証制度の見直しに乗りだした労働党政権は、その合理化を図る一方、優秀な外国人学生や医療・教育などの人材不足分野及び成長が見込める情報技術分野における外国人労働力の需要に応えるべく、二〇〇二年にはカナダに倣ってポイント制に基づく高技能労働者の受け入れを開始した（Schain 2012：142；柄谷 二〇〇三：一九九―二〇四）。有望で「「社会的排除」層に加わる見込みがより少ない」者を選別する移民政策は、経済的包摂に成功してきたアングロアメリカ系移民国から得られる教訓として戦略的価値を有すると論じる者さえいる（Myles and St-Arnaud 2006：350, 353f.)。

　選別を伴う移民管理政策は、ハンプシャーが指摘するとおり「拡張主義的〈かつ〉制限主義的」である。その所論によれば、自由主義的規範とともに、資本主義も移民政策の開放圧力の源泉であるが、それはグローバル市場における経済的競争力が重要性を高めるなか、少子高齢化への対応の必要性とも相俟って、「高技能労働者の選別的募集及び低技能労働者の一時的募集」への要請が強まるからである（Hampshire 2013：55-63）。

　しかし包摂できる移民のみ受け入れ、排除が確実な移民は締めだすという態度は、福祉その他の政策による統合をもはや断念しているかのように見える。そして国家による助力の意義が乏しくなるぶん、市場による包摂の比重が高まる。この点で再編期自由主義レジームにおける移民は、市民とともに労働市場への再商品化戦略に服している。ヨプケの見るところ、市民権テストにおける言語能力検査も、国民的アイデンティティというより「社会的な、とくに労働市場への順応」をめぐる観点から移民に課せられる（Joppke 2010：133f, 邦訳一八六―一八七）。市場も、そして福祉を就労促進という観点から再解釈した国家も、移民と市民の両者にたいして肌の色や民族、宗教に関わりなく、ただ雇用可能性の一点から評価する点で（皮肉にも）「平等」に機能している、とも言えるのである。

さらに言えば多文化主義そのものが、雇用可能性を向上させる条件整備的な機能において福祉レジームと連動してきたと考えられる。「間接的に労働市場における差別の非合法化は、労働参加に基づく社会権、つまり国民保険給付、そしてとくに新しく導入された稼得比例給付を潜在的に強化した」とセインズベリが述べるとき、「弱い」多文化主義的統合も、市場への包摂を基軸とする自由主義レジームと補完的関係にあることを示唆していた（Sainsbury 2012：39）。シェインも、イギリスはアメリカほどではないものの、フランスに比べれば、移民と非移民の失業率の差が小さく、またその高等教育は前者の減少に大きな効果を発揮しており、移民統合に（民族集団間で差はあるものの）「相当成功してきた」と評する[12]（Schain 2012：17f., 166f.）。すなわち少なくとも市場への適応能力について言えば、その向上を導いてきた点で多文化主義批判はあたらないということになる。

だとすれば真の困難は、市場参加のための文化的統合が進捗しているにもかかわらず、脱統合が問題化するのはなぜかという点にある。ヤングによれば、価値観によって移民を統合したとしても、不安定な低賃金労働への従事といった構造的排除が解消されるわけでもなく、そのために「〔……〕後期近代の社会内部の根深い社会的分断の底にあるルサンチマンを再生《リプレイ》するしかない」（ヤング 二〇〇八：六九、二四六；安達 二〇一三：三二八―三二九）。つまり主流派の価値観を共有する（にもかかわらず、ではなく、だ）からこそ移民の、とくに第二世代は不満を募らせる。統合がじつのところ飽和状態にあるとすれば、結束の働きかけによる事態改善の見込みは乏しく、せいぜい移民にたいして不安を募らせる投票者向けのパフォーマンス以上の意味をもちえない（Hampshire 2013：152f.）。ひるがえって市場による「包摂のなかの排除」は未解決のまま残されることになる。

本章の所論を要約すれば、以下のとおりである。

「帝国」から「国民国家」への転換過程において、対外的には入国・定住する権利の享受者を絞りこむことで移民流入を規制する一方、国内の民族的多様性にたいしては「弱い」多文化主義的統合が図られてきた点に、戦後イギリスの移民包摂レジームの特色がある。(13) 後者について、近年では結束を強調する傾向があるものの、依然としてその議論は（絶対的均質性を要求する極右の立場を除けば）多様性と統合の均衡を模索する戦後の主流派の言説の枠内に留まっている。ましてやイギリスの国民的自己像が、多民族帝国や自由主義の歴史に結びつけられるかぎり、結束の要請が差異の消滅（同化）に方向づけられているとは考えにくいし、高い正統性をもちそうにもない。

他方、福祉レジームについては、契約的権利観や給付の条件化に示されるとおり、「自由主義的伝統による枠組み」（セインズベリ）による正当化が前面に迫りだしており（Sainsbury 2012：278）、こうした発想は移民の法的地位と受給資格を結合させる政策にも認められる。その意味で元来個別に発展してきた各種政策体系は、責務と権利の結合を軸として今や連動しつつある。かくして自由主義福祉レジームのもとで、包摂の要件として就労能力の獲得が求められ、（再）商品化への圧力は移民にも非移民にも等しくふりかかる。ここで言語や市民権をめぐる統合政策は包摂の条件整備を、移民管理政策は包摂対象の事前選別を担うことでたがいに結びつき、全体として機能する一方、そこで排除は労働市場への参加をめぐる困難として現れるのである。

＊本稿は、二〇一四年度日本政治学会研究大会（早稲田大学、分科会「移民政策と福祉再編の政治」）における報告論文を改稿したものである。

注

（1）もっとも反移民感情の持ち主は、福祉国家のための資金提供、つまり納税の意欲が減退することから、自国民を優先する姿勢は供給面で福祉国家を害するとも指摘する。

（2）その増加を説明するうえで重要なのは一九八〇年時点での社会支出水準、左派政権、女性の労働市場への参加、六四歳以上の人口比といった「構造的要因」である。

（3）トーピーが指摘するとおり、旅券は国家が個人の身元を把握するためのインフラ権力を構成する（トーピー 二〇〇八：一九四）。ところがイギリスの場合、国家に帰属するのは誰かを知るための手がかりを政府がそこに求めた点で倒錯している。

（4）だからこそイギリス政府は「何人も、自己が国民である国家の領域にはいる権利を奪われることはない」と規定する欧州人権条約第四議定書の批准を拒んだ。イギリスの不都合は、その法秩序が帝国に即して形成されたために、条約が想定する国家体系とは折り合いが悪かったことに由来していた。

（5）とはいえこれをもって国民国家化が完遂されたわけではない。英連邦加盟国及びアイルランド市民がその後も参政権を維持した点に「帝国の残滓」が見出されるからである（力久 二〇〇六：三二）。

（6）ハンプシャーは、自由主義国家における移民政策にたがいに矛盾する圧力をもたらす要素として、代議制民主主義、立憲主義、資本主義、国民資格の四つを挙げる。民主政治とナショナリズムが移民政策を制限的な方向へと導くのにたいして、立憲主義と資本主義は開放的政策を求めるのであり、それゆえ自由主義国家は移民にたいしてヤヌス神的な二面性を見せることになる（Hampshire 2013：2–13）。

（7）なおシェインは新英連邦からの移民が増えつづけた事実を指摘し、「もしイギリスの政策目標が、移民の「ゼロ」に向けての削減だったとすれば、それは失敗と判断されなければならないだろう〔……〕」と述べるが（Schain 2012：144–146）、ヨプケが念頭に置くのは、出移民と入移民を差し引きしてなお出超であった一九八一年までの状況である。

（8）浜井はハタズリーの言葉に、労働党の罪悪感を払拭し、党内左派の道義的抵抗感を慰撫するための「弁解」を見出す（浜井 二〇一四：一一〇）。

（9）なお六五年人種関係法は、人種や民族を理由とし「憎悪をかき立てる意図」をもってなされるヘイト・スピーチを禁止したが、師岡康子によれば重心は「マイノリティの尊厳ではなく、公共秩序維持に置かれてきた」のであり、反白人的発言にも規制が適用された（師岡 二〇一三：八八—九〇、一〇一）。

（10）市民権テストは、排除と無縁というわけではない。二〇一三年のテスト改訂は、以前のような「日常生活の実際性」から「国民の文化や過去」へと重心を移すものであったために、移民減少を図るものと批判された（BBC, 28 Jan 2013；*The Guardian*, 27 Jan 2013）。

（11）外国人の法的地位に基づく社会権の剝奪では、庇護申請者のそれが最も劇的であり、各種手段によって、その削減に力が注がれてきた（柄谷 二〇〇三：一八七—一九九）。

（12）結婚や教育、女性の就労などと比較して、移民集団の行動パターンが主流派のそれに向けて収斂する傾向を示していることを指摘する研究もある（Manning and Georgiadis 2012）。教育政策に力を入れたブレア政権においても、民族集団間の教育格差の縮小が見られた（安達 二〇一三：二五七―二六一）。さらに移民出身の子弟に比べて、白人労働者の子弟の「英語」の成績が劣っており、かつて前者のためになされたような助力が必要な状況にあるとの報道もある（*The Guardian*, 25 June 2015）。

(13) もっとも「国民国家」への転換はけっして単線的なものではない。その過程をより複雑にしたのが欧州統合である。欧州連合域内における移動の自由の原則に沿って、加盟諸国市民がイギリスに入国・滞在するさいに許可を求めることは不要になり（一九九八年移民法）、その結果イギリス市民権の「準拠共同社会」に「ヨーロッパ」が重層的・拡大的に加わることになった（樽本 二〇一二：九一―九四）。ところが二〇一六年六月に実施された欧州連合からの離脱の是非を問う国民投票により、この方向での展開は重大な打撃を被った。離脱論において移民の規制や国境管理、広く国家主権の再確立が重視されたことを考慮すれば（遠藤 二〇一六：第四章）、「国民国家」路線は民意による裏書きを得たかに思われる。しかしながら、この決断は多数派が残留を望んだスコットランドの自立への動きをふたたび活性化する副作用をも伴った。すなわち欧州統合をめぐる紛糾は、そもそもイギリスとはいかなる「国民国家」なのかという、ナショナルなアイデンティティに関わる（そして依然として答えの示されていない厄介な）問いに向きあうよう迫る契機ともなったのである。

参考文献

安達智史（二〇一三）『リベラル・ナショナリズムと多文化主義――イギリスの社会統合とムスリム』勁草書房。

遠藤乾（二〇一六）『欧州複合危機―苦悶するＥＵ、揺れる世界』中央公論新社（中公新書）。

岡久慶（二〇〇七）「連合王国市民権の獲得――試験と忠誠の誓い」『外国の立法』二三二号、一四―二二頁。

柄谷利恵子（二〇〇三）「英国の移民政策と庇護政策の交錯」小井土彰宏編『移民政策の国際比較』明石書店、一七九―二一八頁。

キムリッカ、ウィル（二〇一二）『土着語の政治――ナショナリズム・多文化主義・シティズンシップ』岡崎晴輝他監訳、法政大学出版局。

島田幸典（二〇一五ａ）「極右擡頭におけるイギリス〈例外主義〉の考察――英国国民党（ＢＮＰ）をめぐって」『法学論叢』一七六巻五・六号、二三六―二六五頁。

――（二〇一五ｂ）「イギリス「自由主義」レジームの変容と持続」新川敏光編『福祉レジーム』ミネルヴァ書房、一二一―一三二頁。

樽本英樹（二〇一二）『国際移民と市民権ガバナンス――日英比較の国際社会学』ミネルヴァ書房。

トーピー、ジョン（二〇〇八）『パスポートの発明――監視・シティズンシップ・国家』藤川隆男監訳、法政大学出版局。

浜井祐三子（二〇一〇）「「帝国の残滓」――ウガンダからのアジア人流入とイギリス政府」木畑洋一・後藤春美編『帝国の長い影――20世紀国際秩序の変容』ミネルヴァ書房、二二九―二四八頁。

――――（二〇一四）「兄弟よ、立ち入るなかれ――「多人種のコモンウェルス」とイギリスへの入移民」山本正・細川道久編『コモンウェルスとは何か――ポスト帝国時代のソフトパワー』ミネルヴァ書房、九五―一一八頁。

師岡康子（二〇一三）『ヘイト・スピーチとは何か』岩波書店（岩波新書）。

ヤング、ジョック（二〇〇八）『後期近代の眩暈――排除から過剰包摂へ』木下ちがや他訳、青土社。

力久昌幸（二〇〇六）「帝国の変容と「外国人」参政権――イギリスにおける市民権変遷と参政権の関連に注目して」河原祐馬・植村和秀編『外国人参政権問題の国際比較』昭和堂、一四―三九頁。

Banting, K. and W. Kymlicka (2006) “Introduction : Multiculturalism and the Welfare State : Setting the Context”, in Banting and Kymlicka eds., *Multiculturalism and the Welfare State : Recognition and Redistribution in Contemporary Democracies*, Oxford University Press, pp. 1–45.
Banting *et al.* (2006) “Do Multiculturalism Policies Erode the Welfare State? An Empirical Analysis”, in Banting and Kymlicka eds., *Multiculturalism and the Welfare State*, pp. 49–91.
Blunkett, D. (2002) “The Far Right is the Enemy”, *The Guardian*, 11 April. (http : //www.theguardian.com/politics/2002/apr/11/equality.race, 二〇一五年一一月一一日最終閲覧)
Bonoli, G. and D. Natali (2012) “The Politics of the ’New’ Welfare State”, in Bonoli and Natali eds., *The Politics of the New Welfare State*, Oxford University Press pp.3–17.
Brubaker, R. (1992) *Citizenship and Nationhood in France and Germany*, Harvard University Press.（ロジャース・ブルーベイカー『フランスとドイツの国籍とネーション――国籍形成の比較歴史社会学』佐藤成基・佐々木てる監訳、明石書店、二〇〇五年）
Choudhury, T., (2011) “Evolving Models of Multiculturalism in the United Kingdom”, in M. Emerson ed., *Interculturalism : Europe and its Muslims in Search of Sound Societal Models*, Centre for European Policy Studies, pp. 107–133.
Crepaz, M. M. L. (2008) *Trust beyond Borders : Immigration, the Welfare State, and Identity in Modern Societies*, The University of Michigan Press.
Dummett, A. (1994) “The Acquisition of British Citizenship. From Imperial Traditions to National Definitions”, in R. Bauböck ed.,

From Aliens to Citizens : Redefining the Status of Immigrants in Europe, Avebury, pp.75–84.
Evans G.（2006）"Is Multiculturalism Eroding Support for Welfare Provision? The British Case", in Banting and Kymlicka eds., *Multiculturalism and the Welfare State*, pp.152–176.
Freeman, G. P.（1986）"Migration and the Political Economy of the Welfare State", *The Annals of the American Academy of Political and Social Science*, 485, pp.51–63.
Goodhart, D.（2004a）"Too Diverse?", *Prospect*, 95, pp.30–37.
――――（2004b）"Diversity Divide", *Prospect*, 97, pp.9–10.
Grillo, R.（2010）"British and Others : From 'Race' to 'Faith'", in S. Vertovec and S. Wessendorf eds., *The Multiculturalism Backlash : European Discourses, Policies and Practices*, Routledge, pp.50–71.
Hampshire, J.（2013）*The Politics of Immigration : Contradictions of the Liberal State*, Polity.
Howard, M. M.（2009）*The Politics of Citizenship in Europe*, Cambridge University Press.
Joppke, C.（1999）*Immigration and the Nation-State : The United States, Germany, and Great Britain*, Oxford University Press.
――――（2010）*Citizenship and Immigration*, Polity.（クリスチャン・ヨプケ『軽いシティズンシップ――市民、外国人、リベラリズムのゆくえ』遠藤乾他訳、岩波書店、二〇一三年）
Kiwan, D.（2008）"A Journey to Citizenship in the United Kingdom", *International Journal on Multicultural Societies*, 10（1）, pp.60–75.
Manning, A. and A. Georgiadis（2012）"Cultural Integration in the United Kingdom", in Y. Algan *et al.* eds., *Cultural Integration of Immigrants in Europe*, Oxford University Press, pp.260–284.
Miller, D.（2006）"Multiculturalism and the Welfare State : Theoretical Reflections", in Banting and Kymlicka eds., *Multiculturalism and the Welfare State*, pp. 323–338.
Meer, N. and T. Modood（2013）"The 'Civic Re-balancing' of British Multiculturalism, and Beyond…", in Taras, R. ed., *Challenging Multiculturalism : European Models of Diversity*, Edinburgh University Press, pp. 75–96.
Myles, J. and S. St-Arnaud（2006）"Population Diversity, Multiculturalism, and the Welfare State : Should Welfare State Theory be Revised?", in Banting and Kymlicka eds., *Multiculturalism and the Welfare State*, pp. 339–354.
Parekh, B.（2000）"Defining British National Identity", *Political Quarterly*, 71（1）, pp.4–14.
Sainsbury, D.（2012）*Welfare States and Immigrant Rights : The Politics of Inclusion and Exclusion*, Oxford University Press.
Schain, M. A.（2012）*The Politics of Immigration in France, Britain, and the United States : A Comparative Study*, 2nd ed., Palgrave

Macmillan.

Taylor-Gooby, P.（2005）"Is the Future American? Or, Can Left Politics Preserve European Welfare States from Erosion through Growing 'Racial' Diversity?", *Journal of Social Policy*, 34(4), pp.661–672.

Eurobarometer 61, National Report：United Kindom.（http：//ec.europa.eu/public_opinion/archives/eb/eb61/nat_uk.pdf, 二〇一五年一一月六日最終閲覧）

Ipsos MORI, "Can We Have Trust And Diversity?".（http：//www.ipsos-mori.com/researchpublications/researcharchive/793/Can-We-Have-Trust-And-Diversity.aspx, 二〇一五年一一月六日最終閲覧）

QCA（1998）, *Education for Citizenship and the Teaching of Democracy in Schools：Final Report of the Advisory Group on Citizenship*, Qualifications and Curriculum Authority.

その他、*The Guardian*（http：//www.theguardian.com）およびＢＢＣ（http：//www.bbc.com/）のオンライン記事を参照した（いずれも二〇一五年一一月一七日最終閲覧）。

第三章　多文化主義による国民再統合

カナダを中心事例として

新川敏光

一　新大陸における多文化主義

ジョン・グレイは「暫定協定としてのリベラリズム」と「生の様式としてのリベラリズム」を峻別し、社会の多様化に対応できるのは前者であると考えた。しかし第一章でみたヘッドスカーフ論争に明らかなように、ことはそう簡単ではない。イギリスをみれば、ケース・バイ・ケースによる暫定協定は、イギリスの「生の様式」内に踏みとどまらねばならないことが、あらためて強調されるようになっている。キャメロン首相は、多文化主義を「並行生活」と分断社会をもたらす元凶として非難するようになった。こうして多文化主義は、共和主義的リベラリズムのフランスや民族主義的リベラリズムのドイツだけでなく、従来多文化主義的リベラリズムの国であったイギリスにおいても、批判されるようになった。

ジョーン・スコットは、ヘッドスカーフ問題をめぐるフランス共和主義の対応を非リベラルであると断罪し、そのような問題のないアメリカ・リベラリズムの寛容性を誇っているが（スコット 二〇一二）、アメリカとフランスが、それほど大きく違うものではない点は、第一章で指摘したとおりである。アメリカ、フランス両国とも、革命によって国民形成を果たした。のみならず、その市民像もまたどちらも、普遍主義的なものである。むしろ長い伝統と歴史をもたないアメリカにおいては、フランス以上に普遍主義的理念は強力な国民統合の役割を果たしてきたといえる。

他方、アメリカの憲法修正第一条において国家と教会の分離が規定されているものの、それは信教の自由を意図したものであり、フランスにおける戦闘的ライシテのように政治からの宗教色の一掃を狙ったものではない。教会権力（カトリック教会）と世俗権力（国家）とのし烈な闘争を経験していないアメリカにおいては、大統領就任式だけではなく、歴代大統領は様々な機会に信仰や聖書に言及するのが普通である（ガウスタッド 二〇〇七：ピラート 二〇〇三：藤本 二〇〇九）。

ライシテをもたず、政治への宗教の影響に対する拒否反応があまりみられないアメリカが、それでは多文化主義の代表国とみなしうるのかといえば、明らかに否である。移民国家アメリカでは長年にわたって多文化主義が培われてきたと思われがちである。たしかにアメリカでは文化的多元主義が二〇世紀の早い段階で唱えられるようになったが、それはあくまで白人種に限った議論であり、有色人種や先住民を含む文化共同体の多様性が積極的に認められることはなかった。

アメリカにおいて多文化主義は、一九八〇年代に西欧的価値中心の教育に対する挑戦、異議申し立てとして登場したにすぎない。それは、白人の文化支配への挑戦であったため、人種差別主義者のみならず、オールド・リベラルといわれる知識人たちからも反撥を招くことになった。オールド・リベラルからすれば、アメリカが享受する自由や人権は、西欧的価値から生まれたものであり、それを否定してしまえば、アメリカがよって立つ原理がなくなってしまう。したがってアメリカにおける多文化主義は、「文化戦争」と呼ばれるほどの激しい緊張と対立関係をもたらしたのである（Bloom 1987；シュレジンガーJr. 一九九二；油井 一九九九；古矢 二〇〇二；小林 二〇〇七）。グレーザーは、「今や私たちは、皆多文化主義者である」と語ったが（Glazer 1997）、それはアメリカが、有色人種（とりわけ黒人）を文化的に統合してこなかったことへの彼なりの反省の言葉であり、アメリカにおいて多文化主義が支配的になったことを意味していたわけではない。多文化主義は、アメリカにおいては、カウンター・カルチャー以上のものではなかった。

他方、カナダ、オーストラリアにおいては、多文化主義は、国是として承認された。カナダは、一九七一年に多文化主義政策を打ち出し、八八年には多文化主義法を制定した。かたやオーストラリアは、一九七三年に多文化主義政策を打ち出し、八九年に「多文化オーストラリアに向けての国家的課題」を採択している。

オーストラリアにおいては、第二次世界大戦後国内経済発展にとってアジアからの移民が欠かせなくなり、また長年の国是であった白人最優先主義、いわゆる白豪主義が国際的に批判の的となるといった状況のなかで、多文化主義政策が採用された。白豪主義を廃止し、リベラルな移民政策へと転換し、そして社会的マイノリティ、とりわけアボリジニに対する集団的福祉施策が重点的に行われたのである。しかしこうした政策に対する不満が白人社会で高まり、一九九六年にはついにアボリジニ「特権」を公然と批判し、反多文化主義を掲げるワン・ネイション党が登場した。

ワン・ネイション党の躍進は、党首ポーリン・ハンソンの名前にちなんで、「ポーリン旋風」と呼ばれたが、その極端なレイシズムと政治的稚拙さゆえに、ワン・ネイション党は間もなく空中分解する。ただしその活動は、特定集団に手厚い福祉配分を行うことは平等な個人という原則に反するという多文化主義的福祉政策批判を公然化し、二一世紀に入るとオーストラリアは多文化主義を表看板としなくなる（吉浜 二〇〇一；塩原 二〇〇五；飯笹 二〇〇七参照）。

オーストラリアにおける多文化主義は、アメリカとは対照的に、西欧的価値支配への挑戦ではまったくなく、国家による国民統合策であった。白人支配を前提とした多文化主義政策においては、その対象となる先住民やマイノリティが、ゲーム・プレーヤーとして表舞台に登場することはなかった。多文化主義政策は、国民多数派（白人）支配を前提に、彼らの都合によって使い捨てられたといえる。多文化主義政策が極右反動を生み出し、それなりに社会的緊張を生んだことは事実であるが、アメリカのように、多元主義は分離主義を推進する運動ではなく、むしろ体制側の統治戦略であった（ハージ 二〇〇三）。

カナダにおいては、オーストラリアよりも早く多文化主義が国是となり、しかも依然として変更はみられない。その意味で、カナダは分離主義的ではない、統合型の多文化主義の代表国であるといえる。もちろんカナダにおいても、多文化主義の危機は存在した。とりわけ九・一一の衝撃は大きく、イスラム恐怖症が社会のなかに拡まった。二〇〇一年一〇月一五日、カナダ連邦政府はC－三六法案を議会に提出する。この法案は、カナダの刑事法上初めてテロ活動に基づく犯罪を定義し、予防逮捕に関する警察権限の強化等を定めたものであった。しかしこの法案に対してリベラルな多くの市民団体が反対したため、制限的修正が加えられ、結局この法律はほとんど適用されていない（ローチ 二〇〇八）。

二〇一五年まで一〇年間にわたり連邦首相を務めたスティーヴン・ハーパーは、若き日には人種差別的団体に加わり、ケベックへの特別待遇を批判する西部ポピュリスト政党（改革党）で政治家としてのキャリアをスタートさせたことに窺われるように、多文化主義に対して、控えめにいっても、懐疑的な人物であった。にもかかわらず、ハーパー政権は、多文化主義政策を真正面から否定することはなかった。その背景には、彼の政権が少数与党内閣として発足し、ケベックの地域政党の支持を必要としていたという事情があるが、なによりも多文化主義がカナダの国民統合の要であり、国民的誇りであるという事実がある。カナダでは多文化主義政策は、健康保険制度に次いで国民の支持の高い政策であり、各種世論調査をみても、国民の四分の三から五分の四という圧倒的多数がこれを支持している（Bloemraad 2006：140；新川 二〇〇六）。

このようにカナダは、西欧諸国はいうまでもなく、米豪という新大陸の国と比べても、多文化主義政策への揺るぎない信頼を示しており、しかもその憲法には個人の自由のみならず、集団の権利までもが書き込まれている。このようにカナダは、文字通り多文化主義の代表国とみなすことができるのである。なぜカナダ一国が多文化主義政策を維持しているのか、あるいは維持できているのか。この疑問に答えるために、本章では、カナダ多文化主義のなかにみられる持続性と変容、その意味と意義について検討し、多文化主義もまた、英独仏にみられるリベラリズムと同じように、リベラル・ナショナリズムにほかならないことを明らかにする。

一言でいえば、カナダにおける多文化主義政策は、単一国民の形成に失敗したことから生まれた窮余の一策であり、社会的分断を防ごうとして生まれた国民統合政策であった。それはイギリス系カナダへの同化を拒み、分離運動が高まっていたケベック州（フランス系ケベック州民）をカナダ連邦制内に踏みとどまらせるための苦肉の策なのである。したがって長年にわたる多文化主義政策にもかかわらず、カナダにおいていまだにレイシズムが払拭されていないという事実をもって、カナダ多文化主義は失敗したと断ずるのは当たらない（Satzewich, ed. 1998：2011；Hier and Bolaria, eds. 2012）。多文化主義は、反レイシズムを目的として生まれたものではなく、単一国民に代わる文化的多様性を特徴とするナショナル・アイデンティティの形成を目的として生まれたものなのである。

しかしケベック州のカナダ連邦からの離脱という問題が緊迫感を失った今日、多文化主義の意味が問われるようになっている。とりわけ二〇〇一年九月一一日同時多発テロ以降、多文化主義が社会統合ではなく分断をもたらしているのではないかという懐疑の声が上がっている。ところがスティーヴン・ハーパー首相は、かつては反多文化主義の立場を明確に打ち出していたにもかかわらず、二〇〇六年に首相となってからは、むしろ多文化主義を積極的に推進しているようにすらみえる。はたしてこれはハーパー首相の「転向」なのだろうか。もしそうではないとすれば、彼の政権が推進する多文化主義政策とは、それ以前と同じなのだろうか。もし違いがあるとすれば、それはいったい何であろうか。

二　創られた伝統

カナダにおいて多文化主義政策が正式に導入されたのは一九七一年であり、その後一九八二年憲法、雇用均等法（一九八六年）を経て、一九八八年にはカナダ多文化主義法が制定される。その過程において、カナダ連邦政府は、文化的多様性こそがカナダ社会の特徴であり、カナダのナショナル・アイデンティティであるという主張を繰り返し行ってきた。その主張は、「カナダ多文化主義は、ヨーロッパからの最初の入植者が到着し、先住民に加わったときからカナダの生活の一部であった」という強引な歴史解釈まで生み出し、さらにはカナダの前史時代、先住民たちの多様性にまで言及する記述も認められる（Day 2000：6）。

カナダを多文化主義と結びつけるうえで効果的であったのが、アメリカが「メルティング・ポット（人種の坩堝）」であるのに対して、カナダは「モザイク社会」であるとする議論である。「メルティング・ポット」という考えは、アメリカにおいては一八世紀にすでにみられたものであるが、二〇世紀初頭、イズレイル・ザングウィルの同名の戯曲によって広く知れ渡るようになった。それは、様々な民族や文化が混合し、「新しい人」（アメリカ人）が生まれるという移民や植民を理想化したメタファーである。

これに対してモザイクというメタファーは、多様性を混ぜ合わせることなく、そのまま保持するという含意があり、そこから受けるカナダのイメージは、アメリカの同化主義とは異なる多様性の保持である。多文化主義は、このような古くからあったカナダ＝モザイク社会というイメージとうまく結びつくものであった。モザイクという表現は、古くはケイト・フォスター『私たちカナダのモザイク』（一九二六年）、J・M・ギボン『カナダのモザイク』（一九三八年）といった著作にみられ、その原イメージはJ・S・ウッズワースの『内なる異邦人』（一九〇七年）によって確立されたといわれる（Foster 1926；Gibbon 1938；Day 2000：8）。多文化主義政策がまさに模索されていた一九六〇年代中葉には、社会学者のジョン・ポーターが『垂直的モザイク――カナダにおける社会的階級と権力の分析』（一九六五年）を刊行している。

このように「カナダ＝モザイク社会」という言説がカナダの歴史のなかに厳然と存在する以上、カナダ連邦政府が多文化主義政策を採用し、彫琢する際、その正統性を歴史のなかに求めたのは当然といえる。しかしながら、このような「カナダ＝モザイク社会」論は、いうまでもないことだが、カナダが主流となる文化をもたず、異なる文化や民族の間に平等な共存関係を実現していたことを意味しないし、いわんやレイシズムとは無縁の社会であったことを意味しない。

カナダが、中国人や日本人などのアジア系移民を忌み嫌ったのは国境の南と同様である。チャイナ・タウンは、「賭博、アヘン、売春」という三つの悪の巣窟であり、白人社会にモラル上の悪影響を及ぼすゆえに、中国人移民は排斥されるべきであるという強硬なレイシスト的主張が公然となされたし、日本人はといえば、中国人よりもカナダに順応するが、活力と独立心が強いだけ、むしろ危険であるといわれる始末である（細川 二〇一二：一二〇―一二六）。ようするに、アジア系移民は招かれざる客であった。

こうした事情が滑稽なまでに浮かび上がるのが、インド人排斥問題である。インド人はカナダ人同様に「イギリス臣民」であったため、彼らを露骨にカナダ社会から締め出すことはできなかった。そこでカナダ政府は、一見差別偏見とは無縁の「継続的航路」規制なるものを一九〇八年に施行する。これによって、カナダへの移民は、一回の航海でカナダの港に到着しなければならなくなった。しかし当時インドからカナダへの直接航路はなかったので、これによって事実上インドからの移民を排除できたのである（Satzewich 1998：14；細川 二〇一二：一四五―一四六）。

また白人の間にも、明確な序列化がなされていた。たとえ白人であっても、中欧や南欧など、イギリスから遠く離れた地域からの移民はイギリス系よりも劣る存在とみなされ、さらにイギリスからの移民であっても、能力的に劣るもの、社会からの逸脱者に対しては厳しい目が向けられた。本国への強制送還はもとより、「異常者」に対する断種を求める運動も生まれた。結局断種法が導入されたのは、アルバータとブリティッシュ・コロンビア、二州にとどまったもの、イギリス系カナダの本拠地、オンタリオ州においても断種法運動は猛威をふるった。ちなみにカナダ中央に位置する平原諸州で「精神異常者」の問題を広く知らしめるうえで主導的役割を果たしたのは、モザイク社会の原像を確立したといわれるJ・S・ウッズワースであった。当時ヨーロッパを跋扈した優生学に対して、「カナダ・モザイク社会」論が免疫をもっていたわけではなかったのである（細川 二〇一二：第一―四章参照）。

現代カナダにおいて、多文化主義理論の彫琢に大きな貢献をなしたのが、哲学者のチャールズ・テイラーである。テイラーは、今日承認の政治が台頭した背景として階層社会の崩壊、それに伴う（それまで自明とされていた）個人のアイデンティティを確定する必要性を指摘する。「私自身のアイデンティティは、私と他者との対話的な関係に決定的に依存しているのである」（テイラー 一九九六）。このような他者との対話的な関係を提供するのが意味了解の地平であり、それは端的にいって文化共同体なのである。

アイデンティティなしでは、すなわちある支配的な価値、忠誠、あるいはコミュニティの成員であることによって与えられる地平の外では、私にとって何が重要であるか、私が何に最も心を動かされるか、何を最も美しいと思うかといった問いに答えることができず、したがって個人は十全な人間主体として機能することができない。所与の文化に帰属するということは、個人のアイデンティティの一部であり、文化の準拠点の外側では、自分は自分ではなく、何が重要かといった問題に答えられない。端的にいえば、文化の外側では、個人は人間として誰であるのかがわからないのである（Taylor 1993；新川 二〇一四：一七五―一七六）。

個を個として定立することを可能にする意味了解の地平を確定する文化共同体は、たとえそれが国民統合とは緊張をはらむ存在であったとしても、それ自体として価値を認められるべきものである。したがって、多民族社会であるカナダにとって文化的多様性を維持することは、人々のアイデンティティを維持・再生産するために必要不可欠なのである。すなわちテイラーにあっては、「モザイク社会」＝文化の多様性は、単なる歴史的偶然の産物ではなく、維持されるべき規範となる。テイラーのこうした議論は、まさに多文化主義は分裂と混乱を引き起こすものであるという批判を招き入れることになるが、テイラーは相互尊重と対話の重要性を説くことで、これに反論している（ガットマン編 一九九六）。

テイラーが、いたずらに分断とアナーキーを求めていたわけではないことはいうまでもない。しかし文化の多様性そのものを個にとって不可欠のものと捉えるテイラーの多文化主義は、国民統合の手段としての多文化主義とは相いれない。やがてテイラーは、ケベックの特別の地位を擁護し、ケベックが連邦や他州の二言語主義に反してフランス語一言語主義をとることを擁護するため、（英語系の）多文化主義に対抗する間文化主義を唱えるようになる（新川 二〇一四：一八五―一八八）。ここで間文化主義について立ち入ることはしないが、テイラーの多文化主義論は、人間存在の根底に文化共同体を置く最もラディカルな（そして文脈負荷性を重く受け止めるという意味では保守的な）主張であった。

三　カナダ多文化主義の軌跡

公定多文化主義の形成

カナダ多文化主義政策の直接的きっかけとなったのは、一九六〇年代初頭にケベック州で生まれた「静かな革命」であった。それは、フランス系文化を守る動きであり、イギリス的伝統が支配する連邦政治への挑戦でもあった。このようなケベック州の叛乱を収拾すべく、連邦政府は二言語二文化主義王室委員会を立ち上げ、ケベック州の懐柔に動く。しかしフランス系文化を特別視することに対しては、他の白人少数民族からの反対が噴き出た。とりわけ強く反発したのは、ウクライナ系住民であった。その背景には、彼らが劣等の白人とみなされてきたという事情がある。ウクライナ人は、二〇世紀初頭において西欧や北欧からの移民と比べて人種的文化的に劣る存在とみなされており、それゆえにこそ平原諸州への入植に適していると考えられた。根っからの農民であり、頑丈で多産な妻をもつ彼らは西部開拓の重労働に恰好な者たちとみなされたのである（Satzewich 1998 : 15)。

一九七一年ピエール・トルドー自由党政権は、二言語多文化主義を採用する。トルドーは、一九七一年一〇月連邦下院の場で、「二つの公用語はあるが、公定文化というものは一つもない。いかなる民族集団も他の民族集団に対して優越しているわけではない。いかなる市民、市民集団もカナダ人以外ではありえず、すべての者は公正に取り扱われねばならない」と宣言した。さらに、トルドーは、個人の民族集団への忠誠は、生まれや母語によってではなく、帰属感によるものである点を強調する。出自や言語という偶然によって特定の文化の枠内で生きるほかないとすれば、個人の自由はない。自ら選択することで帰属感、そして忠誠心が生まれるのである。多文化主義政策は、カナダ人の文化的自由を保障し、差別的態度や文化的嫉妬を打ち砕き、個人の誇りやアイデンティティという国民的団結にとって不可欠な礎を築くために必要な道具なのである（新川 二〇一四：一七四―一七五）。

トルドーは、本来普遍主義的個人主義に立ち、民族や文化共同体はそのような個人のアイデンティティを形成するうえで、その限りにおいて必要なものと考えていた。しかも、民族共同体はあくまでカナダ全体の発展と国民的団結を促進するもの、カナダへの忠誠心をもつ個人を育む場として期待されたのであって、その限りで認められ、保護される存在なのである。トルドーはカナダの国民的団結を訴える連邦主義者、汎カナダ主義者として知られるが、彼の目指したのは、普遍的個人主義を基本的価値として受け入れ、そのような価値実現を目指すカナダを建設することであった（新川 二〇〇八：二〇一四：一七五）。

これに対してチャールズ・テイラーは、文化共同体それ自体が個人のアイデンティティにとって不可欠の価値を有するものであることを主張したのであり、明らかにトルドーの当初の意図を越えた多文化主義の可能性を指し示した。結果として、トルドー自身が、多文化主義の新たな展開を認めざるえなくなっていったと思われる。トルドーの置き土産といわれた一九八二年憲法、「権利及び自由に関するカナダ憲章」では、「この憲章は、カナダ国民の多文化的伝統の維持及び向上と一致する形で解釈される」（第二七条）とし、特に先住民の権利及び条約上の権利が明記されるなど、明らかに道具主義的な多文化主義観を超えた記述がみられるのである。

とはいえ、一九八二年憲法においてテイラー流のラディカルな多文化主義が、トルドーの道具主義的多文化主義に取って代わったわけではない。一九八八年多文化主義法においても、多文化主義はまずもって統合政策であるという位置づけに変わりはない。そこでは、「多文化主義はカナダ社会の文化的人種的多様性を反映しているものである」ことへの理解を促進し、「カナダ社会のすべての成員が自らの文化的遺産を保持し、高め、共有する自由」を認め、「多文化主義はカナダの遺産とアイデンティティの基本的特徴であり、カナダの未来を形成する貴重な資源である」ことを高らかに宣言している（http://laws.justice.gc.ca/en/C-18.7/text.html　二〇〇九年一二月二一日閲覧）。このように文化的多様性は、称揚されながらも、あくまでもカナダ人としての国民的アイデンティティとして位置づけられている。

このようなカナダの公定多文化主義を理論的に正当化したのは、チャールズ・テイラーではなく、ウィル・キムリッカの理論であったといえる。キムリッカの提唱するリベラルな多文化主義においては、トルドーの描いたような中立国家は否定され、多文化主義社会実現のために国家が積極的役割を担うことが期待される。国家は、社会構成文化（学校やメディア、法律、経済、政府などの公的および私的生活における広範な社会制度で使用されている共有の言語を中核とする、領域的に集中した文化）を維持し、もしなければ、意図的にそれを創り出し、多様な民族の間に団結を生み、国民統合を推進する存在である（キムリッカ　二〇〇五：四九九―五〇〇）。

またすべての文化共同体が同じような政治的重要性をもつわけではない。キムリッカは、カナダのなかで、ケベック、先住民、移民は、それぞれ法的根拠も、所管官庁も異なる範疇であると指摘する。キムリッカは、建国の二つのネイションであるケベックのフランス系住民、被征服民である先住民族については、政治的自己決定権を認める。すなわちイギリス系の多数派国民に対して、少数派国民を形成していると考える。他方、移民は、自らの意思で（自己決定によって）新たな社会に移住してきた者たちであるから、新たな社会の支配的な文化（社会構成文化）に順応することに同意した存在とみなされる。彼らは新しい社会でその文化的独自性を維持することはできるが、政治的自己決定権をもつわけではない（キムリッカ　一九九八：二〇〇五：二〇一二）。

キムリッカのリベラルな多文化主義論は、トルドーの道具主義的多文化主義論を否定するが、テイラーのようなラディカルな多文化主義に対しても距離を置く。テイラーの場合、多様な文化それ自体の価値を積極的に擁護するが、キムリッカの場合、多文化主義において重要なのはそれが国民形成を促進する力となることである。他方キムリッカとトルドーは、ケベック問題と先住民族問題に関しては大きく見解を異にするが、移民への対応においては大きな違いがなく、なによりも多文化主義を通じて国民統合を目指すという点では一致している。

以上のように、カナダにおける公定多文化主義は、一九七〇年代から八〇年代末までには、多様性それ自体の価値を認める方向へと変化したが、それが国民統合を促進する手段であるという点では一貫していたといえる。

多文化主義戦略の再調整

二言語二文化主義が、結局二言語多文化主義政策となった背景を探れば、そこにケベックに対する牽制が見え隠れする。すなわち公式言語は英語とフランス語であるが、カナダには特定の支配的文化はなく、多様性こそがカナダ国民文化の特徴であるとすることによって、つまりフランス文化を公定文化の一つとしないことによって、カナダにおいて国民主流派のイギリス系文化が長期的にはケベック州においても浸透することが期待されていたのである。また二言語主義は、ケベック州内でのフランス語の支配力を弱めることができると考えられた（cf. McRoberts 1997）。

ケベック州政府は、このような二言語多文化主義の意図を見抜き、それを拒絶した。多文化主義はフランス文化を（本来はイギリス文化と並ぶネイションのもう一つの主要文化であるにもかかわらず）他の少数民族文化と同等に扱うものであると連邦政府を非難し、フランス語一言語主義を打ち出した。しかし、「他の少数民族」は多文化主義を熱烈に支持し、さらには二言語主義の緩和までも要求した。英仏二言語以外が公用語として認められるまでには至らなかったものの、多文化主義は、ケベック州以外では大多数のカナダ国民に受け入れられ、国是となっていく。一九八八年多文化主義法がブライアン・マルローニ進歩保守党政権によって制定されたことからもわかるように、多文化主義は、カナダにおいて超党派的合意となったのである（新川 二〇一四：一七九）。

しかし多文化主義の「成功」は、皮肉にもケベック州の孤立感と危機感を強めることになった。ケベック州は一九八二年憲法を批准せず、マルローニ政権は事態収拾に向け、州首相たち（premiers）とミーチレイクにおいて会談し、ケベックを「独自の社会」として認める合意に達する。いわゆるミーチレイク・アコードである。しかしこの合意は、三年の期限内に全州議会の承認を得ることができず、結局流産してしまう。この結果に失望したケベックでは、分離独立運動が再燃し、ついに一九九五年には分離独立を求めるレファレンダム（州民投票）が実施された。ケベック州では、トルドーの憲法改正への動きに反対し、一九八〇年に一度レファレンダムが実施されたが、そのときは二〇パーセントほどの大差で否決されていた。しかし一九九五年のレファレンダムは、一パーセントの僅差で否決されたにすぎない。

このようなミーチレイク・アコードをめぐる混乱の背景には、政界をすでに引退していたとはいえ、隠然たる影響力を保持していたトルドーの積極的な反対活動がある。彼は、ケベックに対して「特別な地位」を与えることは一九八二年憲法に反するという論陣を張り、これに多くのリベラルな連邦主義者が同調した。また論争の過程でケベックの「特別な地位」を与えることに対して、少数民族、とりわけ先住民からの不満が噴出し、結局それがミーチレイク・アコードの流産につながったのである（石川 一九九四：Russell 2004）。

トルドーは、一九八二年憲法を普遍主義からさらに遠ざけるものとしてミーチレイク・アコードに反対したが、結局ケベック州に「特別の地位」を認める方向性そのものを覆すことはできなかった。一九九五年レファレンダムの結果が連邦支持派の薄氷の勝利であったことに危機感を強めた連邦・州首相たちは、一九九七年カルガリーに集い、ケベック社会が「独特の性格をもつ」ことを認める宣言を発し、ケベック州への譲歩をあらためて確認する。ケベック州ブシャール首相はこれに参加せず、批判声明を出すが、カルガリー宣言によってケベックへの特別の配慮は、カナダ政治の公の合意となったのである（http://www.exec.gov.nl.ca/currentevents/unity/unityr1.htm、二〇〇九年一一月二〇日閲覧）。

四　イスラム恐怖症と多文化主義

二〇世紀末においてカナダの多文化主義が、トルドーの普遍主義に基づく道具主義的な多文化主義ではなく、キムリッカのリベラルな多文化主義によって基礎づけられるものであることは、「カルガリー宣言」によって明らかとなったが、二一世紀において多文化主義は、新たな試練のときを迎える。その大きなきっかけとなったのは、二〇〇一年九月一一日アメリカ国内で起きた同時多発テロ事件である。ケベック・ナショナリズムの衰退を背景に、多文化主義の関心は、特定宗教を信仰する者たち（ムスリム）に焦点を絞った社会的適応能力と国家安全保障の問題へと移行していった。

クレティエン首相（当時）は、ムスリム住民に危害が及ぶことを防ぐために、ムスリムの多数派はテロ攻撃を非難する平和的市民であると述べ、オタワのモスクを訪れるなどしたが、他方においては国外から来るムスリムに対しては厳重なチェック体制を敷き、結果として社会のムスリムへの警戒心を助長することになった。マスメディアもまた反イスラム感情を煽ったが、実は彼らは、以前からムスリムに対する偏見を植え付ける役割を果たしてきた。二〇〇〇年の研究ではあるが、一九七二年から八二年までの間のアラブ人に関する報道は、彼らが、「非合理的で、後ろ向きで、血に飢えており、道徳観念のない、無知な」人々であるというイメージを植え付けるものであったという。二〇〇一年九月一一日の後においては、このリストのなかに「テロリスト」という項目が加わり、アラブという言葉はムスリムに代えられ、マスメディアのなかに「イスラム恐怖症」が生まれた

(Satzewih 2011：93)。

二〇〇六年『マクリーンズ(*Maclean's*)』に掲載されたマーク・スタインの「新世界秩序」というエッセーは、彼が出版した『孤独なアメリカ』という本のエッセンスであるが、ムスリム移民が西欧文明への脅威であると躊躇なく指摘している点で注目された。スタインによれば、西欧の出生率は低いのに対して、ムスリムは多産であり、西欧社会でのムスリムの人口増加は、「恐怖と混乱」をもたらす反民主主義的なジハード戦士の潜在的温床になる。もちろんスタインは、すべてのムスリムがテロリストであるといっているわけではないが、西側世界のなかにモスク・ネットワークを創り上げようとする「ジハード」に熱を上げる少なからぬ数のムスリムがいると主張する。イスラム過激派は、西欧の寛容につけ込むエキスパートであり、多文化主義は西側社会を団結させる効果的なイデオロギーとはならないと切り捨てられる(Satzewih 2011：94-95)。

近年の世論調査では、五三パーセントが、西欧社会とムスリム社会は和解できない紛争状態にあると考えている。他方において、大多数のカナダ人が多文化主義政策を支持している状況に変わりはない。しかし実は回答者の六四パーセントが多文化主義の内容について知らない。ケベックに限れば、「知らない」という回答が、九〇パーセントに達する。しかも知っていると答えた者のなかには、二〇年も前に廃止された少数民族への直接的財政支援を挙げるなど、不正確な知識をもつものも少なくなかった(Jedwab 2014：3-6)。ケベック問題の緊迫感が薄れるにつれ、国民の間では多文化主義は、具体的な政策であるよりは、漠然としたイメージとして捉えられるようになっている。

こうした多文化主義の「空洞化」を背景として、二〇〇九年移民大臣ジェイソン・ケニーは、「多文化主義がおぞましい文化的慣習や憎悪の表現を正当化するものと間違われないように、自由民主主義的価値への統合に焦点を絞る」ことを強調し、多文化主義を主流文化(「社会構成文化」)につなぎとめるための再定義を試みている

(Jedwab 2014：4)。

五　多文化主義の行方

ハーパー政権における多文化主義の再定義

スティーヴン・ハーパー率いるカナダ保守党は二〇〇六年連邦下院選挙（以下、総選挙）で相対多数を獲得し、政権の座につく。カナダ同盟と進歩保守党が合同してから（実質的には前者による後者の吸収合併）、わずか二年足らずのことであった。ハーパー政権においても、多文化主義の旗は堅持されている。それどころか、ハーパー政権では、ケベックを「カナダのなかの一つのネイション」であることを承認し、さらにリベラルが拒んできた中国人や日本人に対する過去の過ちに対する謝罪と賠償を行っている。ハーパー政権では、多様性に対する理解と寛容が、少なくとも表面上は一層深まったといえる。

このような展開は、ハーパーの過去の言動からすれば、少なからぬ違和感を覚える。ハーパーは、カナダ同盟の前身である改革党の主任政策担当者であった。そして改革党は、当時のマルローニ進歩保守党政権の推進する多文化主義政策に対して明確に反対の立場をとっていた。改革党によれば、多文化主義は「ハイフン付カナダ主義」をもたらす。それは、アングロ－カナディアン、フレンチ－カナディアン、ネイティヴ－カナディアン、チャイニーズ－カナディアン等々、言語や文化によって社会を分断してしまうものである。改革党の党首プレストン・マニングは、「この国の象徴はもはやメイプル・リーフ（国旗）ではなく、新カナダの象徴はハイフンである。……他の国をみても明らかなように、ハイフンで国を一つにまとめることはできない」と嘆いた（Kirkham 2014：256)。

改革党のスタンスは、リベラルであることがコモン・センスとなっているカナダ社会ではまったくの傍流であった。多文化主義擁護派からの批判に対して改革党は、個人や集団がそのバックグラウンドを個人的選択として維持す権利はあるが、国家は国民文化を促し、改善し、促進するためにより積極的な政策をとるべきであり、少数民族の文化については国民文化への統合を促すべきであると反論している。ハーパーは、多文化主義がカナダ国民を定義する基盤とはならないことを明言している（Kirkham 2014：256；Dobbin 1992：200）。

改革党は、連邦政治においてあまりにケベック問題に関心が集中し、西部の利害が蔑ろにされているという「西部の疎外」感を背景にしたポピュリズムから生まれたが、一九九三年下院選挙で躍進すると、党首マニングはより穏健かつ妥協的になる。この選挙ではそれまで政権にあった進歩保守党が壊滅的な敗北を喫した。五四議席を獲得し公認反対党（野党第一党）となったブロック・ケベコワは、ケベック州の分離独立を標榜しており、全国政党となるつもりは毛頭ない。マニングはこうした状況のなかで、自由党に代わって政権を担う国民政党への脱皮を目指す。しかし改革党が獲得した五二議席はすべて西部諸州から得たものであったため、マニングはリベラルな東部への進出を睨んで、ブロック・ケベコワとの非難の応酬を止め、ケベック問題に対してより柔軟な姿勢を示し、西部ポピュリスト路線から穏健な中道右派路線への移行を模索し始めたのである。その結果「カルガリー宣言」に対して、マニングは理解を示し、容認する態度をとった。

他方ハーパーは、「カルガリー宣言」に強硬な反対意見を表明する。宣言が発せられる前日には、カルガリー大学の政治学教授トム・フラナガンとの連名で、「親愛なる州首相たちよ、分離主義に対して、今こそ宥和ではなく反対するときだ」と題するエッセーを『カルガリー・ヘラルド』に寄稿し、ケベックの独自性について宣言を発することは、いかによき意図に基づくものであろうとも、カナダのケベックの承認がこれまで不十分なものであり、ケベックはカナダの一部であることによって何か脅かされているかような印象を創り出すと主張した。

宣言を認めた党首マニングに対して、ハーパーは再度『カルガリー・ヘラルド』に寄稿し、難詰した（Johnson 2005：270–272）。マニングと決裂したハーパーは、一時政界を引退し、一九九八年には右の立場から国民運動を展開する国民連合（National Citizens Coalition）の会長に就任した。

自由党に代わる選択肢となる国民政党を建設しようとするマニングは、二〇〇〇年改革党をカナダ同盟へと衣替えするが、党首選でストックウェル・デイに敗れ、デイ率いるカナダ同盟は二〇〇〇年総選挙で東部への進出に失敗し、袋小路に陥る。それを打開したのが、ハーパーである。彼は二〇〇二年政界に復帰し、カナダ同盟党首となると、二〇〇三年一二月には進歩保守党との合同によってカナダ保守党を結成した。その直後に行われた二〇〇四年総選挙でカナダ保守党は九九議席を獲得し、公認反対党の地位につく。

選挙直後、ハーパーはケベック問題に関する検討チームを立ち上げる。ケベック問題が、カナダ保守党にとって、そしてとりわけ彼自身にとってアキレス腱であることを理解し、事態打開に乗り出したのである。実は選挙戦に入る前に、ケベックで唯一の進歩保守党所属議員が、カナダ同盟の体質はケベックでは受け入れられないと抗議して、二〇〇四年選挙への立候補を取りやめるという事件が起きた。その議席は、結局ブロック・ケベコワに奪われてしまい、カナダ保守党のケベック州での得票率は一桁台にとどまったのである（Johnson 2005：389）。

二〇〇四年カナダ保守党党首選で、ハーパーの「転向」は劇的な形で実現する。彼はモントリオールにおいて「ケベックは北米のフランス系住民の故郷であり、私たちの国、カナダの揺りかごである。保守党は今日ケベックを必要としている」と訴えた（Johnson 2005：395）。ハーパーは、自身がかつて厳しく批判したプレストン・マニング以上の大変身を遂げたのである。このことが彼を党首選勝利に導く決定的事件であっただけでなく、政権への道を切り拓く跳躍台となった。

二〇〇六年総選挙でカナダ保守党は第一党となり、ついに政権を獲得したが、議会で過半数に達しない少数与党であったため、政権運営のためには第三党であるブロック・ケベコワの支持・協力が必要になった。このとき、ハーパーが親ケベックへとスタンスを変えていたことが、両者の協力関係を可能にした。ハーパー政権は、二〇〇六年一一月二二日ケベックを統一カナダのなかのネイションと認める動議を提出し、五日後には可決させた。さらに選挙公約通り中国人や日本人に対する過去の過ちを謝罪し、賠償も実行した。二〇一一年ハーパー保守党は念願の議会多数派を獲得したが、その後も多文化主義政策を堅持している。

ハーパーは、本来反多文化主義者であったが、権力を奪取するうえで必要とあらば、多文化主義支持者に変身するだけの柔軟性と鋭敏な洞察力をもっていた。彼は、多文化主義を否定するのではなく、それと協調することで、自らの政治キャリアを切り拓くことに成功したのである。しかし制度を変えずとも、制度そのものを再定義することによって、実質的に政策を変更することは可能である（新川 二〇〇五：二五六）。依然として人気が高いとはいえ、実は多くの国民が具体的な政策内容についてあまり関心をもたなくなっていたカナダ多文化主義政策の場合、このような再定義戦略は比較的容易であったと考えられる。

ハーパー政権のほぼ全期間にわたって多文化主義政策を担当したのは、ジェイソン・ケニーである。[1] ケニーは、多文化主義がリベラル・デモクラシーの価値に依拠し、その価値がイギリスの伝統に根ざすものであることを繰り返し説いた。新たにカナダ市民になる者たちは、カナダ女王（イギリス女王）への誓いという儀式を通過しなければならないが、ケニーによれば、それを権利章典（一九六〇年）、英領北アメリカ法（一八六七年）というカナダの法典だけではなく、マグナ・カルタにまで遡ることのできる一〇〇〇年にわたる市民的伝統にコミットすることなのである（Abu-Laban 2014：157-158）。

カナダの公定多文化主義が、リベラル・ナショナリズムにほかならないことはすでに指摘したが、ケニーは多文化主義を、さらに具体的直截にイギリスの伝統と価値に結び付けようとした。つまりカナダ多文化主義が、イギリス系カナダのナショナル・アイデンティティに根ざすものであると公然と主張したのである。それはイギリス系カナダの歴史に立ち返り、国民の物語を創造しようとする試みであった[(2)]。

ケベック州の対抗

ハーパー政権による多文化主義の再定義の動きに対して、フランス系ケベックはこれに対抗する理念を打ち出そうとした。多文化主義がイギリス系の伝統に根ざすものとして再定義されるなら、フランス系であり、ライシテの伝統をもつケベックは当然それと相いれない。九・一一以降、多文化主義をとる連邦やその他の州と比べてケベック州では少数民族やその文化に対する寛容性が低いという批判が沸き起こった。その背景にはフランスにおけるヘッドスカーフ規制にみられる戦闘的ライシテの復活があり、またケベック州内でのそれを連想させるいくつかの事件があった。たとえばシク教徒の少年が携帯するキルパン（ナイフ）に対してケベック州控訴院は学校での携帯を禁じた（二〇〇四年連邦最高裁判所が生徒の信教の自由の観点からこの決定を覆している）。その他レストランでのムスリムとのいざこざなどケベックでは、文化的摩擦がしばしば生じていた。

このような事態に対して、ケベック州首相ジャン・シャレは、二〇〇七年二月ケベック州の著名な社会学者ジェラール・ブシャールと哲学者チャールズ・テイラーを委員長とする「文化的差異にかかわる妥協の実践に関する諮問委員会」（通称ブシャール＝テイラー委員会）を立ち上げ、同委員会はケベック州の寛容性について膨大な実態調査を行い、二〇〇八年五月報告書をまとめる。報告書では報道の事実誤認などについても克明に明らかにした後、①良識的な妥協と合議による調整、②間文化主義（interculturalism）、③開かれたライシテ、という三つの原則を提唱している（Bouchard and Taylor 2008）。

ここで注目したいのは、②と③である。間文化主義とは、「異なる文化を横断する共通言語としてフランス語を制度化し、権利保護に高い感受性をもつ多元的思考性を開拓し、文化的多様性とフランス系社会の間に創造的緊張関係を維持することで、両者の相互作用のなかから統合をめざすものである」(新川 二〇一四：一八七)。こうした方向性は、基本的に多文化主義と大きな違いはない。しかしながら間文化主義によれば、カナダでは英語が生活言語として支配的であるため、多文化主義をとっても英語文化の伝統を守ることができるが、公用語とはいえ生活言語として使用されることが少ないフランス語を、そしてフランス系文化を守るためには、ケベック州で一言語主義を維持する必要がある。端的にいえば、フランス系文化をケベックにおいて社会構成文化として維持するものとして一言語主義を正当化し、他方において他の文化への寛容性は損なわれていないと主張するために間文化主義という概念が創り出されたといえる。しかしこうしたケベックの特殊事情に配慮しても、間文化主義がフランス文化中心主義であり、ケベック州内における少数派に対して抑圧的なものとなる可能性は否定できない(新川 二〇一四：一八五―一八八)。

次に「開かれたライシテ」についてみると、ブシャールとテイラーは、ライシテにおける国家の中立性と政教分離とは、それ自体が目的ではなく、道徳的平等と良心の自由を尊重するための手段であると考え、フランスのヘッドスカーフ禁止法については、手段が自己目的化していると批判する。多様性をもつ社会の統合は、宗教的アイデンティティの抑圧ではなく、相互理解を通じて実現されるべきなのである。このような考えは、基本的に戦闘的ライシテが復活する以前のフランスのライシテに近く、さらにはイギリスにおける多文化主義的な対応とさほど変わらないように思える。

「開かれたライシテ」の具体的提言をみれば、宗教的表徴(なかんずくヘッドスカーフ)着用については、それが強制ではなく、自由な選択であるなら、公共施設においても、利用者側、行政サービス提供側、双方に認められるべきであるとする。ただし学校教師がブルカやニカブを着用するのは、非言語的コミュニケーションを妨げ、職務遂行に支障をきたすので好ましくない。宗教的表徴は、それが社会の宗教的遺産である場合はライシテ原則に抵触しないが、公共機関と特定宗教の一体化をもたらすなら、抵触することになる。前者の例としては、モン・ロワイヤル公園の十字架が例に挙げられている。他方議会における宗教的表徴や慣習は、撤去するのが望ましいとされた。このようなブシャール＝テイラーの「開かれたライシテ」に対しては、とりわけ議会の十字架撤去に対しては、州議会議員をはじめ、反撥する者が多く、ケベック州首相ジャン・シャレは、議会の十字架は宗教的遺産であるとし、その撤去を明確に否定した。

ブシャール＝テイラー報告は、このようにケベック州内においても全面的に受け入れられたわけではないが、ケベック州の独自の文化を守りながらも、多文化主義的方向を受け入れる必要があることを意図せずして明らかにした点において注目される。そもそもケベック州の独自性が尊重されているのは、連邦政府の多文化主義政策下においてである。間文化主義とは、実はケベックの文脈に規定された修正多文化主義なのである。

ジャスティン・トルドーの多文化主義

ハーパー政権の多文化主義の再定義は、道半ばに終わった。ハーパー政権が、二〇一五年一〇月一九日総選挙に敗北し、下野したからである。前回総選挙で第三党にまで転落した自由党が、カナダ保守党の倍となる一八四議席を獲得し、一〇年ぶりに政権に返り咲いた。自由党は、二〇一三年ジャスティン・トルドー（ピエール・トルドーの長男）を党首に選出し、その後着実に支持を回復していたが、選挙結果は誰も予想していなかった自由党の大勝となった。自由党の選挙綱領には、中間層の所得減税と富裕層への増税、インフラ投資を増やすため三年間の赤字による積極財政といった伝統的な左派の景気回復政策とともに、マリファナの合法化という社会的にリベラル（日本的にはラディカル）な政策も含まれていた。

二〇一五年総選挙で多文化主義政策は重要争点ではなかったが、これに関連するものとしては、シリア難民の受け入れ枠を拡大するという方針が挙げられよう。またジャスティン・トルドーは、野党党首時代に、多文化主義の熱烈な支持者であることを明らかにしている。二〇一五年二月二六日付のCBCニュースは、ケベック州モントリオールにおいてムスリム女性が、裁判官からヘッドスカーフを脱ぐように求められ（裁判官は帽子やサングラスと同じように、スカーフも脱がねばならないと諭した）、これを拒否したところ、裁判官は無期休廷を宣言した。この報道に対して、ジャスティン・トルドーは、「このような出来事は受け入れがたい。すべてのカナダ国民の権利は保護されるべきである。とりわけ法廷においては」と批判的なコメントを寄せている（http://www.cbc.ca/news/canada/montreal/quebec-judge-wouldn-t-hear-case-of-woman-wearing-hijab-1.2974282、二〇一六年一二月一五日最終閲覧）。

このようなジャスティン・トルドーの下で、ハーパー政権時代とは異なる多文化主義政策が展開されるであろうと思われる。ただし政権発足から日も浅く十分な情報が得られていないため、現時点での分析・評価は時期尚早である。

結

以上カナダにおける多文化主義の特徴、起源と変容についてみてきた。まずカナダ多文化主義はケベック問題という国民統合の危機への対応として生み出されたものであることを確認した。ケベックをカナダのなかに包摂するために、歴史的に形成された「モザイク社会」というイメージに適合的な多文化主義政策が打ち出されたのである。このような手段としての多文化主義に新たな生命を吹き込んだのは、チャールズ・テイラーであった。

彼は個人のアイデンティティにとって文化共同体への帰属が不可欠であることを強調し、多文化主義それ自体の価値を強調したのである。

テイラーの議論は多文化主義理論に多大な貢献をなしたが、そのままではカナダの公定多文化主義とはならなかった。テイラーの議論は文化共同体が国民統合から切り離された固有の価値をもつことを認めるため、分断社会を容認する議論になりかねない。ここにキムリッカのリベラル多文化主義が登場する。キムリッカの議論はカナダの文脈（社会構成文化）を認めたうえで、多文化主義をカナダの国民文化として位置づけるリベラル・ナショナリズムとして理解できる。カナダの公定多文化主義は、このようなキムリッカの議論に理論的根拠をもつといえる。

カナダにおける多文化主義とは、国民統合の危機への対応であったことを念頭に置けば、英独仏でみられる多文化主義批判は皮相なものであることがわかる。カナダの多文化主義は、リベラル・ナショナリズムの一形態にほかならない。そのことは、ハーパー時代の多文化主義の再定義の試みにきわめて鮮明に映し出されている。ケニーの発言は、イギリスにおけるブリティッシュネスの再確認と読み間違えてもおかしくない。このようなイギリス系の伝統と文化を前提にした多文化主義に対して、ブシャール＝テイラーは、フランス系文化に立った間文化主義を提唱したが、それはケベック版多文化主義ともいうべきものであり、理念として多文化主義を超えるものではない。

二〇一五年カナダでは自由党が一〇年ぶりに政権に復帰し、ジャスティン・トルドー首相の下で多文化主義の新たな展開が予想されるが、その方向性を見定めるには、今しばらくの時間が必要である。

注

（1）ジェイソン・ケニーは、二〇〇七年一月に多文化主義とカナディアン・アイデンティティ担当国務長官に任命され、二〇〇八年一〇月からは国籍・移民・多文化主義大臣、二〇一三年七月からは雇用・社会開発担当大臣と多文化主義担当大臣を兼務した。

（2）以上の記述については、京都大学法学研究科紀要『法学論叢』第一七六巻五・六号（二〇一五年三月）に掲載された「カナダ多文化主義の再定義」に若干の補筆修正を加えたものである。

参考文献

飯笹佐代子（二〇〇七）『シティズンシップと多文化国家』日本経済評論社。

石川一雄（一九九四）『エスノナショナリズムと政治統合』有信堂。

ガウスタッド、エドウィン・S（二〇〇七）『アメリカの政教分離――植民地時代から今日まで』みすず書房。

ガットマン、エイミー編（一九九六）『マルチカルチュラリズム』佐々木毅・辻康夫・向山恭一訳、岩波書店。

キムリッカ、ウィル（一九九八）『多文化主義時代の市民権』角田猛・石山文彦・山崎康仕監訳、晃洋書房。

――（二〇〇五）『新版　現代政治理論』千葉眞・岡崎晴輝監訳、日本経済評論社。

――（二〇一二）『土着後の政治――ナショナリズム・多文化主義・シティズンシップ』岡崎晴輝・施光恒・竹島博之監訳、法政大学出版局。

グレイ、ジョン（二〇〇六）『自由主義の二つの顔――価値多元主義と共生の政治哲学』松野弘監訳、ミネルヴァ書房。

小林清一（二〇〇七）『アメリカン、ナショナリズムの系譜――統合の見果てぬ夢』昭和堂。

塩原良和（二〇〇五）『ネオ・リベラル時代の多文化主義』三元社。

シュレジンガーJr.、アーサー（一九九二）『アメリカの分裂――多文化社会についての所見』都留重人監訳、岩波書店。

新川敏光（二〇〇五）『日本型福祉レジームの発展と変容』ミネルヴァ書房。

――（二〇〇六）「カナダ連邦政治と国家統合――その持続と変容」『法学論叢』一五八巻五・六号、一四八―一七九頁。

――（二〇〇八）「カナダにおけるナショナル・アイデンティティの探求と超克の旅」新川敏光編『多文化主義社会の福祉国家――カナダの実験』ミネルヴァ書房、一―三九頁。

――（二〇一四）『福祉国家変革の理路』ミネルヴァ書房。

スコット、ジョーン・W（二〇一二）『「再国民化」に揺らぐヨーロッパ――新たなナショナリズムの隆盛と移民排斥のゆくえ』法律文化社。

テイラー、チャールズ（一九九六）「承認をめぐる政治」エイミー・ガットマン編『マルチカルチュラリズム』三七―一一〇頁。

――――（二〇一〇）『自我の源泉――近代的アイデンティティの形成』下川潔・桜井徹・田中智彦訳、名古屋大学出版会。

中野耕太郎（二〇一五）『20世紀アメリカ国民秩序の形成』名古屋大学出版会。

ハージ、ガッサン（二〇〇三）『ホワイト・ネイション』保苅実・塩原良和訳、平凡社。

ピラート、リチャード・V／ロバート・D・リンダー（二〇〇三）『アメリカの市民宗教と大統領』堀内一史・犬飼孝夫・日影尚之訳、麗澤大学出版会。

藤本隆児（二〇〇九）『アメリカの公共宗教――多元社会における精神性』ＮＴＴ出版。

古矢旬（二〇〇二）『アメリカニズム――「普遍国家」のナショナリズム』東京大学出版会。

細川道久（二〇一二）『「白人」支配のカナダ史――移民・先住民・優生学』彩流社。

油井大三郎・遠藤泰生編（一九九九）『多文化主義のアメリカ――揺らぐナショナル・アイデンティティ』東京大学出版会。

吉浜精一郎（二〇〇一）『オーストラリア多文化主義の軌跡――１９９２―２０００年』ナカニシヤ出版。

ローチ、ケント（二〇〇八）「カナダにおける国家安全保障政策とムスリム・コミュニティ」新川敏光編『多文化主義社会の福祉国家――カナダの実験』二九三―三一二頁。

Abu-Laban, Yasmeen（2014）“Reform by Stealth：The Harper Governments and Canadian Multiculturalism”, in J. Jedwab ed., *The Multiculturalism Question：Debating Identity in 21st-Century*, McGill-Queen’s University Press, pp.149–172.
Bloom, Allan（1987）*The Closing of the American Mind*, Penguin.（アラン・ブルーム『アメリカン・マインドの終焉』菅野盾樹訳、みすず書房、一九八八年）
Bloemraad, Irene（2006）*Becoming A Citizen*, University of California Press.
Bouchard, Gerald and Charles Taylor（2008）“Builiding the Future for Reconciliation”.（https：//www.mce.gouv.qc.ca/publications/CCPARDC/rapport-final-integral-en.pdf, 二〇一六年五月二〇日最終閲覧）
Day, Richard J. F.（2000）*Multiculturalism and the History of Canadian Diversity*, University of Toronto Press.
Dobbin, Murrey（1992）*Preston Manning and the Reform Party*, Goodread Biographies.
Foster, K.（1926）*Our Canadian Mosaic*, YMCA.
Gibbon, J. M.（1938）*Canadian Mosaic：The Making of Northern Nation*, McClelland and Stewart.

Glazer, Nathan (1997) *We are all Multiculturalists Now*, Harvard University Press.

Gould, Robert (2008) “Identity Discourses in the German Headscarf Debate”. (http : //ccges.apps01.yorku.ca/wp/wp-content/uploads/2009/01/gould.pdf, 二〇一六年五月一九日最終閲覧)

Hier, S. P. and B. S. Bolaria eds. (2012) *Race and Racism in 21st-Century Canada : Continuity, Complexity, and Change*, University of Toronto Press.

Jedwab, Jack, ed. (2014) *The Multiculturalism Question : Debating Identity in 21st-Century Canada*, McGill-Queen’s University Press.

Johnson, William (2005) *Stephen Harper and the Future of Canada*, McClelland & Stewart.

Keating, Michael (2001) *Plurinational Democracy : Stateless Nations in a Post-Sovereignty Era*, Oxford University Press.

Kirkham, Della (2014) “The Reform Party of Canada : A Discourse on Race, Ethnicity and Equality”, in Jedwab ed., *op. cit*., pp.243–267.

Lettinga, Doutje and S. Saharso (2014) “Outsiders Within : Framing and Regulation of Headscarves in France, Germany and The Netherlands”, *Social Inclusion*, 2 (3), pp.29–39.

McRoberts, Kenenth (1997) *Misconceiving Canada*, Oxford University Press.

Porter, J. (1965) *The Vertical Mosaic : An Analysis of Social Class and Power in Canada*, University of Toronto Press.

Russel, P. H. (2004) *Constitutional Odyssey*, 3rd ed., University of Toronto Press.

Satzewich, Vic (1998) “Introduction,” in V. Satzewich ed., *Racism and Social Inequality in Canada*, Thompson Educational Publishing, Inc., pp.11–24.

——— (2011) *Racism in Canada*, Oxford University Press.

Taylor, Charles (1993) *Reconciling the Solitudes*, McGill-Queen’s University Press.

第四章　オーストラリアにおける社会統合の変遷

分析的整理

加藤雅俊

一　経済社会環境の変化と政治経済システムの変容——問題意識と分析視角

社会統合の変遷の分析に向けて——本章の問題意識

本章の目的は、経済のグローバル化の進展およびポスト工業社会への移行に直面した先進諸国における、新たな社会統合のあり方を模索する動きに関して、オーストラリアを事例として、その特徴を明らかにすることにある。具体的には、①福祉国家の黄金時代における社会統合の特徴はどのようなものか、②グローバル化とポスト工業化を経験した現在における社会統合の特徴はどのようなものか、③オーストラリアの経験がもたらす理論的含意は何か、という各論点を検討する。

まず「社会統合」という用語について、確認しておきたい。齋藤純一は、社会統合を、「社会の成員がその諸制度を自らにとって有意義なものとして受け止め、それを持続的に支持する関係が成立している状態」として定義づける（齋藤純一編 二〇〇九：二一）。言い換えれば、社会統合とは、ある政治経済社会秩序がその共同体を構成する市民（国籍を有する人も、そうでない人も含める）から安定的に支持されている状態を指すといえる。(1) ここで重要な点が三点ある。まず第一に、政府は、直面する経済社会環境を前提に、様々な公共政策の展開や政治言説の提示を通じて、市民から安定的な支持を調達しようと試みる。例えば、政府は、社会政策や税制を通じた再分配の実現、産業・雇用政策を通じた雇用の保障、積極的労働市場政策を通じた労働市場への参加の促進、そして、諸政策を正統化／正当化する理念の提示などによって支持調達を図る。第二に、どのような社会統合が実現するかは、経済社会環境に大きく影響を受けながらも、政治的選択に依存する。言い換えれば、経済社会文脈を前提としたうえでの政治主体による選択が重要であり、多様な形態が存在するといえる。したがって、第三に、社会統合の特徴を把握し、その政治的背景を分析することは、現代国家の変容の特質を捉えるうえで有益であり、政治学の重要な課題といえる。これらをふまえて本章では、オーストラリアを事例として、社会統合の特徴の変遷を分析し、その理論的含意を明らかにする。

そもそも、第二次世界大戦後の安定的な経済成長を支えてきた政治経済システムは、資本主義経済の確立、近代化・産業化の進展、自由民主主義体制の安定、そして近代国家システムの確立などを前提として、社会権を制度化した「福祉国家」といえる。そのなかでも以下のような特徴を持つため、「ケインズ主義的福祉国家」と呼ばれてきた（小野 二〇〇〇：Jessop 2002：加藤 二〇一二。また新川 二〇一四：宮本 二〇一三も参照）。すなわち、ケインズ主義的福祉国家は、埋め込まれたリベラリズムおよびフォーディズム的発展様式（経済）、雇用形態と家族形態の安定性を前提とし、性別役割分業に基づいた男性稼得者モデル（社会）、階級・政党政治レベルにおける経済成長とその分配へのコンセンサス（政治）という諸基盤を前提に、政府が、マクロ需要管理政策を中心に、経済過程に介入することで経済的繁栄を実現する一方で、「脱商品化」の推進や諸規制による雇用保障などを通じて、市民に社会的保護を提供するという形で社会統合を実現してきた。ここで重要な点は、公共政策の主たる名宛人が国民であることにある。言い換えれば、ケインズ主義的福祉国家は、国民国家を前提に、国民の生活を支えることに主眼が置かれており、国民以外の市民の社会的保護は副次的なものとされた。

しかし、経済のグローバル化の進展とポスト工業社会への移行は、ケインズ主義的福祉国家の諸基盤を浸食した（Jessop 2002）。例えば、国際貿易の深化は、国際競争に打ち勝つため、人件費などのコスト削減圧力をもたらす一方で、生産性を向上させるために、スキルの高い労働者への需要をもたらす。資本の自由化は、労働者に対する資本家の発言力を強め、階級間の権力バランスを変化させる。そしてサービス経済化は、失業リスクを高め、不安定な雇用の増加をもたらす一方で、安定的な雇用に就くためのスキルアップを支援する政策へのニーズを高める。また少子高齢化の進展は、社会政策の受益者を増やし、負担者を減らすことで、政府の財政基盤を脅かす。さらに女性の社会進出の増大は、家族福祉への依存を困難とし、ケアサービスをはじめとした新たな社会政策へのニーズを高める。

これらの結果として、従来型の社会統合は大きく揺らぐだけでなく、新たな課題に直面することになった。例えば、ケインズ主義的福祉国家の特徴であった、マクロ需要管理政策を通じた経済的繁栄の実現、階級を基礎とした集団・政党を媒介とした支持調達、「脱商品化」の推進や諸規制・保護による雇用保障などを通じた社会的保護の提供などは困難となった。さらに、「新しい社会的リスク」の拡大にあるように（Armingeon and Bonoli 2006；Taylor-Gooby 2004）、新しい経済社会環境のもとで、社会的に排除されている人々を統合するための諸政策が必要となった。そして、より重要な点として、経済のグローバル化の進展は、労働者の国際移動を容易なものとすることによって（樽本 二〇〇九：カースルズほか 二〇一一を参照）、ケインズ主義的福祉国家が前提としてきた国民国家を動揺させた。そして、コスト削減や生産性向上など、経済的理由から外国人労働者を受け入れることは、彼ら／彼女らをどのように処遇するかという新たな政策課題をもたらす。

以上のように、先進諸国は、新しい経済社会環境を前提として、、厳しい財政状況のなかで国際競争力を改善しつつ、「新しい社会的リスク」に直面する人々だけでなく、新たにやってくる外国人労働者をどのように社会的に包摂していくか（言い換えれば、新しい社会統合のあり方を確立する）という難しい課題に直面してきたといえる。そして、実際に一九八〇年代以降、先進諸国の多くは、多様な政策対応を採ることによって、新たな社会統合のあり方を構築しようと試みてきた。本章ではオーストラリアを事例として、その特徴を分析的に整理する。

これらの現実社会における社会統合の変遷に関して、既存の学問分野は、分析対象を限定することでその特徴を明らかにしてきた。例えば、比較福祉国家研究は、国民国家という単位を前提に、国民内部の社会的弱者（例、高齢者、失業者、障がい者、女性など）がいかに統合されているかという点に注目してきた。一方で、移民研究や国際社会学は、国民国家という単位を前提に、移民や外国人労働者が受け入れ国でどのように処遇されているかという点に注目してきた。各学問分野は、それぞれの分析対象とする主体が、ある社会においてどのように統合されてきたか（もしくは、されてこなかったか）を明らかにしているという点で重要な貢献をなしている。しかし、政治経済システム全体における社会統合の特徴を考えるうえでは、それぞれ部分的にとどまっているといえる。言い換えれば、比較福祉国家研究と移民研究・国際社会学の諸知見を統合することによって、社会統合の全体像を把握することにつながる。さらに、両学問分野が前提としていた国民国家という単位がグローバル化の進展によって揺らいでいる現在、新たな学問的視点からの分析が求められているといえる（cf. ベック 二〇〇八；ウォーラースティン 二〇一一；二〇一五）。紙幅の関係もあり、新たな理論枠組を積極的に提示することはできないが、本章では両学問分野の知見をふまえて、社会統合の変遷の全体像を整理する。

比較福祉国家研究と国際社会学の知見の統合に向けて――本章の分析視角

上述のように、比較福祉国家研究は、国民内部の社会的弱者がいかに統合されているかという点を分析してきた。そこでは大きく二つの点が明らかにされてきた。まず第一に、福祉国家の変容に伴い、政策課題が大きく変容した（Jessop 2002；Armingeon and Bonoli 2006；Taylor-Gooby 2004；加藤 二〇一二など）。すなわち、福祉国家の黄金時代における、市民が労働市場に依存する状況を緩和させることを目指す「脱商品化」から、グローバル化とポスト工業化が進展するなかで、「新しい社会的リスク」に直面するなど社会的に排除された人々を労働市場に統合する「再商品化」(2)に移りつつある。第二に、これらの政策課題を実現するうえでは、多様な選択肢が存在している（Esping-Andersen 1990, 1999；新川 二〇〇五；宮本 二〇〇八；二〇一三；加藤 二〇一二など）。例えば、福祉国家の多様性に関して、社会的平等の実現を目的とし、福祉生産・供給における国家の役割が大きい社会民主主義レジーム、従前の地位の保全を目的とし、補完性原理のもとで家族の役割が大きい保守主義レジーム、貧困の除去を目的とし、市場の役割が大きい自由主義レジームが指摘されている。そのほかにも、日本（そして、本章で検討するオーストラリア）のように、狭義の社会政策以外の手段（例、諸規制、補助金、公共事業など）を通じて、雇用保障を充実させる国も存在することが指摘されている。これらの諸類型は、ケインズ主義的福祉国家における社会的保護の多様性（「脱商品化」の多様性）を示していると考えられる。一方で「再商品化」の類型に関しては、失業給付の受給資格の厳格化など、就労を福祉受給の条件とするワークフェアの「労働力拘束モデル」と、積極的労働市場政策の拡充など、福祉が就労を支援する「人的資本開発モデル」、そして積極的労働市場政策の充実だけでなく、女性などの社会進出を促進するための社会サービスの拡充も含めた「アクティベーション」などが提示されている。

国際社会学や移民研究は、移民や外国人労働者がいかに処遇されているかを分析してきた。そこでは大きく二つの点が明らかにされてきた。まず第一に、移民や外国人労働者に対する政策に関して、政府は二つの次元で選択肢を持っているという点である[3]（cf. Tsuda and Cornelius 2004：465；樽本 二〇一二：七六）。すなわち、どのような移民や外国人労働者をどの程度受け入れるかという「入国管理」という側面と、彼ら／彼女らの統合を促進するためにどのような政策を展開するかという「統合政策」という側面である。例えば、入国管理を厳格に行い（もしくは特定の層に限定して受け入れる）統合政策を最小限に抑えることから、ある程度受け入れたうえで統合政策を実施することまで、多様な選択肢が存在する。第二に、「統合政策」には多様性が存在することである（樽本 二〇〇九：関根 二〇〇〇：塩原 二〇一〇：二一二）。例えば、外国人労働者や移民をホスト社会に「同化」するための政策から、集団としての文化の保持を承認する「多文化主義」まで多様性がある。そして、多文化主義に関しても、文化の保持を消極的に認め、限定的な支援にとどまるものから、積極的に認め、寛大な支援を行うものまで多様性が指摘されている。

それでは、国民内部の社会的弱者の統合に注目する比較福祉国家研究と、移民や外国人労働者の処遇に注目する移民研究・国際社会学の知見は、どうすれば統合できるであろうか。本章では新たな分析枠組を積極的に提示するのではなく、両政策領域に共通する傾向を考察することによって社会統合の全体像を捉えたい。具体的には、国民内部の社会的弱者と移民や外国人労働者を当該社会における「社会的に排除された人々」と捉え、彼ら／彼女らをどのような存在と位置づけ、どのような理念および政策を通じて社会的に包摂しているかという点に注目する。言い換えれば、本章では、各領域における政策の特徴をふまえて、当該社会における社会統合の理念を析出することによって、社会統合の全体的な特徴を描いていく。したがって、次節以降のオーストラリアの経験を分析する際には、各領域における政策を整理したうえで、そこから読み取ることができる社会統合のあり方を考察する。

二　福祉国家の黄金時代におけるオーストラリアの社会統合

本節と次節では、オーストラリアにおける社会統合の試みの代表的な例を取り上げ、その特徴と政治的背景を明らかにする。筆者の能力の限界と紙幅の制約から、オーストラリアにおける社会統合の変遷過程を、歴史的・実証的に分析することはできない。本節では、福祉国家の黄金時代の代表例として、戦後モデルとウィットラム政権の試みを整理する。

戦後モデルにおける社会統合

本項では、福祉国家の黄金時代の代表的な例として、戦後モデルの特徴を整理する。まず戦後モデルに関して、福祉レジームの特徴(4)から確認する。オーストラリアは、公的社会支出の割合が低く、一般税を財源とした所得・資産調査に基づく画一給付の社会政策（そのため所得代替率が低い）を展開してきたため、遅れた福祉国家として整理されることが多い。そのため、エスピン-アンデルセンの福祉レジーム論においては、自由主義レジームに位置づけられてきた（Esping-Andersen 1990；1999）。これらの諸特徴は、他の先進諸国と比べて、オーストラリアでは社会保障システムが十分に発展していないことを示唆する。

しかし、キャスルズは、「他の手段による社会的保護」という分析視角に基づき、狭義の社会政策に注目するのみではオーストラリアの特徴を把握することができないとして、その他の諸政策によって提供される社会的保護に注目する必要を説く（Castles 1985；1988；1997；Bell 1997も参照）。彼は、対外的脆弱性に対する政治戦略として、「国内的な補償を充実させる政治（politics of domestic compensation）」と「国内的な保護を充実させる政治

(politics of domestic defence)」という二つの対応戦略が存在することを指摘する。前者はヨーロッパの小国で採用されており、その特徴は、国際市場で競争力を確保するため、産業政策の利用を通じた国際経済環境への積極的な対応を促す一方で、その調整コストを補償するための社会政策を充実させ、これらを支える制度的基盤としてコーポラティズムを形成する点にある。

それに対して、オーストラリアでは、対外的環境の変化の影響自体を避けることが目的とされた。キャスルズによれば、その政策的特徴は、関税やその他の貿易障壁による製造業セクターの保護、労使紛争の調停および仲裁、移民のコントロール、労働市場以外の人々を対象とした所得保障プログラムの残余性という四点に整理される。つまり、移民政策により労働力をコントロールし、高関税政策により競争力のない国内製造業を維持することで完全雇用を実現し、強制仲裁制度を通じて相対的に高い賃金(男性稼得者が家族を養うのに十分な「公正賃金」)を提供することによって、社会政策の対象を就労できない人に限定し、財政的には小規模にもかかわらず効率的な再分配を実現するのである。キャスルズは、この「国内的保護の政治」に基づき形成される福祉国家を、「賃金稼得者型福祉国家(wage earners welfare state)」と名付ける。キャスルズの整理を参考に、オーストラリアの戦後モデルの特徴をまとめると、①経済政策に関して、完全雇用を実現するための保護主義的諸政策、②労働市場(賃金)政策に関して、高水準の賃金を波及させるための強制仲裁制度、③社会政策に関して、労働市場から収入を得られない人を対象とした、一般税を財源とする資産・所得調査に基づく画一給付から構成される「賃金稼得者モデル」と整理できる。

次に、移民政策の特徴[5]について整理する。上述の賃金稼得者モデルの整理でも言及したように、福祉国家の黄金時代における移民政策の特徴は、その制限的性格にある。オーストラリアでは、連邦形成以来、「白豪主義」という形でアジアからの移民を制限してきた(Castles and Vasta 2004; Collins 2008; 竹田ほか 二〇〇七など)。白豪主義政策とは「広義には、イギリス系白人入植者とその子孫を中心に、民主主義的で近代的、そして文化的に同質的な国民国家をつくろうとする国民国家形成政策であり、国民統合政策」であり、一般的には有色人種の移住を制限する連邦移住制限法（一九〇一年）、および、有色人種の市民権に関する制限を認めた諸法律を指す（竹田ほか 二〇〇七：八九）。言い換えれば、白豪主義とは、西欧的価値・理念・規範を共有する白人入植者による近代国民国家建設を求める政策・運動であり、西欧文化を共有しないとみなされる有色人種の排除を伴うものであった。ただし、有色人種の排除は、あからさまな排斥という形ではなく、入国テストを通じた間接的な排除という形をとったとされる。また連邦形成以前から居住していた人々には引き続き定住が認められた。したがって、福祉国家の黄金時代の移民政策は、有色人種の入国を量的にコントロールするという特徴を持っており（入国管理面）、文化的同質性を担保することで統合政策を最小限にとどめる特徴があった（統合政策面）。

以上のように、オーストラリアの戦後モデルの特徴は、賃金稼得者モデル＋白豪主義と整理することができる。ここでは、保護主義的政策により、白人男性の雇用を確保し、彼に家族を養うのに十分な賃金を提供し、家庭における女性のケア労働に依存した（男性稼得者モデル）。そして、文化的に同質なヨーロッパからの白人移民を受け入れる一方で、制限的移民政策により、既存秩序に揺らぎをもたらすと考えられる有色人種の移民の流入を制限した。これらの政策の組み合わせにより、社会政策では、男性稼得者が労働から所得が得られなくなった場合の補償を充実させることに重点が置かれ、移民政策では、統合政策の展開を最小限なものとした。したがって、この時代の社会統合のパターンは、文化的に同質的な移民の受け入れに限定することで統合政策を不要とし、そして保護主義的政策により完全雇用を実現し、社会政策の対象を限定したうえで効果的に再分配を行うことによって、安定的な秩序を生み出す試みと整理できる。言い換えれば、国民は労働から生活に十分な所得を得ることができることを前提（男性は稼得者として、女性や子どもは男性の家族として）に、それが果たせない場合のみ保護の対象とされ、移民や外国人労働者は保護の積極的な対象とはみなされなかった。したがって国民と移民や外国人労働者の間には、社会的分断が存在していたといえる。

ウィットラム政権の試み

続いて、福祉国家の黄金時代に関する代表的な例として、ウィットラム労働党政権（一九七二〜七五年）の試みを整理する。上述の戦後モデルは、一九六〇年代後半から七〇年代にかけて、大きな課題に直面することになった。まず、賃金稼得者モデルの諸基盤が動揺し始めた。例えば、経済政策領域では、国際・国内経済構造の変化や高関税のもたらす弊害によって、保護主義的政策の有効性に疑問が示された。また、仲裁裁判所を通じた賃金政策については、労資の権力バランスが変化するなかで、賃金上昇の抑制が課題になった。そして、社会政策に関しては、失業率の上昇、再発見された貧困問題、女性の社会進出の増大など、「新しい社会的リスク」への対処が課題となった。これらの諸基盤の動揺の結果、経済パフォーマンスが悪化することになった。一方、白豪主義の限界として、南欧や中東欧など非英語系ヨーロッパや中東からの移民が増加するなど、移民の多様化に直面した（すなわち、文化的同質性の前提が揺らぎ、統合政策の展開が必要となる）。

これらをふまえて、ウィットラム政権は新たな社会統合のあり方を模索する。まず福祉レジームの特徴から確認する。ウィットラム政権は、社会政策に関して、完全雇用を前提とした資産・所得調査に基づく限定的な社会政策から、社会的公正をより重視したモデルへの転換を目指し、諸法律を整備している（Mendes 2008；Castles 1988；McClelland and Smyth 2006など）。例えば、一九七二年の児童福祉法の制定によって、幼児を持つ親の雇用を支援するため、保育サービスへの助成が始められた。また、貧困に関する政府委員会（ヘンダーソン委員会）の調査をふまえて、貧困対策として既存の年金や給付の拡充がなされた。そして、新たなプログラムとして孤児年金や障害児年金などが導入された一方で、老齢年金の所得制限の部分的な廃止がなされた。最も注目に値する政策は、メディバンクと呼ばれる連邦レベルの健康保険制度の導入である。これは、オーストラリアで初めての強制加入による普遍的な医療保険制度であり、従来の資産・所得調査に基づく給付からの離脱を示している。つまり、ウィットラム政権は、社会政策以外の手段（保護主義的な経済政策と制限的移民政策）を用いた雇用保障に重点を置いた賃金稼得者モデルから、狭義の社会政策における国家の役割を重視した社会民主主義的路線を採用したといえる。

次に、ウィットラム政権における移民政策について確認する。ここでは大きな改革が実施された。ウィットラム政権は白豪主義を正式に放棄し、多文化主義へと方針転換を図ったのである。まず入国管理面に関して、上述のように、一九六〇年代後半までには移民の多様化が進んでいたが、七三年に国籍取得に関する差別の撤廃がなされ、七五年には人種差別禁止法が制定された。これらによって、入国管理における差別的性格が弱まることになった。一方の統合政策面に関して、多文化主義のもと、社会統合を促進するための政策が実施されていく。ここで多文化主義とは、集団間の文化的多様性を前提として、「政治的、社会的、経済的、文化・言語的不平等をなくして国民社会の統合を維持しようとするイデオロギーであり、具体的な一群の政策の指導原理」を指す（関根 二〇〇〇：四二）。重要な点は多文化主義の多様性である。すなわち、移民や外国人労働者の集団としての文化の保持を認め、文化的多様性を前提とした社会統合を目指す場合でも、どのような方法・手段で、どのような形態の社会統合を実現するかには多様なパターンがあり得る。この点に関して、先行研究はウィットラム政権における多文化主義を「コーポレート多文化主義」や「公定多文化主義」[6]として整理する（関根 一九九四：二〇二―二〇九、二〇〇〇：五〇―六〇：塩原 二〇〇五：二〇一〇：二〇一二：杉田二〇一三も参照）。これは、機会均等を保障するだけでなく、移民や外国人労働者が競争上不利なことを認めて、財政的・法的支援を充実させていくことで結果の平等も目指す立場を指す。つまり、ウィットラム政権では、オーストラリア国家の新しいシンボルとして「多文化主義」を前面に押し出し、定住支援・社会参加支援、文化・言語維持の支援、多数派集団向けの異文化教育などの社会サービスを充実化させることで、移民や外国人労働者の積極的な社会統合が図られた。言い換えれば、「多文化主義」への転換のもと、入国管理における差別的性格の除去と寛大な統合政策が実施された。

以上のように、ウィットラム政権の試みは、社会民主主義的路線による賃金稼得者モデルの修正、および、入国管理における差別的性格の弱まりと寛大な統合政策の採用として整理することができる。ここでは、賃金稼得者モデルの限界に対して、社会政策の拡充によって対応した。一方で、多様化する移民や外国人労働者に対して、不利な立場に置かれている集団であることを認め、社会サービスを充実化させることで、政府の企図した形での社会統合を進めた。したがって、この時代の社会統合のパターンは、社会政策に関して、普遍的な医療保険制度の導入や低所得者層向けの政策を拡充するなど「脱商品化」を追求する一方で、移民政策に関して、多様な文化的背景を持った移民を正式に受け入れ（白豪主義の放棄）、その集団が不利な立場に置かれていることを認めたうえ（すなわち、保護の対象とする）で、社会サービスの充実化によって、安定的な秩序を生み出す試みと整理できる。そして、この政策転換を正統化／正当化するために、新しいシンボルとして「多文化主義」を前面に押し出した。ここで重要な点として、上記の諸政策の転換を通じて、社会的分断にも変化が生じている。すなわち、社会サービスを充実させることによって、移民や外国人労働者の社会的包摂が進められる一方で、彼ら／彼女らは政府による保護の対象とされており、主体性は軽視されている（ハージ二〇〇三：二〇〇八：塩原二〇一〇：二〇一二）。国民と移民や外国人労働者の社会的分断は見えにくくなったものの、「保護する主体－保護される主体」として残っているといえる。

三　福祉国家の再編期におけるオーストラリアの社会統合

本節では、福祉国家の再編期における社会統合の試みの代表例として、ホークおよびキーティングの両労働党政権とハワード保守系連立政権の試みを整理する。

ホークおよびキーティングの両労働党政権の試み

一九八〇年代に入り、オーストラリアはさらなる問題に直面した。例えば、賃金稼得者モデルに関しては、経済のグローバル化の進展およびポスト工業社会への移行に伴い、部分的修正では不十分となり、抜本的な改革が求められるようになった。とりわけ、労働市場の柔軟性を高める必要から強制仲裁制度の改革が求められ、長期失業者・若年失業者といった社会的排除の発生や女性の社会進出の増大など、脱商品化政策では十分に対応できない社会問題に直面した。一方、移民政策に関しては、厳しい財政状況に直面するなかで、社会サービスを充実化していくことの限界に直面し、また統合政策をマイノリティーに対する優遇措置とみなす論者から反対の声が上がった。これらの課題に直面し、一九八三年に政権についたホーク労働党政権以降、新たな社会統合の構築を目指して、様々な試みがなされている。

まずホークとキーティングの両労働党政権の試みから確認する。まず福祉レジーム改革に関して、賃金稼得者モデルを抜本的に改革し、社会政策と雇用政策を統合する方向で、新たな福祉国家モデルを構築する試みがなされている。(Mendes 2008；Pierson 2001；2002；Johnson and Tonkiss 2002；Johnson 2000。杉田 二〇〇七も参照)。まず第一の特徴として、労働党政権は、政権獲得当初の時期を中心に、一部の社会政策の拡充を行っている。労働党政権は、党と労働組合の間で「アコード（Accord）」と呼ばれる一連の協約を結び、政労協調に基づく諸改革を進めていく。まず初期のアコード（ALP/ACTU 1983）は、インフレを抑制し、将来の経済成長および雇用確保のために賃金抑制を実現し、その引き替えとして社会賃金の充実を図ることを目的としていた（Bell 1997；Castles 1988；Schwartz 2000）。例えば、賃金上昇を物価上昇率に連動させる賃金インデックス制を実施する一方で、フレイザー政権のもとで廃止されていた医療保険制度をメディケアという形で再導入し、また低所得者層向けの税制改革を行った。その後の一九八五年のアコードの改訂において、さらなる賃金抑制との引き替えに、退職年金制度への積み立てが実施されることになった（これは九二年に退職年金保障法として法制度化され、使用者の拠出に基づく強制加入型の所得比例の退職年金制度へと再編された）。これらの社会政策の拡充の試みは、従来型の資産・所得調査に基づく画一的給付からの離脱を示し、高齢者の生活保障を充実させる側面を持つといえる（Castles 1994；Pierson 2002）。また、女性の社会進出を促すために、八四年に男女雇用平等法が制定された。そして、保育サービスの充実のために、八三年には児童サービスプログラムを打ち出し、八八年には全国児童福祉戦略が制定され、九四年には児童成長戦略が打ち出されている。第二の特徴として、労働党政権は、厳しい財政状況をふまえて、ターゲット化を強化することによって、ニーズがある人々へ給付を限定している（Mendes 2008）。例えば、八五年には年金に対して資産調査が実施され、八七年には児童手当に対して所得制限が導入されるなど、富裕層を対象から外すことによるコスト削減が実施された。これらのターゲット化は、あくまでも富裕層を対象から外すことを念頭に置いており、中間層や低所得層の福祉を脅かすことを目的としたものではない（Castles 1997）。

第三に、より重要な点として、労働党政権は、社会政策と雇用政策を統合するアクティベーション政策を導入している（Pierson 2002；Mendes 2008）。初期アコードにおける賃金抑制と社会政策の拡充の取引が十分な成果を挙げず、経済パフォーマンスの悪化に直面するなかで、新たな政策対応が求められていた。そのなかで注目を集めたのが、社会政策と雇用政策の結びつきを強化することで、受給者の労働市場への統合を目指すという方向性である。例えば、一九八八年にカスにより提出された政府報告書（Cass 1988）では、新たな労働市場の状況に対応するために、受給者が社会政策へ依存する状態から脱却し、自律した生活を送れるような機会を提供するため、よりアクティブな形態の社会政策へ転換する必要性が主張されていた。特に、社会政策と教育・トレーニングなど労働市場政策を統合する必要性が強調されている。この報告書をもとに、例えば、九一年には長期失業者向けの「New Start」プログラム、八九年にはひとり親のための「Jobs, Education, and Training」プログラム、九一年には障がい者のための障がい者サポートパッケージなどが導入された。そして、この方向での改革の到達点といえるのが、九四年の「Working Nation」である（Keating 1994）。ここでは、経済成長の実現のみでは失業問題を解決できないことを前提として、政府と受給者の「互恵的義務（reciprocal obligation）」に基づいた新たな政策（長期失業者の受給条件として労働市場もしくは教育・トレーニング・ボランティアなどへの参加の要求、個別ケース管理システムなど）が導入された（Finn 1999）。これらの一連の諸改革は、給付と諸プログラムへの参加をリンクさせることで、従来型の権利に基づいた給付から、互恵的関係に基づく受給者と政府の契約に基づく給付へと、社会権概念の転換をもたらした（Shaver 2002；Goodin 2001；McClelland 2002など）。

このように一〇年以上にわたる労働党政権において、厳しい財政状況下で、賃金賃得者モデルに内在する問題点と「新しい社会的リスク」に対応するため、これまで十分に整備されてこなかった社会政策の拡充や受給者の選別化を行う一方で、積極的労働市場政策の充実や社会サービスの拡充など「アクティベーション」政策が実施されたといえる。

次に、労働党政権における移民政策の展開について整理する。ここでも重要な変化が生じている。すなわち、労働党政権は、「福祉多文化主義」的側面を残しつつも、文化的多様性がオーストラリア経済にとってプラスになることを強調し、移民の経済的貢献を前面に押し出すようになったのである[7]（塩原 二〇一〇：二〇一二）。まず、入国管理面に関して、家族合流のための移民を積極的に受け入れつつも（「家族呼び寄せプログラム」）、一九七〇年代に導入された「ポイントシステム」のもとで、専門技術を持った労働者（技能移民）の受け入れが目指された。そして、統合政策面の変容を考えるうえで重要となるのが、移民の位置づけの変化である。ウィットラム政権のもとでは、移民は不利な立場に置かれていることが前提とされ、政府の支援を受けることによって統合されていく存在と想定されていたのに対して、ホーク・キーティング政権下では、移民は経済的な貢献をなし得る主体として位置づけられ、労働市場への主体的な参加が求められるのである。例えば、労働党政権は一九八九年に、文化的アイデンティティの尊重、社会的公正の達成、効率性の追求を目的とした「多文化主義オーストラリアのためのアジェンダ」を提出し（樽本二〇〇九：一六八―一七三）、九四年には文化的多様性の持つ経済的効果を強調した「創造的国家」という政策文書を発表している（Department of Communication and Arts 1994）。その一方で、保護の対象から経済的主体へと移民の位置づけが変化することによって、「福祉多文化主義」の寛大な社会サービスの一部見直しが進められた。したがって、これらを総合すると、労働党政権の移民政策の特徴は、移民の経済性の強調と整理できる（cf. Johnson 2000）。

そして、移民政策の変遷と直接的に関連しないが興味深い試みとして、労働党政権は新しいシンボルの構築を模索している（竹田ほか 二〇〇七：飯笹 二〇〇七：齋藤憲司 二〇〇九）。代表的な例は、キーティング政権による国旗改訂の提案や、立憲君主制から共和制への移行の提案である。前者は退役軍人団体の反対に直面することで撤回されることになった（竹田ほか 二〇〇七：九二）。後者は、世論の支持を背景に一九九九年に国民投票にかけられたものの、共和制支持者が望む形の提案でなかったことや政党の対応が混乱したことなどもあり、否決されてしまった（齋藤憲司　二〇〇九：二三一―二三七）。ここで重要な点は、新しいシンボルを構築する試みが持つ政治的な意味である。つまり、前節で確認した福祉国家の黄金時代の政治経済システム（および、そこでの社会統合）からの転換は、政治的混乱や対立を引き起こす可能性が高いため、政治主体は、何らかの方法で移行期の不安定性を埋め合わせる必要がある。そこで、新しいシンボルの構築が自覚的に模索されたと考えられる。言い換えれば、新しいシンボルを構築する試みは、それ自体は失敗に終わったものの、アクティベーション政策＋移民の経済性の強調という政策転換を、正統化／正当化する試みといえる。

以上のように、ホークとキーティングの両労働党政権の試みは、アクティベーション政策の採用および移民の経済性の強調として整理することができる。労働党政権は、賃金稼得者モデルに内在する問題と「新しい社会的リスク」への対応として、残余的な社会保障制度の改革を行いつつ、社会的に排除された人々を労働市場に統合するために、雇用政策と社会政策の結びつきを強化するアクティベーション政策を実施した。社会政策の力点は、「脱商品化」から「再商品化」へと変化している。また移民政策に関しては、ポイントシステムのもとで技能移民を優先し、保護の対象から経済的主体へと移民の位置づけを転換し、労働市場への積極的参加を通じたオーストラリア経済への貢献を求めた。しかし、これらの政策転換は福祉国家の黄金時代のモデルの抜本的な改革を意味するため、移行期の不安定性を埋め合わせるために、国旗改訂の提案や共和制への移行など新しいシンボルの構築を模索したのである。したがって、労働党政権における新しい社会統合のパターンは、アクティベーション政策を通じて、国民内部の社会的に排除された人々を労働市場に統合し、また移民を経済的主体として位置づけることによって、労働市場への積極的参加を促す一方で、新たなシンボルを提示することによって、諸改革を正統化／正当化し、安定的な秩序を生み出す試みと整理できる。ここで重要な点として、上記の試みの結果として、社会的分断も変容している。すなわち、すべての国民と移民を経済的主体として位置づけ、労働市場への参加・

統合を期待する点で、国民と移民の間の社会的分断はより一層見えにくくなるが、その一方で労働市場への参加が困難な主体を排除することになり、新たな分断を生じさせることにつながるのである。

ハワード保守系連立政権の試み

上記の労働党の試みも九〇年代の中盤には大きな問題に直面することになった。例えば、アクティベーション政策のみでは、失業率の十分な改善につながらなかった。またアクティベーション政策の到達点である「Working Nation」を提出した次の選挙で労働党政権は下野してしまったため、新たな福祉レジームを定着させるには至らなかった。一方、移民政策への抵抗が、改革による影響を受けやすい白人男性を中心に強まった。この文脈で特に重要になるのが、政府のマイノリティー政策を優遇政策として厳しく批判し、移民の制限、マイノリティー向けの社会サービスの縮減、保守的価値などを主張するポーリン・ハンソンに率いられた「ワン・ネイション党」の台頭である（関根 二〇〇〇；浅川 二〇〇六）。ワン・ネイション党自体は、州・自治体レベルでは影響力を持つ政党として一定の地位を占めた一方で、連邦レベルでは十分な影響力を保持できなかった。しかし、これは連邦レベルでは無力の存在であったということを意味せず、むしろ以下で見るようにハワード保守系連立政権によってハンソンの立場が受容されたとも考えられる（浅川 二〇〇六；飯笹 二〇〇七）。

まずハワード保守系連立政権における福祉レジーム改革を整理する。メンデスやライアンが指摘するように、ハワード政権の社会政策の特徴として、市場メカニズムの重視、個人責任や義務の強調、保守的価値や主流派価値の強調などが挙げられる（Mendes 2008；Ryan 2005）。特に注目に値する領域が失業給付の改革である。ここでは、労働党政権下で導入されていた給付と諸プログラムへの参加のリンクという方向性が強化された。政府と受給者の関係は「相互的義務（mutual obligation）」とされ、政府の役割は限定される一方で、受給者の義務が強調されることになった。例えば、政権獲得後に積極的労働市場政策の予算を大幅に削減する一方で、諸プログラムへの参加やそれに関連したペナルティを強化することで、失業給付へのアクセスが厳格化された。若年者（一八歳から二四歳）の失業対策として「Work for Dole」が採用され、半年以上受給していた者に対して、諸プログラムへの参加が強制されることになった（のちに対象年齢が拡大される）（Parker and Fopp 2004）。また、「Working Nation」で導入された雇用サービスを市場化するため、「Job Network」が導入された（Carney 2006）。したがって、ハワード連立政権は、受給者の義務を強調し、労働市場への参加を強いるという点でワークフェアの労働力拘束モデルを採用したといえる。その一方で、家族政策に関して、従来的な性別役割分業を前提とした家族を優遇するような諸改革も実施している（Mendes 2008；Hill 2006；Disney 2004）。

続いて、ハワード連立政権における移民政策の展開を確認する。ここでも重要な転換がなされている。ハワード政権は、新自由主義的な経済政策に適合し、競争力にとって有益と考えられる高技能労働者を積極的に受け入れるための諸政策を実施する一方で、オーストラリア経済に貢献しないと考えられる移民の受け入れを控えるのである[8]（塩原 二〇一〇：二〇一二）。例えば、統合政策面に関して、経済的貢献が期待できる技能労働者を受け入れるための社会サービスを充実化する一方で、半熟練の移民やその家族が主に利用してきた定住支援や社会参加支援、文化・言語維持の支援などの社会サービスを切り下げている。また、移民の自助努力を強調することで、政府への依存を減らすことが目指されている。さらに入国管理面に関して、ハワード政権は、家族移民や人道主義的移民の受け入れを限定しようとしている（樽本 二〇〇九：一六八―一七三。飯笹 二〇〇七や杉田 二〇一三も参照）。前者の例として、家族合流のためのビザ発給の優遇措置の見直しがあり、後者の例として、国境管理の強化や庇護申請者の第三国への送致など、ボートピープルや難民への厳しい対応などが挙げられる。これらを総合すると、ハワード政権の移民政策の特徴は選別性の強化と整理できる。

そして、移民政策と直接的には関連しないが興味深い点として、ハワード連立政権は、上述のように主流派価値の復権を強調している（Mendes 2008; Ryan 2005; 塩原 二〇一〇：二〇一二；飯笹 二〇〇七）。ここでいう主流派価値とは、西欧的な理解・解釈に基づいたリベラリズムやデモクラシーを重視するなど、西欧的な価値・理念・規範を指す。例えば、一九九九年には、シティズンシップとその義務的側面を強調する「新世紀のためのオーストラリア多文化主義」を提示し、西欧的なアイデンティティと国家への義務を強調する「多文化主義オーストラリアの新しいアジェンダ」を提示している（樽本 二〇〇九：一六八―一七三）。個人のシティズンシップが強調されていることに示されているように、ここにおいて文化的多様性は、集団の主体性を強調することによって担保されるものではなく、多様な個人によって構成されるものとみなされている。言い換えれば、社会統合を正統化／正当化する言説として、集団を重視する多文化主義は後景に退いたといえる（その証左のひとつとして、担当省庁の改編）。むしろ、ハワード政権は、西欧的な価値・理念・規範である主流派価値の強調によって、諸改革を正統化／正当化しようとしたと捉えることができる。つまり、社会政策における市場メカニズムの導入や移民政策における選別性の強化は社会統合のあり方の抜本的変化を意味するため、政治的混乱や対立をもたらしやすい（とりわけ、国民のなかでも競争力を持たない人々が社会的に排除される可能性が高まる）。ハワード政権は、それらの危険性を回避するために、主流派価値という「伝統」を強調することによって一定の一体感や安心感を提供し、新しい社会統合の定着を目指したといえる。つまり、主流派価値の強調は、ワークフェアの労働力拘束モデル＋移民の選別性の強化という政策転換を、正統化／正当化する試みといえる。

以上のように、ハワード保守系連立政権の試みは、ワークフェアの労働力拘束モデルの採用と移民の選別性の強化と整理できる。福祉レジームに関して、給付資格の厳格化や市場メカニズムの導入による再商品化が目指された。また、移民政策に関しては、経済的貢献の可能性が高い移民を積極的に受け入れる一方で、可能性の低い移民の受け入れを制限した。しかし、これらの諸政策は黄金時代のモデルの抜本的な改革を意味するため、移行期の不安定性を埋め合わせるために、主流派価値が強調されたのである（とりわけ、市場メカニズムや経済性が強調されることによって影響を受けやすい国民内部の競争力を持たない人々に対して、一定の一体感や安心感を提供することを目的として）。したがって、連立政権の社会統合のパターンは、ワークフェアの労働力拘束モデルにより、国民内部の社会的に排除された人々を労働市場に参加させることを強いる一方で（社会的に排除されている人々も自律的な経済的主体として想定されている）、移民政策に関して、競争力に貢献する移民（技能労働者）を積極的に受け入れる一方で、そうでない移民（半熟練労働者、家族移民、難民）を排除し（言い換えれば、経済的主体のみ受け入れる）、新たに生じつつある社会的分断（経済的貢献の可能性あり－なし）を埋めるために、主流派価値を強調することで安定的な秩序を生み出す試みと整理することができる。

四　オーストラリアの経験がもたらす理論的含意と今後の課題

オーストラリアの経験とその示唆

本章の目的は、経済のグローバル化の進展およびポスト工業社会への移行に直面した先進諸国における、新たな社会統合のあり方を模索する動きに関して、オーストラリアを事例として、その特徴を明らかにすることにあった。本章では、国民内部の社会的弱者の対処に注目する比較福祉国家研究と、移民や外国人労働者の処遇に注目する国際社会学・移民研究の知見をふまえて、当該社会において「社会的に排除された人々」をどのように包摂しているかという点に注目し、各領域における政策の特徴およびその理念を整理したうえで、それらから読み取ることができる社会統合のあり方を分析した。

オーストラリアでは、戦後モデルとして、賃金稼得者モデルと白豪主義のもと、文化的に同質的な移民の受け入れに限定することで統合政策を不要とし、そして保護主義的政策により完全雇用を実現し、社会政策の対象を限定したうえで効果的に再分配を行う形で社会統合が実現した。その後、この戦後モデルに内在する諸課題に直面したウィットラム政権では、賃金稼得者モデルの社会民主主義的修正と「多文化主義」のもと、国内の低所得者層向けの政策を整備するなど「脱商品化」を追求する一方で、多様な文化的背景を持った移民を正式に受け入れ（白豪主義の放棄）、その集団が不利な立場に置かれていることを認めたうえ（すなわち、保護の対象とする）で、社会サービスを充実化させる形で社会統合が目指された。

一九八〇年代以降、グローバル化とポスト工業化の進展によって、社会統合のあり方は大きく変容した。まず、ホークとキーティングの両労働党政権では、アクティベーションと移民の経済性の強調のもと、長期失業者や若年失業者、そして女性など国民内部の社会的に排除された人々を、社会サービスの充実や積極的労働市場政策の展開によって労働市場への参加を促す一方で、また移民を経済的主体として位置づけることによって労働市場への積極的参加を促す形の社会統合を目指した。そして、この諸改革を正統化／正当化するために、文化的多様性の経済的側面が強調され、また国旗改訂や共和制移行の試みなど新たな政治的シンボルの提示がなされた。ハワード保守系連立政権では、ワークフェアの労働力拘束モデルと移民の選別性の強化のもと、受給資格の厳格化や市場メカニズムの導入により、国民内部の社会的に排除された人々を労働市場に参加させることを強いる一方で、移民政策に関して、競争力に貢献する技能労働者を積極的に受け入れつつ、そうでない移民（半熟練労働者、家族移民、難民）を排除し、統合政策を限定化する形での社会統合がなされた。そして、この政策展開の結果として新たに生じつつある社会的分断（経済的貢献の可能性あり－なし）を埋めるために、主流派価値が強調され、集団の主体性を強調する多文化主義の理念は後景に退いた。

以上のようなオーストラリアの経験は、グローバル化とポスト工業化という経済社会環境の変容に伴い、社会統合のあり方が抜本的に変化していること、および、そのなかでも多様性があることを示している。まず、社会統合の抜本的変化から確認する。すなわち、戦後モデルとウィットラム政権下では、社会的に排除された人々を保護の対象（受動的主体）と位置づけたうえで、政府の積極的な支援策を通じて、社会的に包摂することが目指された。ホークとキーティングの両労働党政権およびハワード連立政権では、社会的に排除された人々を経済的主体（能動的主体）と位置づけたうえで、彼ら／彼女らが主体性を発揮することを通じた社会的包摂が目指された。ここで重要な点として、政府の役割は、社会的弱者に対する具体的な保護の提供から、主体性が発揮されるための条件整備へと大きく変化した。一方で、社会的弱者は、保護を受ける受動的主体から、自律を目指す能動的主体へと大きく変化した。したがって、社会統合のあり方は、「保護提供－受動型」から「条件整備－能動型」の社会統合へと変化しているといえる。

さらに、各社会統合のモデルの中でも多様性（多様な政策対応とそれを支える理念）が存在している。戦後モデルが、白豪主義という限定的移民政策を通じて、完全雇用を実現し、社会政策の対象を国民内部の社会的弱者に限定したのに対して、ウィットラム政権では、社会民主主義路線の採用を通じた国民内部の社会的弱者に対する保護を拡充するだけでなく、多文化主義の採用のもと、多様な移民が存在することを認め、彼ら／彼女らへの支援も充実化させた。一方で、ホークとキーティングの両労働党政権が、国民と移民の持つ経済的主体性を前提に、アクティベーションや文化的多様性の積極的承認など、政府の積極的介入を通じた社会的包摂を目指したのに対して、ハワード保守系連立政権は、主流派価値の強調（言い換えれば、多文化主義の後景化）のもと、ワークフェアの労働力拘束モデルや選別的移民政策など、市場メカニズムを重視した社会的包摂を目指した。つまり、各社会統合のモデルの中で、寛容性の程度や主たる調整メカニズムが大きく異なるといえる（「保護提供－受動型」と「条件整備－能動型」のそれぞれに関して、政府の役割が大きく寛容性が高いタイプと、市場の役割が大きく寛容性が低いタイプ)。

したがって、オーストラリアの経験は、社会統合のパターンには四つの類型があることを示唆している。すなわち、①「保護提供－能動型」で「寛容性が低い」タイプ(例、戦後モデル)、②「保護提供－受動型」で「寛容性が高い」タイプ(例、ウィットラム政権)、③「条件整備－能動型」で「寛容性が低い」タイプ(例、ハワード連立政権)、④「条件整備－能動型」で「寛容性が高い」タイプ(例、ホークとキーティングの両労働党政権)である。

理論的含意と残された課題

最後に、オーストラリアの経験がもたらす理論的含意と残された課題を確認する。まず第一に、上述のように、経済社会環境の変容に伴い、社会統合のあり方は、「保護提供－受動型」から「条件整備－能動型」へと抜本的に変化しただけでなく、そこには多様性(寛容性の高低)が存在している。言い換えれば、社会統合の特徴を把握するうえでは、段階的特徴と、各段階における多様性を考慮する必要がある。上記の四類型は、オーストラリアの経験から帰納的に得られたものであるが、政治経済システムにおける社会統合の全体像を把握するうえで有益と思われる。また、各段階における多様性の存在は、政治主体による政治的選択の重要性を示唆しており、因果分析を行ううえでは、経済社会環境の変容と過去の政策遺産を前提としたうえでの政治的選択に注目する必要がある。

第二に、社会統合の変遷に伴い、社会的分断が大きく変容している。オーストラリアの経験に即して整理すれば、戦後モデルにおける国民と移民や外国人労働者の間の社会的分断は、ウィットラム政権のもとでは保護者－被保護者という形で見えにくくなりつつも残存した。その後、ホークとキーティングの両労働党政権では、国民だけでなく移民も経済的主体として位置づけることによって、従来的な社会的分断がより後景に退く一方で、労働市場への参加可能性の有無という新たな分断が生じつつあった。その後のハワード保守系連立政権では、市場メカニズムの強調により、経済的貢献可能性の有無という新しい分断が明確になりつつある。言い換えれば、社会統合の特徴（政策的特徴とそれを支える理念）の変遷を明らかにするだけでなく、社会統合の陰で生み出されるバイアス（社会的分断）を捉えることも必要であり、両者を射程に収めることで、ある政治経済システムにおける社会統合の全体像は明らかとなる。本章の試みは不十分ではあるが、社会的分断の変容についても考慮することによって、社会統合の全体的特徴を明らかにしている。

第三に、社会統合の変遷に伴う、政治的シンボルへの言及の重要性である。政策転換を含む社会統合の見直しは、政治的混乱や対立をもたらしやすい。したがって、政治主体は、新たな政治的シンボルを提示することで、政策転換や社会統合の見直しを正統化／正当化しようと試みる。オーストラリアの経験では、ウィットラム政権における「多文化主義」の強調、キーティング労働党政権における国旗改訂や共和制移行の試み、そしてハワード政権における主流派価値の強調などが挙げられる。言い換えれば、諸政策の特徴だけでなく、政治的シンボルへの言及を分析の対象とすることによって、社会統合の変遷の政治的ダイナミズムを明らかにすることができる。本章の試みは不十分ではあるが、政治的シンボルへの言及も射程に収める形で、社会統合の政治的基礎を射程に収めている。

最後に、残された課題を確認する。第一に、本章の試みは、オーストラリアにおける社会統合の代表的な事例を分析的に整理したにすぎない。したがって、今後は本章で行った分析的整理が妥当か否かを確認するためにも、一次資料や二次文献を利用した歴史的・実証的研究が求められる。その際には、上述のような理論的含意をふまえることで、社会統合の変遷の全体的特徴と政治的ダイナミズムが捉えられると考えられる。第二に、一点目と関連して、本章で得られた知見の妥当性を確認するために、オーストラリア以外の国についても検討することが必要である。言い換えれば、他国との比較分析を行うことによって、本章で得られた理論的含意はより妥当なものとなる。第三に、社会統合に関する本格的な研究が必要である。本章では、比較福祉国家研究と国際社会学の諸知見をふまえて、社会統合の全体像を捉えるための分析視角を示して、経験分析を行った。しかし、本章の分析視角は端緒的なものにとどまっており、理論的に洗練されたものとはいえず、また社会統合の規範的側面に関しても、十分な考察がなされていない。したがって、社会統合の全体像を捉えるために、経験分析に関する上述の理論的含意だけでなく、政治理論や政治思想などの諸知見もふまえ（例えば、現代政治理論における多文化主義の展開に関しては、キムリッカ 一九九八：二〇〇五：二〇一二：Murphy 2011；Ali 2011 など）、新しい統合的な理論枠組を構築することが望まれる。

以上のように、本章の分析には不十分な点が多く、残された課題も多い。しかし、オーストラリアにおける社会統合の変遷の特徴を分析的に明らかにするだけでなく、今後の研究を深めていく際の理論的方向性や課題を示すことができたならば、本章の目的は達成されたことになる。

＊本章は、加藤（2014）を社会統合の変遷という論点に注目して加筆・修正したものである。本章は、科学研究費補助金（若手研究Ｂ：課題番号23730154、基盤研究Ａ：課題番号23243021、基盤研究Ｂ：26285140、基盤研究Ｂ：15H03307、基盤研究Ｃ:15K03314）に関する研究成果の一部である。本稿の執筆にあたって、「労働の国際移動と福祉国家」研究会の先生方から多くの建設的アドバイスをいただいた。ここに記して感謝したい。

注

（1）本章で「国民統合」ではなく、「社会統合」という用語を採用する理由は、ある共同体を構成する市民が国民に限らず、国籍を有していない外国人労働者、移民、難民なども含むことを想定し、彼ら／彼女らも含めて、どのような社会秩序が形成・維持されているかを分析することを目的とするからである。

（2）グローバル化とポスト工業化の進展という新しい経済社会文脈における政策課題は、「再商品化」に加え、家庭（主として女性）による福祉提供への依存からの脱却を目指す「脱家族化」がある。本章では、紙幅の制約および社会統合の変遷の分析という本章の課題をふまえて、前者に注目する。「脱家族化」も射程に収めた分析は別の機会に行いたい。

（3）例えば、ツダらは、前者を「移民（immigration）政策」とし、後者を「移住者（immigrant）政策」とする（Tsuda and Cornelius 2004：465）。樽本英樹は、前者を「移民フロー政策」とし、後者を「移民ストック政策」とする（樽本 二〇一二：七六）。

（4）オーストラリアの社会保障システムの概要に関して、邦語で読めるものとしては以下の研究を参照（小松・塩野谷 一九九九：仲村・一番ヶ瀬 二〇〇〇：McClelland and Smyth 2006）。筆者によるオーストラリア福祉レジームの変容に関する分析は以下を参照（加藤 二〇一二：二〇一五）。

（5）オーストラリアの移民政策の特徴に関して、以下の研究を参照（Castles and Vasta 2004；Collins 2008；関根 二〇〇〇：竹田ほか 二〇〇七：塩原 二〇一〇、二〇一二：浅川 二〇〇六：飯笹 二〇〇七：杉田 二〇一三など）。

（6）公定多文化主義は、マイノリティの文化・アイデンティティを承認する一方で、社会サービスの提供を通じて、彼ら／彼女らが直面する構造的な不平等を改善し、ホスト社会に統合していく特徴を持つ（塩原 二〇一二）。したがって、文化多元主義と福祉多文化主義という側面を持つ。

（7）塩原良和は、一九九〇年代に入り移民の経済的貢献が強調されるようになった段階の多文化主義を「ミドルクラス多文化主義」とする。その特徴は、移民の表象が、保護の対象から経済的貢献を担うミドルクラスへと変化した点にある（塩原 二〇〇五：二〇一〇：二〇一二）。

（8）塩原良和は、移民の選別が主として経済的貢献の可能性の有無によってなされる段階の多文化主義を「ネオリベラル多文化主義」とする。その特徴は、移民受け入れ・支援の際の市場原理の重視、集団としてのエスニシティの脱価値化、マルチカルチュラル・ネイションの強調である（塩原 二〇一〇：二〇一二）。したがって、塩原自身の整理にあるように、文化的多様性といっても多様な個人によって担保されるものと想定され、集団の主体性は後景に退いているため、多文化主義からの撤退と見ることもできる（この点を強調するものとして、飯笹 二〇〇七）。

参考文献

浅川晃広（二〇〇六）『オーストラリア移民政策論』中央公論事業出版。

飯笹佐代子（二〇〇七）『シティズンシップと多文化国家』日本経済評論社。

ウォーラーステイン、イマニュエル（二〇〇一）『新しい学』山下範久訳、藤原書店。

――（二〇一五）『知的不確実性』山下範久監訳、藤原書店。

小野耕二（二〇〇〇）『転換期の政治変容』日本評論社。

カースルズ、スティーブン／マーク・J・ミラー（二〇一一）『国際移民の時代　第四版』関根政美他監訳、名古屋大学出版会。

加藤雅俊（二〇一二）『福祉国家再編の政治学的分析』御茶の水書房。

――（二〇一四）「福祉国家の変容と移民政策」『立命館言語文化研究』二五巻四号、七七―一〇七頁。

――（二〇一五）「賃金稼得者モデルから転換するオーストラリア」新川敏光編『福祉＋α福祉レジーム』ミネルヴァ書房、一〇七―一一九頁。

キムリッカ、ウィル（一九九八）『多文化時代の市民権』角田猛之他監訳、晃洋書房。

――（二〇〇五）『新版　現代政治理論』千葉眞他訳、日本経済評論社。

――（二〇一二）『土着語の政治』岡崎晴輝他訳、法政大学出版局。

小松隆二・塩野谷祐一編（一九九九）『先進諸国の社会保障――ニュージーランド・オーストラリア』東京大学出版会。

齋藤憲司（二〇〇九）「共和制移行論議」総合調査報告書『オーストラリア・ラッド政権の1年』国立国会図書館、二九―四三頁。

齋藤純一編（二〇〇九）『自由への問い――社会統合』岩波書店。

塩原良和（二〇〇五）『ネオ・リベラリズム時代の多文化主義』三元社。

――（二〇一〇）『変革する多文化主義』法政大学出版会。

――（二〇一二）『共に生きる』弘文堂。

新川敏光（二〇〇五）『日本型福祉レジームの発展と変容』ミネルヴァ書房。

――（二〇一四）『福祉国家変革の理路』ミネルヴァ書房。

杉田弘也（二〇〇七）「オーストラリア労働党の過去、現在、未来」『大原社会問題研究所雑誌』五八四号、四〇―五五頁。

――（二〇一三）「『タフで人道的な』対策を模索するオーストラリアのボート・ピープル政策」『国際経営論集』四六号、一―二二頁。

関根政美（一九九四）『エスニシティの政治社会学』名古屋大学出版会。

———（二〇〇〇）『多文化主義社会の到来』朝日新聞社。

竹田いさみ・森健・永野隆行編（二〇〇七）『オーストラリア入門　第2版』東京大学出版会。

樽本英樹（二〇〇九）『よくわかる国際社会学』ミネルヴァ書房。

———（二〇一二）『国際移民と市民権ガバナンス』ミネルヴァ書房。

仲村優一・一番ヶ瀬康子編（二〇〇〇）『世界の社会福祉——オーストラリア・ニュージーランド』旬報社。

ハージ、ガッサン（二〇〇三）『ホワイト・ネイション』保苅実・塩原良和訳、平凡社。

———（二〇〇八）『希望の分配メカニズム』塩原良和訳、御茶の水書房。

ベック、ウルリッヒ（二〇〇八）『ナショナリズムの超克』島村賢一訳、NTT出版。

宮本太郎（二〇〇八）『福祉政治』有斐閣。

———（二〇一三）『社会的包摂の政治学』ミネルヴァ書房。

ALP/ACTU（1983）*Statement of Accord by Australian Labor Party and the Australian Council of Trade Unions Regarding Economic Policy*, ACTU.
Armingeon, Klaus and Giuliano Bonoli eds.（2006）*The Politics of Post-industrial Welfare States*, Routledge.
Bell, Stephen（1997）*Ungoverning the Economy*, Oxford University Press.
Carney, Terry（2006）“Welfare to Work：or Work-discipline Re-visited?”, *Australian Journal of Social Issues*, 41, pp.27–48.
Cass, Bettina（1988）*Income Support for the Unemployed in Australia*, Social Security Review Issues Paper No. 4.
Castles, G. Francis（1985）*The Working Class and Welfare*, Allen & Unwin.（フランシス・G・キャッスルズ『福祉国家論』岩本敏夫他訳、啓文社、一九九一年）
———（1988）*Australian Public Policy and Economic Vulnerability*, Allen & Unwin.
———（1994）“The Wage Earners’ Welfare State Revisited：Refurbishing the Established Model of Australian Social Protection 1983–1993”, *Australian Journal of Social Issues*, 29, pp.120–145.
———（1997）“The Institutional Design of the Australian Welfare State”, *International Social Security Review*, 50, pp.25–41.
Castles, Stephen and Ellie Vasta（2004）“Australia：New Conflicts around Old Dilemmas”, in W. Cornerilus *et al.* eds., *Controlling Immigration*, Stanford University Press, pp. 141–173.
Collins, Jock（2008）“Australian Immigration Policy in the Age of Globalization”, in A. Kondo ed., *Migration and Globalization*, Akashi

Shoten, pp. 161–184.

The Department of Communication and Arts（1994）*Creative Nation*, Australian Government Publishing Service.

Disney, Julian（2004）"Social Policy", in R. Manne ed., *The Howard Years*, Black Inc. Agenda, pp.191–215.

Esping-Andersen, Gøsta（1990）*The Three Worlds of Welfare Capitalism*, Polity Press.（G・エスピン－アンデルセン『福祉資本主義の三つの世界』岡沢憲芙・宮本太郎監訳、ミネルヴァ書房、二〇〇一年）

———（1999）*Social Foundation of Postindustrial Economies*, Oxford University Press.（G・エスピン－アンデルセン『ポスト工業経済の社会的基礎』渡辺雅男・渡辺景子訳、桜井書店、二〇〇〇年）

Finn, Dan（1999）"Job Guarantees for the Unemploymend：Lessons from Australian Welfare Reform", *Journal of Social Policy*, 28, pp.53–71.

Goodin, E. Robert（2001）"False Principles of Welfare Reform", *Australian Journal of Social Issues*, 36, pp.189–205.

Hill, Elizabeth（2006）"Howard's 'Choice'：The Ideology and Politics of Work and Family Policy 1996–2006", *Australian Review of Public Affairs*. 23.

Jessop, Bob（2002）*The Future of the Capitalist State*, Polity Press.

Johnson, Carol（2000）*Governing Change*, University of Queens Land Press.

Johnson, Carol and Fran Tonkiss（2002）"The Third Influence：The Blair Government and Australian Labor", *Policy & Politics*, 30, pp.5–18.

Keating, Paul（1994）*Working Nation*, Australian Government Publishing Service.

Murphy, Michael（2011）*Multiculturalism*, Routledge.

McClelland, Alison（2002）"Mutual Obligation and the Welfare Responsibilities of Government", *Australian Journal of Social Issues*, 37, pp.209–224.

McClelland, Allison and Paul Smyth（2006）*Social Policy in Australia*, Oxford University Press.（アリソン・マクレラン／ポール・スミス『オーストラリアにおける社会政策』新潟青陵大学ワークフェア研究会訳、第一法規、二〇〇九年）

Mendes, Philip（2008）*Australian's Welfare Wars Revisited*, University of New South Wales Press.

Parker, Stephen and Rodney Fopp（2004）"The Mutual Obligation Policy in Australia：The Rhetoric and Reasoning of Recent Social Security Policy", *Contemporary Politics*, 10, pp.257–269.

Pierson, Christopher（2001）"Globalisation and the End of Social Democracy", *Australian Journal of Politics and History*, 47, pp.459–

474.

———— （2002）"'Social Democracy on the Back Foot'：The ALP and the 'New'Australian Model", *New Political Economy*, 7, pp.179–197.

Rattansi, Ali （2011） *Multiculturalism*, Oxford University Press.

Ryan, Neal （2005） "A Decade of Social Policy under John Howard：Social Policy in Australia", *Policy & Politics*, 33, pp.451–460.

Schwartz, Herman （2000） "Internationalization and Two Liberal Welfare State", in F. W. Scharpf and V. A. Schmidt eds., *Welfare and Work in the Open Economy*, vol.2, Oxford University Press, pp.69–130.

Shaver, Sheila （2002） "Australian Welfare Reform：From Citizenship to Supervision", *Social Policy & Administration*, 36, pp.331–345.

Taylor-Gooby, Peter ed. （2004） *New Risks, New Welfare?*, Oxford University Press.

Tsuda, Takeyuki and Wayne A. Cornelius （2004） "Japan：Government Policy, Immigrant Reality", W. Cornerilus *et al.* eds., *Controlling Immigration*, Stanford University Press, pp. 439–476.

第五章　韓国型多文化主義の展開と分岐

安　周永

一　「多文化」言説の浮上と混乱

韓国では、日本と同様に外国人の定住が厳しく制限されており、その定住者の文化の受け入れや権利についてはまったく議論されてこなかったといっても過言ではない。しかしながら、二〇〇〇年代に入ってから事態は急変した。二〇〇四年に雇用許可制が導入され、単純労働者の受け入れが認められるようになった。その後、事実上単純労働者の受け入れ手段として使われてきた産業研修生制度は、廃止された。二〇〇五年には、公職選挙法が改正され、永住権を取得してから三年以上経過した外国人に対して地方選挙の投票権が与えられた。限定的であるものの、外国人にも参政権が与えられるようになったのである。二〇〇七年には在韓外国人処遇基本法が制定され、既存の入国管理政策に統合政策が加わるようになった。二〇〇八年には、多文化家族支援法が制定され、中央政府と地方自治体に対する多文化家族支援の義務が明文化された。

このような韓国における変化は、外国人の管理政策に集中している日本とは対照的であり、外国人に対する人権擁護や社会統合を進めるものと評価できる（鄭 二〇一四：一六一：春木 二〇一四：二五）。また、ドイツのメルケル首相やフランスのサルコジ大統領（当時）は自国の多文化政策が失敗したと宣言したのに対して、韓国においては、革新系・保守系の大統領がともに多文化政策を積極的に進めた。韓国の学会でも「多文化ブーム」という現象が生じ、多文化政策に関して多くの研究がなされた。

しかし、このようなブームとは裏腹に様々な問題点が指摘された。多文化に関する研究には多文化社会の概念と特徴に関する正確な理解が欠如しているという指摘があるほか（韓 二〇一四：四〇）、多文化政策の担当者の間でも概念の混同が生じ、政策に関する省庁間の混乱がみられる（朴 二〇一〇：二八一）。「多文化家族」「多文化教育」「多文化政策」という言葉が多く使われるようになったものの、多文化に関する多様な理解が混在しているのである。

こうしたなかで多文化政策に関して、まったく異なる立場から批判がなされている。第一に、多文化政策が外国人の管理・排除の手法であり、純血主義的で家父長主義的な特徴を持っているという批判である（李 二〇〇七）。韓国の多文化政策は、文化的差異の承認を目指す多文化主義とはかけ離れており、結婚移住を優先した多文化政策は、むしろ純血主義を助長するものであるというのである。第二に、外国人の受け入れの拡大を反対する立場から多文化政策の行き過ぎという批判がなされている。韓国では、日本の「在日特権を許さない市民の会」のような強い反発はみられないものの、多文化政策に対する反発は以前よりも目立つようになった。アンチ多文化の運動を展開する団体は、もともとネット上の活動に限られていたが、近年は政府のシンポジウムや学会において外国人犯罪や国際結婚の被害事例を告発するようになった。さらに、多文化家族への過剰な支援が韓国人に対する「逆差別」であるという批判もなされている（『中央日報』二〇一四年二月一〇日）。目に見える形でアンチ多文化の活動が展開されているのである。

以上のように、韓国においては短時間で多文化という言説が広く使われるようになり、多文化政策の拡大がみられるものの、これをめぐって多様な理解が混在し、対立が生じている。他の国でも多文化政策をめぐる多様な立場と理解があるため、これらが韓国のみの現象とはいえないのは確かである。しかし、韓国の多文化政策が純血主義的で家父長主義的であるという批判や韓国人に対する逆差別であるという批判は、韓国固有の状況を示している。本章では、こうした点に着目し、単一民族と思われた韓国社会がどのように多文化政策を立案・実施するようになり、それをめぐる対立がどのように生じているのかを明らかにする。これによって韓国の多文化政策に関する言説や政策の特徴を理解できるようになると考えられる。

二　外国人受け入れの推移と特徴

韓国においては二〇〇〇年代に入ってから外国人の流入が急増し、二〇一五年一月一日の時点において外国系住民は一七〇万人を超えた。この人数は、韓国の住民登録人口五一三二万人の三・四パーセントにも上る（表5－1参照）。ここで外国系住民というのは、韓国国籍を持たず九〇日以上韓国に滞在する者、帰化した人、それらの者の未成年の子女を指す。この外国系住民のうち最も多数を占めているのは表5－1のとおり外国人労働者で、その人数は約六〇万人である。外国人労働者のほとんどは単純労働の従事者であり、専門職の従事者は一割にすぎない。単純労働の従事者には、「訪問就業」ビザで働く人が含まれている。このビザは、韓国系外国人を対象にして発行され、単純労働の従事が可能となるものである。その数は二〇一五年六月三〇日の時点で二七万五八六七人である。また、単純労働の従事が制限される「在外同胞」ビザも韓国系外国人に対して発行されており、このビザで国内に滞在し居所申告をした人は、二八万六四一四人である。このことからわかるように、韓国

表5－1　韓国における外国系住民の現状（2015年1月1日）

住民登録人口（A）	外国系住民（B＝C＋D＋E）	韓国国籍を持たない者（C）					韓国国籍を取得した者（D）		外国人住民の未成年の子女（E）
		外国人労働者	在外同胞ビザ	結婚移民者	留学生	その他	結婚帰化者	その他の理由による	
51, 327, 916	1, 741, 919	608, 116	286, 414	147, 382	84, 329	249, 921	92, 316	65, 748	207, 693
	100％	34. 9％	16. 4％	8. 5％	4. 8％	14. 3％	5. 3％	3. 8％	11. 9％

出所）行政自治部『二〇一五年地方自治団体外国人住民現況』から筆者作成。

では、外国人単純労働者と韓国系外国人が外国系住民の多数を占めている。これらに次いで国際結婚による移住者が多い。表5－1で確認できるように、外国国籍を持つ結婚移住者は一四万七三八二人で、国際結婚の後に韓国国籍を取得した結婚帰化者は九万二三一六人である。

以上のように、韓国で最も高い比重を占めている外国人の属性は、単純労働者、韓国系外国人、国際結婚による移住者である。以下では、これらの三つの範疇を中心に外国人政策と在韓外国人の推移について整理したい。

単純労働者の推移と政策の変化

韓国においては、長い間韓国人では代替できない専門技術の分野に限って外国人の国内就業が許可され、外国人の単純労働への就業は禁止されてきた。しかしながら一九八〇年代末から単純技能分野の労働力不足が深刻になり、各業界の団体は外国人労働力の受け入れを要求した。一九八九年に石炭協会が、一九九〇年には電子工業協同組合と中小企業協同組合中央会が外国人の受け入れを政府に求めた。これに対応するために、政府は一九九三年に産業研修生制度を導入することで、事実上単純労働への外国人の就業を認めることにした。産業研修生制度は、日本の外国人研修生制度と同様に、あくまで発展途上国に対する技術移転のためのものであるとされた。しかし、これは建前であって、事実上労働力不足の解決策として使われてきた。産業研修生制度は、新たに雇用許可制が導入された二〇〇四年まで韓国における最も主要な外国人労働力の活用政策であった（安 二〇一三：一八一）。

しかし、産業研修生制度の建前と実態の乖離によって、多くの問題点が生まれた。研修生の弱い立場を悪用した企業側によって、法令違反・人権侵害の事例が多発した。これが世間に知られるようになったきっかけは、一九九五年一月にネパール人の研修生一三人がソウル市にある明同聖堂で行ったデモであった。このデモは多くのマスコミで報道され、研修生の劣悪な労働環境と人権侵害が争点化された。そして、これに対応するために、政府の改善策が出された。一九九五年三月一日から産業研修生も労災保険と医療保険に加入でき、最低賃金などの八項目の「勤労基準法」が適用されるようになった。

ただし、単純労働の受け入れはしないという産業研修生制度の骨組みは依然として維持され、研修生の劣悪な労働環境が根本的に改善されることはなかった。これを示すのが不法滞在の増加であった。高い賃金を望んで多額な費用を払ってまで入国した多くの研修生は、悲惨な状況でも継続的に働かざるをえず、違法であることを知りながらも、給料の高い勤務先への移動と期限満了でも働き続けることを選択した。二〇〇二年には、産業研修生九万八五七人のなかで、不法滞在者は六万八〇一人に上るという、異常事態となった（法務部 二〇〇二）。

この状況を改善するために、二〇〇四年から「外国人勤労者雇用等に関する法律」を根拠に雇用許可制が導入された。雇用許可制は、労働力を確保できない企業が政府から雇用許可書を発行してもらい、合法的に外国人労働者を雇用することができる制度である。雇用許可制は、次の三つを基本原則としている（宣 二〇〇九）。第一に、国内労働市場との補完性である。韓国人では雇用が確保されない場合にのみ、企業側に外国人の雇用が認められた。企業主には韓国人に対する求人努力が義務づけられており、それを果たした場合に外国人の採用が認められる。いわゆる労働市場テストによる規制が行われるようになった。また、外国人が就業できる職種と事業所の規模を制限するとともに、数量割り当て制度も実施された。国内産業の状況や景気変動に対応して外国人労働者の受け入れが実施されたのである。第二に、定住化の防止である。外国人の定住を防ぐために、雇用期間は三年以内とされ、家族呼び寄せや勤務先の変更は原則的に禁止された。その後の法改正によって五年まで雇用期間が延長できるようになり、勤務先の移動の事由も拡大してきたものの、定住化の防止という原則は依然として維持されている。第三に、外国人労働者の権利保護である。外国人労働者にも韓国人の労働者と同様に労働者としての地位や権利が全面的に適用されるようになった。また、悪徳なブローカーによる被害を防ぐために、政府は二国間協定に基づいて外国人労働力の管理を行うことにした。

このように制度変化に伴い、韓国系外国人を除く外国人の単純労働従事者は、二〇一〇年から二〇万人を超えるようになった（法務部 二〇一〇）。

外国国籍同胞

韓国では、「在外同胞の出入国及び法的地位に関する法律」（以下、在外同胞法）が一九九九年に制定され、「在外同胞」に関する処遇が明文化された。在外同胞法と在外同胞法施行令は、在外同胞と認定されたうえに国内で居所申告をすれば、出入国と国内経済活動において韓国人とほとんど同等な法律的地位が保障される。ここでの「在外同胞」とは、韓国国籍を持ちながら海外に居住する人を指す「在外国民」と、韓国の国籍を持っていた者やその直系卑属を指す「外国国籍同胞」のことである。特にその処遇が問題になるのは、韓国の国籍を持っておらず、他の外国人と同じ扱いを受けていた外国国籍同胞である。以下では、外国国籍同胞を中心に政策の変化を整理したい。

海外に居住する外国国籍同胞は、二〇一四年時点で約四七一万人がおり、中国（四七・〇パーセント）、アメリカ（三〇・〇パーセント）、ヨーロッパ（一〇・八パーセント）、日本（七・五パーセント）に集中している（外交部 二〇一五）。なかでも、韓国系中国人を指す中国朝鮮族は、外国国籍同胞のなかで圧倒的に多数を占めている。それにもかかわらず中国朝鮮族は、在外同胞法の制定当時から他の地域の同胞に比べ、法的に差別されていた。在外同胞法は制定当時、その対象を韓国政府が樹立された一九四八年以降に外国に移住した者としていたため、中国朝鮮族と旧ソ連同胞は事実上除外されることになったからである。一九九〇年代に入ってから国交正常化が行われた中国と旧ソ連地域の同胞は、政府樹立の前に移住した人が圧倒的に多かった。そのため、この規定によってこの地域の同胞が外されるようになったのである。

これに対して、韓国に滞在していた朝鮮族三人は、在外同胞の基準を一九四八年に設定することが違憲であると主張し、憲法裁判所に審判を申し出た。その結果、憲法裁判所は、二〇〇一年一一月二九日に外国国籍同胞の適用対象を政府樹立以降の移住同胞に限定することは、同胞間の差別であるという趣旨の判決を下した。混乱を避けるために、憲法不合致という判断が下され、二〇〇三年一二月三一日までの法改正がなければ、翌日からその条文が無効になることになった。行政府はこれを是正せざるをえず、二〇〇三年一一月二〇日に在外同胞法施行令を改正し、海外移住時点に伴う外国国籍同胞間の差別規定は改善された。しかし、日本との比較からみて、依然として外国国籍同胞の就業の範囲と定住は制限されていた（鄭 二〇〇八：九三）。日本においては、一九九一年の法改正で日系人に対して「定住者」の資格が与えられ、この資格を持つ日系人は職種の制限なく就労活動ができるうえに、在留期間の更新で永住も可能になった。韓国でも日本の「定住者」資格に類似した「在外同胞」という資格はあるが、この資格での単純労働の従事は禁じられている。こうした措置は、単純労働従事への要望が高かった中国朝鮮族や旧ソ連地域の同胞を排除する結果となった。

これらの政策は依然として差別的であるという批判がなされるともに、安い賃金を求める経営側からの要求があったため、外国国籍同胞に対して、単純技能分野での就業が段階的に許可されていった。「就業管理制」が二

図５－１　韓国における国際結婚の推移

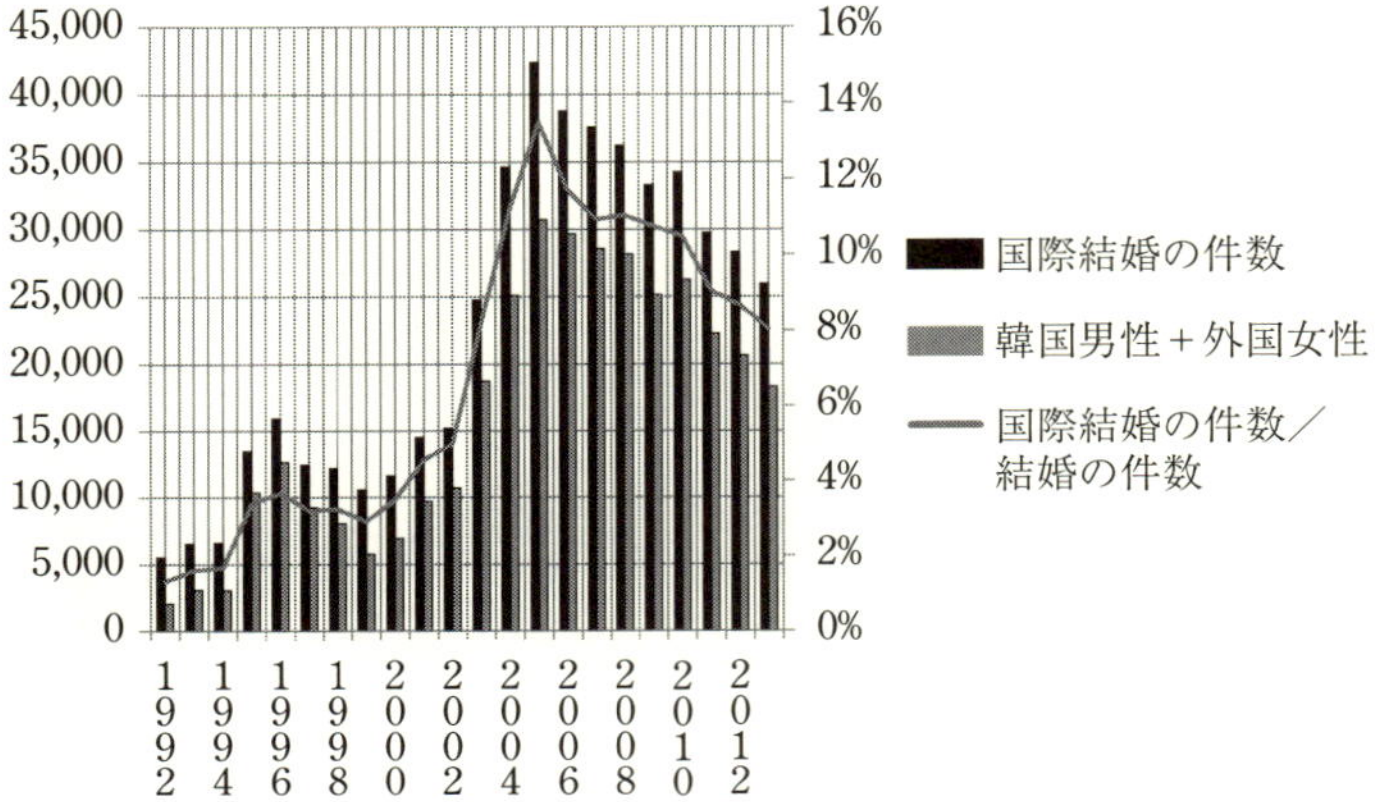

出所）統計庁『人口動態統計年報（婚縁、離婚編）』各年度版から筆者作成。

〇〇二年一二月一二日に導入され、飲食業、ビジネスサポートサービス、社会福祉サービス、清掃、看護、家政婦といった六種のサービス業における最長三年間の就業が許可された。また、二〇〇四年に雇用許可制が導入された際には、就業管理制が特例雇用許可制となり、就業可能な業務は拡大した。その後に、二〇〇七年には訪問就業制度が施行され、朝鮮族と旧ソ連同胞に対して、自由な出入国、入国対象者の拡大、就労機会の拡大とともに、就労手続きの簡素化が行われた。この制度によって韓国への入国がさらに便利になったため、中国朝鮮族の社会では韓国への移住ブームが生じた。このような政策によって、二〇〇六年に二六万七四三六人であった国内の外国国籍同胞は、二〇一四年に七〇万四五三六人までに増加した（法務部 二〇〇六；二〇一四）。

結婚移民

韓国における国際結婚は、一九九〇年代半ばから急増した。一九九二年の中韓国交正常化に伴う中国同胞の流入と農村部の嫁不足により、国際結婚が増えた。図５－１が示すように、一九九〇年代前半までは、韓国人女性と外国人男性の結婚件数が韓国男性と外国人女性の結婚件数よりも多かったが、一九九〇年代半ばからは、それが逆転した。経済・社会的に劣悪な状況におかれ、国外からでも配偶者を見つけたい農村部や都市部の低所得層の韓国男性と、貧困から脱したい発展途上国の女性の要望とが一致し、国際結婚は増加した（李勝雨 二〇〇八：一二六）。地方自治体は、その成立に向けて斡旋や経済的支援を行った。

国際結婚は一九九七年に生じた経済危機の後にいったん減少するものの、二〇〇三年以降に再び急増する。二〇〇五年には韓国内の結婚に占める国際結婚の比率が一三・五パーセントにまで達した。このような国際結婚率の急上昇は多くの問題をもたらした。嫁不足や経済的理由で国際結婚が成立するケースが増加するにつれ、結婚仲介業者による斡旋が人身売買まがいの結婚、詐欺などの様々な問題を生んだのである（宋 二〇〇九：八三）。この問題を解決するために、二〇〇七年一二月に「結婚仲介業の管理に関する法律」が制定され、結婚仲介業がこれまでの申告制から登録制へと変更された。国際結婚仲介業に対する規制が厳しくなったのである。また、二〇〇八年から結婚移民ビザの発行は厳しく制限されるようになった。国際結婚件数は二〇〇五年をピークに減少傾向が続いている。

しかしながら、国際結婚による移住は、単純労働者に対する循環型労働力としての扱いと異なり、定住化を前提とする。そのため、国際結婚の数自体は減少傾向にあるものの、結婚移住者とその家族はさらに増加している。図5－2で確認できるように、外国籍を持つ結婚移民の数は横這いになっているものの、結婚による帰化者は増加している。また、国際結婚による夫婦の子女は、二〇〇七年の四万四二五八人から二〇一四年には二〇万四二〇四人にまで増加した。

また、結婚移住者の国籍が多様化していることにも注目する必要がある。一九九〇年代には中国朝鮮族が圧倒的に多かったが、これは二〇〇〇年代に入ってから徐々に変わってきている。表5－2で示されているように、二〇〇〇年代に入ってからは中国国籍の女性が少なくなり、ベトナム、カンボジアの増加が目立っている。結婚移住者といっても、移住者の多様な背景を考慮した政策が必要になっていることが窺われる。

三　多文化政策の実施と特徴

以上のような政策の変化ならびに外国人の増加のため、韓国では文化的差異と多様性が問題となる。かつては、人種的マイノリティの存在が論じられることはなかったが、文化的差異や国民国家の内部の多様性が大きくなるなかで、他の先進国と同様にこれへの対応が求められるようになったのである。「多文化」が公式に政府文書で使われたのは、二〇〇六年四月二六日に開催された七四回国政課題会議で提出された「結婚移民者家族の社会統合の支援対策」においてであった。ここから多文化政策が重要な課題として扱われるようになり、「在韓外国人処遇基本法」と「多文化家族支援法」が制定された。在韓外国人処遇基本法は在韓外国人の早期定着を目指すものとして、多文化家族支援法は家族政策として位置づけられ、それぞれ制定された（白井 二〇〇八：一五四）。本節では、これら法律を中心に韓国の多文化政策の特徴を整理したい。

多文化関連法の制定

〈在韓外国人処遇基本法〉

「在韓外国人処遇基本法」は二〇〇七年五月一七日に公布、同年七月一八日から施行された。同法の目的は、韓国国民と在韓外国人が相互を理解し尊重する社会環境を作り、韓国の発展と社会統合に貢献する（第一条）ことである。それを実現するため、国家および地方自治体は在韓外国人に対する処遇などに関する政策の樹立・施行に努力しなければならない（第三条）とし、国家と地方自治体の義務が明示された。同法の主な特徴は、以下

図５－２　結婚移住と国際結婚の子女

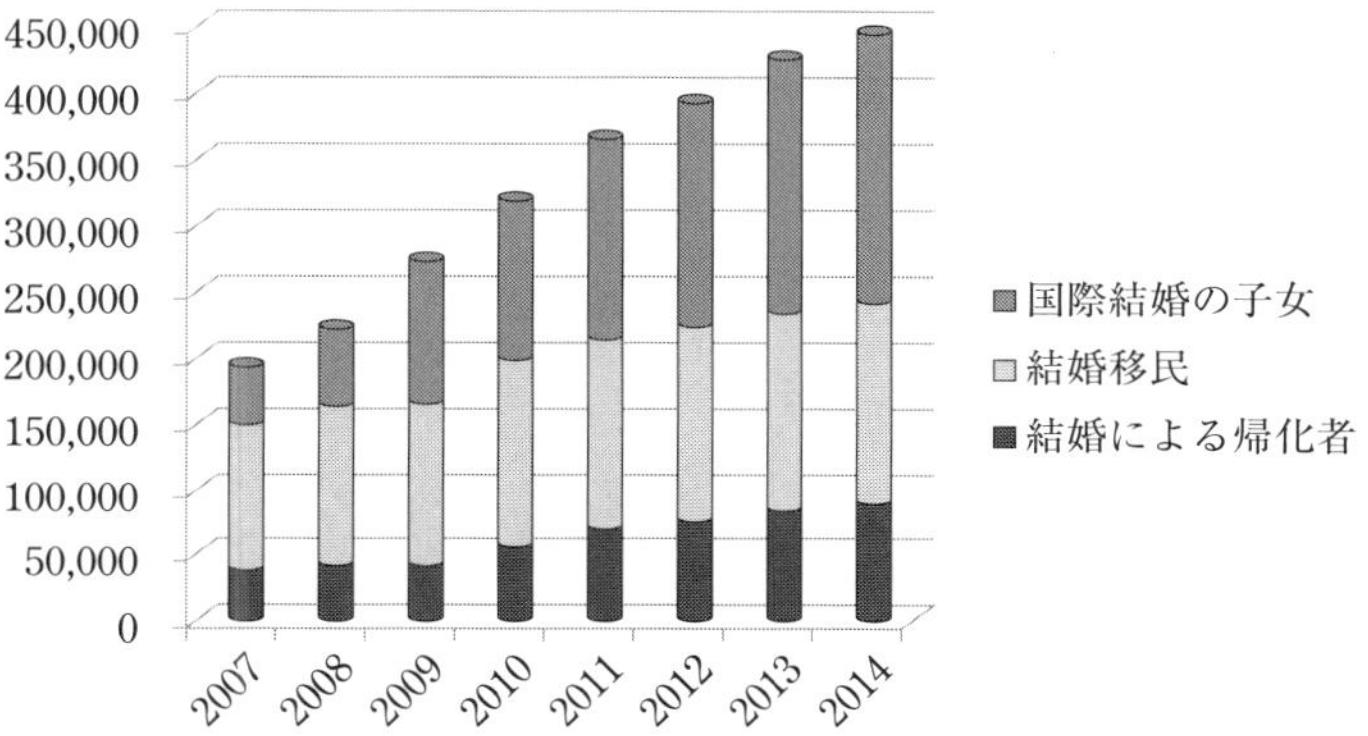

出所）国際結婚の子女と結婚による帰化者に対しては、行政自治部『地方自治団体外国人住民現況』、結婚移民に関しては、法務部『出入国・外国人政策統計年報』から筆者作成。

表５－２　国籍別国際結婚の数

	2000	2002	2004	2006	2008	2010	2012	2014
国際結婚総件数	11, 605	15, 202	34, 640	38, 759	36, 204	34, 235	28, 325	23, 316
韓国男＋外国女	6, 945	10, 698	25, 105	29, 665	28, 163	26, 274	20, 637	16, 152
女性配偶者比率	59. 8%	70. 4%	72. 5%	76. 5%	77. 8%	76. 7%	72. 9%	69. 3%
中国	3, 566	7, 023	18, 489	14, 566	13, 203	9, 623	7, 036	5, 485
ベトナム	77	474	2, 461	10, 128	8, 282	9, 623	6, 586	4, 743
フィリピン	1, 174	838	947	1, 117	1, 857	1, 906	2, 216	1, 130
日本	819	690	809	1, 045	1, 162	1, 193	1, 309	1, 345
カンボジア	1	2	72	394	659	1, 205	525	564
タイ	240	327	324	271	633	438	323	439
米国	231	267	341	331	344	428	526	636
モンゴル	64	194	504	594	521	326	217	145
その他	773	883	1, 158	1, 219	1, 502	1, 532	1, 899	1, 665

出所）統計庁『人口統計動態年報』から筆者作成。

の三点である。

第一に、外国人政策の樹立と推進体制に関する明文化である。外国人政策は、今まで個別的で断片的に行われたという反省から、総合的に樹立・推進されるようになった。法務部長官は、関係部署の長官との協議で外国人政策基本計画を樹立し、「外国人政策委員会」の審議を経て確定する（第五条）。外国人政策委員会は、外国人政策に関する重要事項を審議・調整するために国務総理を委員長にし、構成されるものである（第八条）。

第二に、在韓外国人に対する保護の明文化である。国家および地方自治体は、在韓外国人およびその子女に対する不合理な差別防止および人権擁護のための教育・広報、その他に必要な措置をするために努力しなければならない（第一〇条）。また、国家と地方自治体は外国人が韓国で生活するのに必要な基本的素養と知識に関する教育・情報提供および相談などの支援ができる（第一一条）。在韓外国人は、結婚移住者とその子女（第一二条）、永住者（第一三条）、難民（第一四条）、帰化者（第一五条）、専門能力を持つ外国人労働者（第一六条）、過去韓国国籍の保持者（第一七条）などに分類され、それぞれへの支援と保護が規定された。

最後に、国民と在韓外国人がともに暮らす環境づくりの明文化である。多文化に関する理解増進という題目の下に、次の二点が盛り込まれた。一つは、国家と地方自治体は国民と在韓外国人が相互の歴史・文化および制度を理解し尊重することができるように、教育・広報・不合理的な制度の是正とその他の必要な措置を講じるために努力しなければならない（第一八条）というものである。もう一点は、国民と在韓外国人の相互理解を増進するために、毎年五月二〇日を世界人の日にして、世界人の日から一週間の期間を世界人週間とする（第一九条）というものである。

このように外国人政策の体系的な樹立と推進体制の整備、在韓外国人の処遇に関する基本的な事項が整ったという点で、在韓外国人処遇基本法は、アジアにおいて多文化政策と社会統合の基本方向を提示した最初の試みとして評価できる（金 二〇〇八：二二八）。

〈多文化家族支援法〉

多文化家族支援法は、二〇〇八年二月二六日に国会で可決され、同年九月二二日に施行された。同法の目的は、多文化家族構成員が安定的な家族生活を営めるようにすることで、彼らの生活の質の向上と社会統合に貢献する（第一条）ことである。

これを実現するために、多文化家族に対して必要な制度と基盤の助成（第三条）、生活に必要な情報および教育の支援（第六条）、民主的で両性平等に基づいた家族関係構築の支援（第七条）、家庭内暴力の被害者に対する保護・支援（第八条）、妊娠・出産にあたって健康管理の支援（第九条）、児童に対する教育・保育の支援（第一〇条）が盛り込まれた。

また、多文化家族に対する支援政策を行う際に、相談者の意思疎通の困難さを解消するための多言語によるサービスの提供（第一一条）、専門人材と施設を持っている法人と団体を多文化家族支援センターとして指定することが可能になった。多文化家族の支援内容だけではなく、支援体制も明文化されたのである。

さらに、このような支援だけではなく、多文化家族に対する理解を増進するための法整備も進められた。具体的には、多文化家族の現状を把握するための実態調査とその結果の公開（第四条）、国民の多文化理解を向上させるための教育と広報等に必要な措置（第五条）、公務員の多文化家族に対する理解増進と専門性向上のための教育の実施（第一三条）が規定された。

以上のことから、多文化家族支援法は、在韓外国人処遇基本法による社会統合を家族の領域で具体化したものとして評価できる（ユ 二〇一四：二三〇）。

多文化政策の問題点

このように多文化関連法が整備されたのは評価できるが、いくつかの問題点も指摘されている。これについて下記の三点を中心に整理する。

第一に、多文化政策の対象が限定的であるという問題点である。多文化家族支援法の対象になる多文化家族は、韓国人と結婚した外国人の家庭やそこで生まれた子供を育てている家庭のみである。外国人同士が結婚した家庭は排除されるのである。また、外国人政策の社会統合の予算のなかで結婚移住者とその子女に関係するものは、二〇一一年に八七七億ウォン（七五パーセント）、二〇一二年には一一八四億ウォン（九五パーセント）支出されており、社会統合の予算が結婚移住者に圧倒的に集中していることがわかる（外国人政策委員会 二〇一二：一五）。これだけではなく、結婚移住者は、社会政策や国籍法上でも優遇されている。外国人のなかで生活保護の対象者になるのも、結婚移住者のみである（国民基礎生活保障法第五条二項）。また、国籍法で一般帰化の要件として五年以上の滞在が必要となるのに対して、結婚移住者に対しては「簡易帰化」が適用され、二年以上の滞在でも可能となる。[1] 結局、単純労働者と外国国籍同胞は、人数が結婚移住者よりも多いにもかかわらず、多文化家族の支援対象から除外されているといえる。

単純労働者は、先述のとおり雇用許可制の導入によって、処遇が改善されたのは確かである。しかしながら、この制度によって許可されているのは、あくまで企業に対しての外国人労働者の雇用である。外国人労働者の再雇用と転職が雇用主の決定に委ねられ、外国人労働者は脆弱な立場におかれるのである。こうした問題点については、制度導入の当時から一部の労働組合や市民団体が指摘し、外国人労働者に労働を許可する労働許可制の導入を主張してきた。しかし、これは受け入れられず、雇用許可制が導入され現在に至っている。外国人の滞在期間は長くなり、現在では最長で五年まで就業できるようになったものの、依然として定住の可能性は閉ざされている。

外国国籍同胞は、単純労働者よりは優遇されているものの、選別的に受け入れられている点では類似している。一九九〇年代初頭まで外国国籍同胞は排除的に扱われてきた。前述のように、在外同胞法の制定によって、同胞に対する優遇政策が行われるようになった。しかしながら、現在国内に滞在する同胞の大多数を占める中国や旧ソ連の地域の出身者は、事実上その優遇策から排除されていた。在外同胞という滞在資格は、他の外国人に比べ、入国、滞在、就業の自由の便宜を与えるものであったが、単純技能分野での就業に対する希望が多く不法滞在が多かった中国や旧ソ連の出身者に対して、そのビザの発行は事実上制限されていたからである。これを改善する措置は行われたものの、依然として国内の雇用状況によって就業が制限されるとともに、定住は原則的に禁止されている。特に二〇〇八年の経済危機以降に、訪問就業というビザの総量がさらに厳しく制限されるとともに、その対象も限定されるようになった。政府は民族包容を掲げながらも、国内労働市場の保護を優先し、選別的に同胞を受け入れているといわざるをえない（郭 二〇一一：六二―六四）。

第二に、多文化関連政策は、結婚移住者と多文化家族を国民と同等な権利を受けるべき存在ではなく、同情の対象にするとともに、彼・彼女らが特別な恩恵を受けているという認識を生む恐れがある（金 二〇一一：二三三―二三六）。多文化家族支援法によって、多文化家族に対する地位や雇用などにおける優遇措置が行われている。しかし、このような優遇政策自体は、多文化主義への関心を含んでおらず、文化的承認をもたらすものではない。移民の適応に関する支援が自動的に文化的差異の承認をもたらすわけではないからである（ヴィヴィオルカ 二〇〇九：一〇六―一〇八）。韓国の多文化政策は、その外国人の文化を受け入れることまでは進んでいないといえる。

第三に、政策の推進体制が依然として不明確である。前述のように多文化政策や外国人政策を推進するために、外国人政策委員会が設置された。しかしながら、「外国人労働者の雇用等に関する法律」に基づく「外国人材政策委員会」、「多文化家族政策委員会規定」により設置された「多文化家族政策委員会」は、それぞれ外国人労働に関する政策、多文化家族政策を総括するようになっている。法文上では、外国人政策委員会がこれらの政策も総括するようになっているが、それを強制する手段までは存在していない（薛 二〇一一：一三〇）。そのため、これまでに多文化政策をめぐる縄張りの争い（李 二〇〇七：二三八―二三九）、政策の重複（ジュ 二〇一〇）が指摘されている。また、外国人の受け入れや社会統合を体系的に管理するためには、移民庁の新設が必要であるといわれているものの、政府内に移民という言葉の使用に対する抵抗は強い。その一例として、二〇〇七年に法務部内に「出入国・外国人政策本部」が再編されたが、その部署の英語名は「Korea Immigration Service」である。この英語名と韓国名の不一致からもわかるように、移民政策を統括する移民庁の新設は容易ではないと考えられる。

四　多文化政策の政治的背景

以上のように、韓国では多文化言説が用いられ、政策も拡大しているものの、文化的差異の承認を目指す多文化主義が実現しているとはいい難い状況である。以下では、このような多文化政策が実現されている政治的背景を考察することにしたい。

民族主義と多文化主義

政策の対象に注目して多文化政策の特徴を整理すれば、結婚移住者に圧倒的に集中する支援、単純労働者の排除、単純労働者のなかでは外国同胞の優遇という点がある。このような外国人に対する差別的支援は、民族主義という特徴によるものであるといえる（李 二〇一四）。韓国における民族主義は、権威主義的政権が自らの正統性を主張するためのものであると同時に、その政権に反対する勢力のイデオロギーでもあった。権威主義的政権は、民族の繁栄を実現するための理念としてそれを用いたのに対して、民主化運動勢力は、民族の自立や分断国家の統一を正当化する理念として用いた（河・金 二〇〇九）。このように韓国における各陣営が民族主義をもって目指したものは異なっている。しかし、両者はともに共有するところもある。それは、国民国家が形成される前から、韓国民族の文化や言語が共有されてきたとする点である。これは、民族の同一性や血統主義を重視する傾向を生み、多文化主義を実現するには困難な状況を作り出す。ここで多文化政策を推進するために、政府は血統主義を壊さない範囲での多文化言説を用いた。

それが鮮明に表れているのは、多文化家族支援法が導入されたときの支援の対象である。制定当時の支援の対象は、「生まれながら」の韓国人と結婚した外国人の家庭であったのである。つまり、韓国人の血を継いでいない帰化した韓国人は、支援の対象から排除された。二〇一一年の法改正によって、生まれながらという文言が削除され、人種に対する拘りは薄れてきた。しかし、上述したように、多文化家族の対象は、依然として韓国人二世がいる家庭のみを対象としている点は変わっていない。支援の基準が人種から国籍へ変わったものの、「韓国人」が含まれる家庭のみが対象になるため、血統主義の拡張であるといえる。また、上述したように、単純労働者は多文化政策から完全に排除されるのに対して、外国国籍同胞は彼・彼女らよりは優遇されているところからも、血統主義に基づく民族主義が確認できる。

このような特徴は、多文化政策を最初に推進した進歩派の盧武鉉《ノムヒョン》政権とその後に登場した保守派の李明博《イミョンバク》政権が共有していた。盧政権後に登場した李政権は、以前の政権期を「失われた一〇年」と呼び、政策転換を進めようとした。これを考えると、政権交代によって多文化政策においても政策転換が生じると予想される。しかしながら、多文化関連政策において、両政権の政策はさほど変化していないと指摘されている（宣二〇一〇：尹二〇一三：一七四）。李政権の下である二〇〇九年に、国務総理主宰の国家政策調整会議で「多文化家族支援改善総合対策」が確定され、国務総理を委員長とする「多文化家族政策委員会」が設置された。李政権下でも、多文化政策は主要な政策となり、二〇一〇年七月二六日に李大統領の演説では、「われわれ皆が外から入ってきた文化と人を上手く受け入れる広い心を持たなければならない」といい、「国家政策も開放性を追求しながら、世界に向けた開かれた政策にならなければならない」と主張するほどであった（国民放送、二〇一〇年七月二六日）。しかしながら李政権やその後の朴槿恵《パククネ》政権でも、多文化家族に対する支援は結婚移住者に限られている。

このように進歩・保守の両政権は、多文化言説を用いながらも少子化対策と結婚移住者の定着に政策の焦点を当てていた。このような合意が形成されていたため、民族主義が強い韓国において、多文化政策を急速に進めることができたと思われる。

しかしながら、外国人の数が増え、政策がさらに拡大してから問題は生じた。前述したように、韓国に滞在する外国人は、結婚移住者よりも単純労働者がさらに多いうえに、その数も増加する一方である。その人々に対する対策を放置したまま多文化政策の継続は困難である。また、結婚移住者が増加するなかで、彼・彼女らの文化的アイデンティティと韓国文化との融合は以前よりも重要な問題として浮上する。韓国の多文化政策は、単一民族の文化の共有を前提としたため、急速に拡大できたという面がある一方で、外国人の数やその出身地の多様性が増加するなかではもはや限界に直面することになったのである。

しかも、民族主義は今後さらに主要な政治争点になり、多文化政策に大きな影響を与えうる可能性がある。民族主義をめぐる保革の対立が激しくなっているからである。前述したように、過去の民主化勢力と現在の進歩派勢力は、民族の自立と南北の統一を推進するイデオロギーとして民族主義を用いたが、この勢力と競争関係にある保守政権はそれを押さえ込もうとしている。その手段として、保守政権が多文化政策を活用しているという見方もある（姜 二〇一四）。すなわち、グローバル化や多文化を強調することで、進歩派の民族主義イデオロギーの基盤を弱めることができるという指摘である。

こうした民族主義をめぐる対立は、保守政権が歴史教科書を修正することで激化している。朴槿恵政権になってからは歴史教科書の国定化を行うという先進民主主義国では例のない方法を用いてまで、教科書の内容を修正しようとしている。ここには、日本の植民地時代や権威主義的体制における明暗のなかで肯定的な面をさらに評価したいという狙いがある。これに対して進歩派勢力は強く反対しているため、韓国の民族主義は今後も主要な政治争点になると思われる。この構図は、韓国の保守勢力が他の先進国と異なり、多文化という言説をもっと積極的に用いる可能性があることを示唆している。韓国の保守勢力は、ジェンダーやマイノリティに対する関心が低いものの、民族主義を抑え込むために、多文化という概念を用いる可能性がある。さらに、韓国においては、北朝鮮離脱住民が増加し、同じ民族でありながらも、文化や習慣の相違が目立つようになっているため、彼らも多文化政策の対象にするかどうかという問題も浮上している。このように民族主義は衰退する方向に行っておらず、今後民族主義が多文化政策の論争にさらに影響を与える可能性があるといえよう。

福祉国家と多文化主義

前述のように、韓国における多文化政策の特徴のもう一つは、温情主義的要素が強い点である。すなわち、多文化政策の主な対象は、もっぱら支援や助けの対象とみられ、権利の保持者という視点が欠如していた。これは、韓国のアンチ多文化運動がヨーロッパの福祉ショービニズム運動とは異なる形で現れた点からも確認できる。ヨーロッパにおける福祉ショービニズムは、移民に対して自国民と同等に与えられる社会保障を制限しようとする運動である（宮本 二〇一三：第六章）。これに対して、韓国の逆差別論は、国民よりも多文化家族が優遇されているという批判の言説である。ここでは、韓国の多文化政策が温情主義的な特徴を持ち、多文化政策に対して逆差別であるという批判が出ている背景を整理することにしたい。

韓国では多文化政策が実行される段階で、福祉国家と多文化主義に関する論争はなかった。国民の権利をどこまで保障するかという問題と、国民の範囲をどこまでと規定するかという問題は重要な問題であるにもかかわらず、両者の関係については政策的に考慮されてこなかった。韓国においては、社会保障政策に関する政府の取り組みが遅れており、福祉は社会的弱者に対する救済措置として選別的に行うべきものとして考えられてきた。アジア通貨危機の以後も、公的福祉に対する要求は高まってはいたものの、公的福祉に関する政党間の論争はなかったといっても過言ではない。その一方で多文化家族支援事業の予算は急激に拡大した。二〇〇八年に三二〇億ウォンであったものが、二〇一一年には八八〇億ウォンになった。これと同時に多文化家族に対する所得調査付きの支援が撤廃されることになった。その代表的なものが、二〇一一年から施行された多文化家族の保育料支援事業であった。この事業は、多文化家族のなかで従来除外されていた所得上位三〇パーセントにも新たに保育料を全額支援するものであった。所得制限なしで、すべての多文化家族が支援の対象になったのである。その一方で、韓国人については、保育料の全額支援の対象となるのは生活保護の受給者のみであった。このようなギャップによって多文化家族支援は自国民に対する「逆差別」であるという批判を招いた（李・白 二〇一四）。こうして多文化政策を社会保障政策との関係で正当化する必要が高まったのである。

その後、韓国においても社会権としての福祉が本格に議論されるようになった。二〇一〇年の統一地方選挙からすべての学生を対象にする無償給食が政党間の主要な争点になり始め、二〇一一年には無償給食の賛否をめぐって呉世勲《オセフン》ソウル市長と市議会の対立が激しくなった。紆余曲折の末、呉ソウル市長が住民投票で無償給食の支持派に負けて辞任することになり、ソウル市長の補欠選挙が二〇一一年一〇月に行われた。結局無償給食を支持した朴元淳《パクウォンスン》候補が当選した。その後、当時の民主党は同年一二月に綱領を変え、「普遍的福祉を基本的権利として保障する福祉国家を建設する」と明記した。これによって、一気に福祉が政党間の主要な対立軸として浮上した。保守派政党と進歩派政党はともに福祉拡大を公約として掲げ、保守派政党は「選別的福祉」を主張したのに対して、進歩派政党は「普遍的福祉」を主張した。選別的福祉は社会的弱者を救済するものとして福祉を位置づけるのに対して、普遍的福祉は国民の権利として福祉を位置づけるものであった。こうしたなかで、前述の韓国人の保育料支援においても、二〇一三年からすべての国民を対象に所得制限なしで行われるようになった。

そのため、多文化家族に対する保育料支援が逆差別であるという批判はできなくなった。しかし、この問題は解決済みとはいえず、温情主義的な多文化政策を進める以上、今後も多文化政策と社会保障の関係が問われるであろう。弱者集団の不利な現状を是正するためのアファーマティブ・アクションが、逆差別という理由ですべて否定されるべきではないにしろ、その政策の正当化は必要であろう。今後、韓国では福祉の原理が政党間の重要な争点になっていくと思われるが、それに伴い多文化政策の方向性をめぐる政党間の論争もさらに激しくなる可能性がある。

五　多文化政策の分岐

韓国においては、一九八〇年代までに外国人の比率は極めて低く、外国人の受け入れや社会統合に関する政策は皆無であったといってよい。こうした状況は二〇〇〇年代に入ってから変わった。三Ｋ（きつい、危険、汚い）業種の人材不足が深刻になった二〇〇〇年代前半から政府は公式に外国人労働力の受け入れを始めた。また、経済が成長するにつれ、国際結婚への需要が高まり、政府はそれを促す政策を行った。そして海外に居住する外国国籍同胞に対する包容政策も始まった。エスニックな問題がほとんど存在しない状況から、三K業種の人材不足と少子高齢化への対応および民族包容のために政策が進められたのである。こうしたなかで、在韓外国人も増加し、これに対応するために多文化政策が打ち出された。

単純労働者の受け入れの公認、外国人の参政権、多文化支援の法制化という点からみれば、韓国では日本よりも進んで多文化政策が行われているといえよう。しかも、政権交代が行われたにもかかわらず、多文化政策は重要な政策として推進されてきた。単一民族国家というイメージが強かった韓国において、これだけの変化があったことは評価できる。

しかし、政策の中身をみると、韓国の多文化政策は日本で進められている「多文化共生」に類似しており、多文化主義の実現とはいえない状況である（宮島 二〇一四）。韓国の多文化政策の主な対象になっている「多文化家族」への支援は、結婚移住者に限定され選別的に行われるうえに、その政策内容も文化的差異の承認とはかけ離れ、韓国社会への適応を重視するものであった。多文化支援といっても、韓国人の血がつながっている人や韓国の国籍をとる人のみが対象になるため、多文化家族の支援政策は民族主義の延長上にあるといわざるをえない。しかも、再分配の原則も確立していないまま多文化支援が増えてきたため、韓国人に対する逆差別という議論も生まれている。

このような問題点は、外国人が増加し、多文化政策が拡大されるなかで、アンチ多文化主義の動きも助長する可能性がある。ここで重要なのは、文化的差異をどこまで承認するかという点、不平等の是正と文化的差異の承認をどのように関係づけるかという点である。また、前述のように、従来の民族という概念の重要性は衰退してきたと思われたが、依然として重要な政治的争点になっている。民族主義を代替する社会統合の原理をいかに構

入門制度経済学

シャバンス　宇仁宏幸他訳　古典から最新の経済理論まで、制度をめ
る経済学の諸潮流をコンパクトに解説する。　四六判　200

ポストケインズ派経済学入門

M.ラヴォア　宇仁宏幸ほか訳　新古典派、新自由主義への強力な対
軸たるその理論と政策を平易に解説する待望の入門書。四六判　240

福祉の経済思想家たち［増補改訂版］

小峯敦編　福祉＝理想社会の設計をめぐって格闘した、経済学者たちの
跡。ベーシックインカムはじめ、最新のトピックも充実。A5判　240

ハイエクを読む

桂木隆夫編　ハイエクは本当に新自由主義の元祖なのか。ハイエク
の総体をキーワード別に解説する格好のハイエク入門。四六判　300

経済学の知恵〔増補版〕―現代を生きる経済思想―

山﨑好裕　スミス、マルクス、ケインズからロールズ、センまで26
巨人の思想から、現代経済を捉える思考力を鍛える。　四六判　250

日本を貧しくしないための経済学―ほんとうにだい お金の話―

上条勇　鮮やかに説く日本経済の現状、お金の正体に迫る豊富なコ
「豊かさ」を真っ向から問い直す痛快な入門書！　四六判　240

国際経済学入門［改訂第2版］―グローバル化と日本経済―

高橋信弘　国際経済学の基本をもとに、経済の仕組みをやさしく解
TPPや欧州債務危機など最新の情報をもとに分析。　A5判　320

ソブリン危機の連鎖―ブラジルの財政金融政策

水上啓吾　政府信用危機に繰り返し直面しながら、ブラジルはいか
て経済成長を達成してきたのか。　A5判　38

制度的企業家―若手からの問題提起―

藤本夕衣・古川雄嗣・渡邉浩一編　今後の大学を担う若手たちが、現
批判的検討を通じて、より望ましい方向性を模索する。四六判　24

ダイバーシティ・マネジメント入門―経営戦略と の多様性―

尾﨑俊哉　さまざまな人材の活用をめざすダイバーシティ・マネジ
ト。その経営戦略上の意義をわかりやすく紹介する。　A5判　22

保守的自由主義の可能性 ―知性史からのアプローチ―

佐藤光・中澤信彦編　バーク、オークショットから新渡戸、柳田まで
偉大なる保守主義者たちの思想を現代に蘇らせる。　**A５判　300**

他者論的転回 ―宗教と公共空間―

磯前順一・川村覚文編　排除された者の公共性はいかにして可能か。
者と共存する複数性の領域としての公共性を模索する。**A５判　380**

ポスト3・11の科学と政治

中村征樹編　東日本大震災が浮き彫りにしたさまざまな問題を、「科
をめぐるポリティクス」という観点から考察する。　**四六判　260**

日本の動物政策

打越綾子　愛玩動物、野生動物、動物園動物から実験動物、畜産動物
で、日本の動物政策・行政のあり方をトータルに解説。**A５判　350**

食の共同体 ―動員から連帯へ―

池上甲一・岩崎正弥・原山浩介・藤原辰史　食の機能が資本と国家に
って占拠されたいま、食の連帯の可能性を探る。　**四六判　250**

食と農のいま

池上甲一・原山浩介編　食べることと農業の多様なつながりから世界
読み解く。遺伝子組換えからフードポリティクスまで。**四六判　300**

多様化する社会と多元化する知 ―「当たり前」を疑うことで見える世界

片山悠樹・山本達也・吉井哲編　激動する現代社会をどう理解すればいいのか。社会科学の基本的な考え方を分かりやすく紹介。**A５判　240**

ローカル・ガバナンスと地域

佐藤正志・前田洋介編　シリーズ・21世紀の地域⑤　新自由主義的な
財政改革とともに普及した「ローカル・ガバナンス」とは。**A５判　280**

ケアの始まる場所 ―哲学・倫理学・社会学・教育からの11章―

金井淑子・竹内聖一編　臨床的ケア学のフロンティアを拓く。既存の
野の枠を超えた、気鋭の研究者達による実践的ケア研究。**A５判　220**

フランスの生命倫理法 ―生殖医療の用いられ

小門穂　生命倫理について包括的な規則を法で定めるフランス方式
効か。その実態を明らかにし今後の展望をうらなう。　**四六判　38**

]喰う近代—一九一〇年代社会衛生運動と アメリカの政治文化—

原宏之　反売買春運動における科学者・ソーシャルワーカー・財界人
の主導権争いが、米国の基層に刻んだ痕跡を探る。　A５判　3800円

アメリカ先住民ネーションの形成

崎佳孝　合衆国に存在する先住民ネーションは独自の憲法と統治構造を
ら、連邦政府との政府間関係も有する。その全貌を解明。　A５判　3500円

歴史としての社会主義—東ドイツの経験—

越修・河合信晴編　社会主義とは何だったのか。東ドイツを生きた人々
日常生活を掘り起こし、社会主義社会の経験を検証。　A５判　4200円

明日に架ける歴史学—メゾ社会史のための対話—

越修・矢野久　近現代ドイツを舞台に、中間領域の歴史＝メゾ社会史
構築を目指す、２人の歴史家の格闘と対話の記録。　四六判　3200円

モダン都市の系譜—地図から読み解く社会と空間—

内俊雄・加藤政洋・大城直樹　都市空間を生産する権力の諸相を、地
と景観の中に読み解く。　A５判　2800円

サークル村』と森崎和江—交流と連帯の ヴィジョン—

沼真由美　横断的連帯のヴィジョンを構想した『サークル村』の現代
意義を、森崎和江や谷川雁、上野英信を中心に問う。四六判　3800円

草叢の迷宮—泉鏡花の文様的想像力—

品理絵　鏡花が『草迷宮』において構築した絢爛たる植物的異世界を
み解き、後期の作品群におけるその後の展開を検証。四六判　3800円

命ユダヤ人の映画音楽—20世紀ドイツ音楽からハリ ウッド、東ドイツへの軌跡—

田智子　ワイマールからハリウッド、そして東ドイツへ。コルンゴルト
はじめ、歴史に翻弄されたユダヤ人作曲家達のドラマ。四六判　3800円

旅行のモダニズム—大正昭和前期の社会文化変動—

井正二　大正期の登山ブーム、旅行雑誌の役割等、旅行の近代化を巡る
]を分析。旅行を大衆文化へと変えた原動力を活写。　A５判　3300円

フランクフルト学派と反ユダヤ主義

丈周　憎悪からの解放はいかにして可能か。『啓蒙の弁証法』へと
達する「反ユダヤ主義研究プロジェクト」の全貌。　四六判　3500円

グローバル時代の難民

小泉康一　最新のデータから現状を描き出し、「難民」を再定義した上
正しい問題解決への道筋を示す。　**A 5 判　3700**

グローバル・イシュー　都市難民

小泉康一　かつて国連難民高等弁務官事務所に従事した著者が、農村か
都市部へ向かう難民の実態と、援助の形を包括的に議論。　**A 5 判　3700**

交錯する多文化社会 ―異文化コミュニケーショ を捉え直す―

河合優子編　日常の中の複雑なコンテクストと多様なカテゴリーとの
錯をインタビューやメディア分析等を通じて読み解く。**四六判　2600**

交錯と共生の人類学 ―オセアニアにおける マイノリティと主流社会―

風間計博編　オセアニア島嶼部における移民・「混血」、性・障害などの
族誌事例を提示し、現代世界における共生の論理を追究。**A 5 判　520**

響応する身体 ―スリランカの老人施設ヴァディヒティ・ ニヴァーサの民族誌―

中村沙絵　他人でしかない人々の間に老病死を支える関係性は、いかに築か
ているのか。スリランカの老人施設が投げかける問いとは何か。**A 5 判　560**

グローバル・イスラーム金融論

吉田悦章　グローバル化・高度化を続けるイスラーム金融を実証的に分
発展史から地域的特性、金融商品の内容など詳細に解説。**A 5 判　420**

イスラミック・ツーリズムの勃興 ―宗教の観 資源化―

安田慎　「宗教」と「観光」はいかに結びつくのか。イスラミック・ツ
リズムを巡る思想的系譜と市場形成を明らかに。　**A 5 判　300**

現代アラブ・メディア ―越境するラジオから 衛星テレビへ―

千葉悠志　国家主導のラジオ放送に始まり、いま国家の枠を超えた衛
放送時代を迎えたアラブ・メディアの姿を活写する。　**A 5 判　420**

イランにおける宗教と国家 ―現代シーア の実相―

黒田賢治　日常の信仰から国政までも指導するイスラーム法学者の実
に迫り、宗教界との関係から現代イランの実態に迫る。　**A 5 判　420**

昭和天皇をポツダム宣言受諾に導いた哲学者 ―西晋一郎、昭和十 の御進講とその周

山内廣隆　尊皇の哲学者は、なぜ敗戦を見据えた御進講を行ったのか
新史料を基に、講義の内容と終戦の決断への影響を解明。**四六判　180**

宗教の社会貢献を問い直す—ホームレス支援の現場から—
波瀬達也　現代における「宗教の社会参加」をいかにとらえるべきか。
ームレス支援の現場からその現状を問う。　四六判　3500円

概念分析の社会学—社会的経験と人間の科学—
井泰斗・浦野茂・前田泰樹・中村和生編　概念の使用法の分析から社
原理の一面に迫る、エスノメソドロジー研究の新展開。A 5 判　2800円

概念分析の社会学 2—実践の社会的論理—
井泰斗・浦野茂・前田泰樹・中村和生・小宮友根編　社会生活での多
な実践を編みあげる方法＝概念を分析。　A 5 判　3200円

最強の社会調査入門—これから質的調査をはじめる人のために—
田拓也・秋谷直矩・朴沙羅・木下衆編　16人の気鋭の社会学者たちに
る、面白くてマネしたくなる社会調査の極意。　A 5 判　2300円

エスノメソドロジーへの招待—言語・社会・相互行為—
ランシス＆ヘスター／中河伸俊他訳　家庭での会話から科学研究の現
まで、エスノメソドロジーの実践方法を平易に紹介。A 5 判　3000円

社会を説明する—批判的実在論による社会科学論—
ダナーマーク他／佐藤春吉監訳　存在を階層的なものとみる批判的
在論の視角が導く、新しい社会研究の実践への手引。A 5 判　3200円

パネルデータの調査と分析・入門
井淳也・水落正明・保田時男編　調査方法からデータハンドリング、そ
て分析までをカバーしたはじめての包括的な入門書。B 5 判　2800円

基礎から分かる会話コミュニケーションの分析法
奥克也　さまざまな会話コミュニケーションを明示的な方法論で観察。
論的かつ体系的に説明しようとする人のための入門。A 5 判　2400円

国際社会学入門
井香世子編　移民・難民・無国籍・家族・教育・医療……。国境を越え
グローバルな社会現象をさ様々な切り口から捉える。A 5 判　2200円

平等論—霊長類と人における社会と平等性の進化—
島秀明　人間が平等を求める動物であることを解き明かし、「人間の
そのものの基盤」としての平等の本質を描き出す。四六判　2600円

ウォーミングアップ法学
石山文彦編　いままでの入門書では難しすぎるという方に贈る「入門の
門」！　条文の読み方から、憲法・民法・刑法の基本まで。A5判　3000

法学ダイアリー
森本直子・織原保尚編　日常のよくある身近な事例を日記形式で取り
げ、そこから基本的な法律知識を学ぶ法学入門テキスト。B5判　2000

憲法判例クロニクル
吉田仁美・渡辺暁彦編　日本国憲法を理解する上で重要な79の判例を
選。概要、意義、背景、用語を見開きでコンパクトに解説。B5判　2300

地方公務員のための法律入門［第2版
松村享著　幅広い分野にわたる地方公務員として必要最小限の法律知
を平易に解説。行政不服審査法改正に対応した第2版。B5判　280

資本主義の新たな精神　上・下
ボルタンスキー=シャペロ/三浦直希他訳　新自由主義の核心に迫り、資本
義による破壊に対抗するための批判の再生を構想する。A5判各巻550

社会問題の変容—賃金労働の年代記—
ロベール・カステル　前川真行訳　労働の軌跡を中世から辿り返し、
安定労働をはじめ今日の社会的危機の根源に迫る大著。A5判　650

社会的なもののために
市野川容孝・宇城輝人編　平等・連帯・自律の基盤たるソーシャルの
念を取り戻すために、気鋭の思想家たちが徹底討議。　A5判　280

宇宙倫理学入門—人工知能はスペース・コロニーの夢を見るか？—
稲葉振一郎　宇宙開発はリベラリズムに修正をもたらすのか。宇宙
がもたらす哲学的倫理的インパクトについて考察する。四六判　250

同化と他者化—戦後沖縄の本土就職者たち—
岸政彦　復帰前、「祖国」への憧れと希望を胸に本土に渡った膨大な数の沖
若者たちのその後を、詳細な聞き取りと資料をもとに解明。　四六判　360

追放と抵抗のポリティクス—戦後日本の境界と非正規移民—
髙谷幸　非正規移民とは誰か。彼らを合法／不法に分割するものは何
戦後日本の非正規移民をめぐる追放と抵抗のポリティクス。A5判　350

国際政治のモラル・アポリア —戦争／平和と揺らぐ倫理—

橋良輔・大庭弘継編　人道的介入や対テロ戦争における標的殺害の是など、現代の国際社会が直面する道義的難問に挑む。 A５判　3800円

ナショナリズムの政治学 —規範理論への誘い—

光恒・黒宮一太編　規範理論の観点からナショナリズムを分析。本格な理論研究への端緒を開く、新しい入門書。 A５判　2600円

ウェストファリア史観を脱構築する —歴史記述としての国際関係論—

下範久・安高啓朗・芝崎厚士編　ウェストファリア体制に現在の国際ステムの起源を見る国際関係論の限界に挑む。 A５判　3500円

欧州周辺資本主義の多様性 —東欧革命後の軌跡—

ーレ＆グレシュコヴィッチ／堀林巧他訳　中東欧の旧社会主義圏11カの体制転換を、ポランニー理論に基づいて分析する。 A５判　4800円

EUの規範政治 —グローバルヨーロッパの理想と現実—

井陽一郎編　EUの対外的な規範パワーはいかにして形成されるのか。際規範を構築するEU、そのメカニズムに迫る。 A５判　3500円

近代日本政治思想史 —荻生徂徠から網野善彦まで—

野有理編　江戸期国学者たちから1970年代まで、近現代の日本を舞台繰り広げられた論争を軸に思想史を読み解く。 A５判　4000円

立法学のフロンティア

上達夫編集代表　より良き立法はいかにして可能か。民主社会における法の意義を問い直し、立法学の再構築を目指す。全３冊　A５判　各3800円

しきリベラリストとその批判者たち —井上達夫の法哲学—

田裕英・大屋雄裕・谷口功一編　井上達夫の法哲学世界を、著書別・ーワード別に解説。その全体像を明らかにする。 A５判　3000円

人権保障の現在

田仁美編　外国人公務就任権、脳死移植、政教分離等、日本国憲法の下の人権保障の現状を最新論点を踏まえ多角的に論じる。A５判　3400円

リバタリアニズムを問い直す —右派／左派対立の先へ—

原明雄　自由主義か平等主義か。右派左派に引き裂かれたリバタリアニの議論状況を整理し、自由とは何かを根底から問う。四六判　3500円

ポスト代表制の政治学 —デモクラシーの危機に抗して—
山崎望・山本圭編 代表制はその役割を終えたのか。代表制の機能不
が指摘されるなか、代表制の意義と限界を問い直す。 **四六判 3500**

デモクラシーの擁護 —再帰化する現代社会で—
宇野重規・田村哲樹・山崎望 現代の困難に立ち向かうための選択肢
デモクラシーしかない。新時代のデモクラット宣言。 **四六判 2800**

模索する政治 —代表制民主主義と福祉国家のゆくえ—
田村哲樹・堀江孝司編 様々な挑戦に晒されながら新しいあり方を模
するデモクラシーの姿を多様な事例をもとに考察する。 **A5判 480**

実践する政治哲学
宇野重規・井上彰・山崎望編 外国人参政権から安全保障まで現代の様
な難問に政治哲学が解答を与える！ 実践的入門書。 **四六判 300**

代表制民主主義を再考する —選挙をめぐ三つの問い
糠塚康江編 議員と有権者をむすびつけるものは何か？ 選挙区と選
の抱える問題を問い直し、〈つながりの回復〉をめざす。**四六判 460**

国際政治哲学
小田川大典・五野井郁夫・高橋良輔編 国際的な諸問題を哲学的に考
するための理論と概念装置を網羅した最強のテキスト。 **A5判 320**

ヨーロッパのデモクラシー [改訂第2版
網谷龍介・伊藤武・成廣孝編 欧州29ヵ国の最新の政治動向を紹介。
州諸国は民主主義をめぐる困難にどう立ち向かうのか。 **A5判 360**

連邦制の逆説？ —効果的な統治制度か—
松尾秀哉・近藤康史・溝口修平・柳原克行編 統合と分離という二つの
クトルに注目し、現代における連邦制の意義を問い直す。**A5判 380**

紛争と和解の政治学
松尾秀哉・臼井陽一郎編 「和解」の系譜をたどり、国内外の紛争の事
をもとに和解の可能性を探る紛争解決のための政治学。 **A5判 280**

国際関係論の生成と展開 —日本の先達との対話—
初瀬龍平・戸田真紀子・松田哲・市川ひろみ編 坂本義和から高橋進
平和の問題を真剣に考え続けた約20人の先達たちの足跡。**A5判 420**

築するかという問題は残されているのである。これらの問題は韓国の多文化政策を進めるうえで非常に重要な問題であるにもかかわらず、その議論は先送りにされてきた。これらをめぐる政治的対立の帰結が韓国の多文化政策を規定する重要な要因になると考えられる。

＊本章は、韓国研究財団（NRF-2013S1A5A2A03044657）の助成を受けたものである。

注

（1）ただし、このような政策は多文化主義を実現するものではなく、単に同化主義にすぎないという主張もある。この論争については、鄭莊燁・鄭淳官（二〇一四）を参照。

参考文献

【日本語文献】

安周永（二〇一三）『日韓企業主義的雇用政策の分岐──権力資源動員論からみた労働組合の戦略』ミネルヴァ書房。

ヴィヴィオルカ、ミシェル（二〇〇九）『差異アイデンティティと文化の政治学』宮島喬・森千香子訳、法政大学出版局。

白井京（二〇〇八）「韓国の多文化家族支援法──外国人統合政策の一環として」『外国の立法』二三八号、一五三─一六一頁。

宋嶦營（二〇〇九）「韓国における国際結婚女性移住者に対する政策の転換とその要因」『政策科学』一七巻一号、七七─九〇頁。

薛東勳（二〇一一）「韓国の移民政策と多文化社会の建設」春木育美・薛東勳編『韓国の少子高齢化と格差社会──日韓比較の視座から』慶應義塾大学出版会、一一五─一三七頁。

宣元錫（二〇〇九）「韓国における外国人政策の新たな展開──外国人の地位と統合政策」庄司博史編『移民とともに変わる地域と国家』国立民族学博物館、一八五─二〇六頁。

──（二〇一〇）「移民政策のマネジメント化──保守政権下の韓国の移民政策」『移民政策研究』第二号、一〇五─一一八頁。

鄭雅英（二〇〇八）「韓国の在外同胞移住労働者──中国朝鮮族労働者の受け入れ過程と現状分析」『立命館国際地域研究』第二六号、七七─九六頁。

――（二〇一四）「韓国の『多文化政策』と多文化主義言説」『立命館経営学』五二巻四・五号、一四五―一六二頁。

春木育美（二〇一四）「日本と韓国における外国人政策と多文化共生」『東洋英和大学院紀要』一〇巻、一七―二七頁。

フレイザー、ナンシー（二〇〇三）『中断された正義――「ポスト社会主義的」条件をめぐる批判的省察』仲正昌樹監訳、御茶の水書房。

宮島喬（二〇一四）『多文化であることとは――新しい市民社会の条件』岩波書店。

宮本太郎（二〇一三）『社会的包摂の政治学――自立と承認をめぐる政治対抗』ミネルヴァ書房。

河相福・金スザ（二〇〇九）「民族主義」姜正仁他『韓国政治の理念と思想――保守主義・自由主義・民族主義・急進主義』フマニタス。


【韓国語文献】

姜ミオク（二〇一四）『保守はなぜ多文化を選択したのか――多文化政策を通してみた保守の大韓民国企画』想像ノモ。

郭載碩（二〇一一）『在外同胞移住現況及び向後対策方向』法務部出入国／外国人政策本部。

金基河（二〇〇八）「社会統合のための方の役割――国内滞在外国人政策」『ジャスティス』一〇六号、二一八―二三七頁。

金ジョンソン（二〇一一）「市民権のない福祉政策としての韓国式多文化主義に対する批判的考察」『経済と社会』九二号、二〇五―二四六頁。

金テウォン／金ユリ（二〇一二）「多文化家族政策を通した社会統合水準の分析――Castles and Millerの模型を中心に」『人文研究』六二号、三二三―三六二頁。

朴眞炅（二〇一〇）「韓国の多文化主義と多文化政策の選択的受容」『韓国政策学会報』一九巻三号、二五九―二八八頁。

法務部（二〇〇二）『出入国管理統計年報』。

――（二〇〇六）『出入国・外国人政策統計年報』。

――（二〇一〇）『出入国・外国人政策統計年報』。

――（二〇一四）『出入国・外国人政策統計年報』。

外交部（二〇一五）『在外同胞現状』。

ユ・イジョン（二〇一四）「多文化政策の歴史的変遷家庭と多文化法制――韓国と西欧の政策・法比較を中心に」『西洋史学研究』三〇号、二一七二―四四頁。

尹麟鎮（二〇〇八）「韓国的多文化主義の展開と特徴――国家と市民社会の関係を中心に」『韓国社会学』四二巻二号、七二―一〇三頁。

――――（二〇一三）『東北アジアの国際移住と多文化主義』ハンウルアカデミ。

李ソンオク（二〇〇七）「韓国における移住労働運動と多文化主義」呉キョソク『韓国における多文化主義――現実と争点』ハンウル。

李勝雨（二〇〇八）「婚姻移住女性の地位と法的問題」『ソウル法學』一六巻一号、一二五―一五八頁。

李淙斗・白美然（二〇一四）「韓国の特殊性と多文化政策」尹麟鎭・黄晶美編『韓国多文化主義の省察と展望』亜研出版社、二〇一―二三三頁。

李ジンソク（二〇一四）「韓国の多文化政策と民族主義」『民族と思想』八巻三号、一九九―二三一頁。

李惠卿（二〇〇七）「移民政策と多文化主義―政府の多文化政策評価」韓国社会学会『韓国的多文化主義の理論化』二一九―二五〇頁。

田慶根（二〇一五）「多文化家族支援法制の現況と改善方案」『ジャスティス』一四六巻二号、二九三―三一四頁。

鄭荘燁・鄭淳官（二〇一四）「韓国多文化加速政策の正向的分析――同化主義と多文化主義」『地方政府研究』一七巻四号、一二一―一四二頁。

ジュ・ソンフン（二〇一〇）『多文化家族支援事業の問題点と改善課題』国会予算政策処。

外国人政策委員会（二〇〇八）『第一次外国人政策基本計画』。

――――（二〇一二）『第二次外国人政策基本計画』。

統計庁（各年度）『人口統計動態年報（婚縁、離婚編）』。

韓健洙（二〇一四）「韓国社会の多文化主義嫌悪症と失敗論」尹麟鎭・黄晶美編『韓国多文化主義の省察と展望』亜研出版社、三三―六一頁。

行政自治部『二〇一五年地方自治団体外国人住民現況』。

第六章　スウェーデン福祉国家における移民問題と政党政治

渡辺博明

一　スウェーデンの移民と多文化主義

「スウェーデン」と聞いて、北欧の小国に金髪、碧眼、長身の人々が暮らしている、と想像する人は少なくないだろう。しかし、ひとたび同国を訪れれば、そのような容貌の人ばかりではないことにすぐに気づくはずである。過去数十年にわたって世界各地から移民を受け入れてきたスウェーデンには、多くの日本人が思う以上に多様な人々が住んでいる。

スウェーデンの人口はおよそ九五〇万であるが、同国でいう「移民」、すなわち「外国生まれ、または両親ともに外国生まれの人」は、その二割に達している[1]。また、そこに含まれない「三世」や、一方の親のみが外国生まれの人も数えれば、国外にルーツをもつ人の割合はさらに高くなる。最近でも、シリア内戦による難民を中心に、多くの庇護申請者を受け入れており、移民の割合はますます大きくなりつつある。

その一方で、スウェーデン政治においてはここ数年、反移民を党是とするスウェーデン民主党が急速に勢力を広げている。同党は、二〇一〇年選挙で国政進出を果たすと、続く一四年選挙で議席を倍以上に増やし、社民党と保守党に次ぐ第三勢力となった。そして二〇一四年一二月には、次年度予算の審議をめぐり、左派連立政権を崩壊寸前にまで追い込むほどの影響力を示した(渡辺 二〇一五：八二)。

こうした動きについて、移民が増えるなかでそれに反対する政党が力を伸ばしたという点では、近年のヨーロッパ諸国に共通する現象にも見える。しかしスウェーデンでは、一九七〇年代以降、人道主義に基づく移民の受け入れと多文化主義が国の公式な方針として定着しており、他国から移り住んだ人々が、同国の特徴でもある普遍主義的な福祉国家の中に統合されてきた(詳細は後述)。そして比較的最近まで、その数の大きさに比して移民への批判は少なく、排外主義的な動きも、少なくとも政党が議席を増やすという形にはならなかった。その点は、人口に占める移民の割合がスウェーデンより小さい他の北欧諸国で、移民を批判する政党の議会進出や政権参加が早くから見られたこととも異なっている。

近年のスウェーデン政治は、スウェーデン民主党の台頭によって移民問題への注目が高まる一方、他の既成政党は基本的にそれが争点化することを避けようとしている点で、やや特殊な状況にある。また、しばしば指摘されるように、移民をめぐる問題は、実態という以上に認知の問題であり、さまざまな論点と結びついて争点化する可能性をもつ(島田 二〇一一：六一―一三)。世界でも有数の移民受け入れ国であり、ヨーロッパで最も寛大な移民政策をとってきたスウェーデンで、近年になって反移民政党が急速に支持を伸ばしたことにはどのような背景があるのだろうか。また、そのような動きが同国の福祉国家と民主政治にどのような影響をもたらしているのだろうか。

本章では、スウェーデンにおける移民の増大と福祉国家との関係を概観した後、スウェーデン民主党の性格や主張、支持者像について検討する。そのうえで、現代スウェーデン政治における移民問題の意味を考えるとともに、「難民危機」が先鋭化している現状についてもふれることとする。

二　移民政策と福祉国家

移民の受け入れ

スウェーデンは、一九三〇年代に移民の「送り出し国」から「受け入れ国」に転じると、第二次世界大戦後にはその数を急速に増やしていった。同国への移民の動向については、大きく二つに分けることができる。すなわち、一九七〇年代初頭までは経済的な理由によるもの（労働移民）が主体であったのに対し、それ以降は政治的理由によるもの（難民、亡命者など）が多くなっているのである。

まず、労働移民については、第二次大戦の戦禍を免れたスウェーデンが、その直後から工業生産を拡大させていくなかで、フィンランドをはじめとする近隣諸国から働き手を招き入れたことから始まった。その後も経済成長が進むなかで東欧諸国やギリシャ、ユーゴスラビアなどから、金属産業、パルプ産業、繊維産業等での労働力を受け入れた。その際、基本的に送り出し国の政府と協定を結んで募集する形をとったが、当時は入国や滞在に関する規制が緩かったため、観光ビザ等で入国し、職に就いた後で在留許可を得て定住する者も多かった（Lundh 2005：28）。しかし、そのような状況に労働組合が異議を唱えるようになると、一九六〇年代には経営者団体、労働市場庁との協議がもたれ、就労許可と在留許可の手続きが厳格化されていった。その後、七〇年代になって経済成長が失速したこともあり、八〇年代以降は就労許可の件数が極端に少なくなった。

他方でこの頃から、難民や亡命者など、政治的な理由による移民が増え始めた。それ以前から、当時の東西冷戦下にあって国連重視の中立外交を貫き、広く対外援助と人道的支援に取り組んでいたスウェーデンは、朝鮮戦争やハンガリー動乱、ベトナム戦争などによる難民や孤児を引き受けていたが、その後もチリのクーデタ、レバノン内戦、イラン革命およびイラン・イラク戦争といった政変や戦争で国を追われる身となった人々を受け入れた。九〇年代になると、内戦や混乱が続く旧ユーゴスラビアやアフリカ北東部の紛争地帯（ソマリア、エリトリア）からも、それぞれ数万人規模で難民を受け入れた。これらは基本的にジュネーブ条約（戦争犠牲者・難民の保護に関する国際条約）の基準に基づいていたが、スウェーデンの場合、戦傷者や拷問被害者などの独自の基準をも設けていた（*Ibid.*：40–41）。二〇〇〇年代になると、アメリカが軍事介入を行ったイラクから一〇万人以上の難民がスウェーデンに入っている。さらには、こうして受け入れた移民の親族として多くの人々がスウェーデンに移住している。

移民の社会統合

スウェーデンでは当初より、国外からの労働者の定住を想定して受け入れる傾向が強く、親族の呼び寄せにも寛容であった(2)。そして、それらの人々に対して、さまざまな公的サービス、社会保障などをスウェーデン人と同等に認める一方で、言語や生活様式などの面では基本的にスウェーデン社会に順応するよう求めていた。

しかし、やがてヨーロッパ以外の地域からの人々も増えると、さまざまな軋轢が生じるようになる。それを受けて議会では、移民に「スウェーデン人」と同等の権利を保障するだけでなく、その文化的背景をも尊重すべきだと考える方向での議論が進んだ。その結果、「平等、選択の自由、スウェーデン人と移民の協調」が重視されるようになり、移民政策の目的が、「同化」から、差異を認めたうえで共存しあう「多文化主義的統合」へと転換された（Hammarén 2010：208）。一九七六年の憲法改正の際には、「民族的、言語的および宗教的少数派が自らの文化および共同体的生活を維持し、発展させる機会が増進されるべきである」（第二条）との一文が加えられ、同時に「法律その他の規則は、人種、皮膚の色、民族的出自の点で少数派に属する市民を不利に扱う内容を含んではならない」（第一二条）とする差別禁止規定も導入された(3)。こうしてスウェーデンでは、多文化主義が国の公式な方針となったのである。

一九七七年には、移民、特にその子どもにスウェーデン語だけでなく出身地域の言語を習得する機会をも保障するため、母語教育への公費助成が始まったが、それはスウェーデンの多文化主義を象徴する制度となった（Hilson 2008：161–164）。さらに、反差別教育にも力が入れられ、八六年には人種差別を防ぐための「反差別オンブズマン」も創設された。

こうした移民政策の展開の一方で、第二次世界大戦後に発展を遂げた福祉国家のあり方も、移民の処遇に大きく影響した。スウェーデンの福祉国家は、公共部門の大きさと社会保障の体系性によって特徴づけられ、国際比較においてはしばしば「社会民主主義型」とも呼ばれる（詳細については、渡辺 二〇一三 aを参照のこと）。その形成過程で作用したと考えられる基本原理の中でも、特に普遍主義や就労主義（就労原則）が移民の社会統合にも深く関わっていた。

まず、普遍主義とは、経済状況その他の事情に関係なくすべての人を公的サービスの対象にするという考え方であり、移民にも当初より完全な福祉受給権をともなうシティズンシップが与えられた（Hilson 2008：156–157）。さらに、公的施策の対象を自活が困難な者に限定しようとする選別主義とは異なり、受益者と負担者が分断されることがないため、様々に異なる立場の人々が対立することなく共存しやすい。スウェーデンでは、労働組合を含む公的福祉推進勢力も、移民に対しては各種受給権を制限するのではなく、それらを付与して包摂する方針を支持していた（Ryner 2002：22–23, 213 n.9）。

次いで、就労主義とは、同国に一九三〇年代からあったもので、人々は就労を通じて社会に統合されるという考え方であり、基本的にはそれが移民にも適用された。その際に特に重視されたのはスウェーデン語の習得であり、この点については、六〇年代半ばから無償で提供される「移民のためのスウェーデン語」講座が制度化されていた。また、移民の就労支援策も重視されており、言葉を覚え、職を得て経済的にも自立することが目指された。

さらに、スウェーデンの移民政策の特徴は、市民権付与の寛大さにあるといってよい。かつては正規雇用で三年間働けば、原則として国籍を取得することができたし、スウェーデン人と結婚した場合は二年間でそれが認められた。同国では外国生まれの住民のうち三分の二ほどが国籍を取得しており、その割合は国際比較においても高い部類に入る（Schierup *et al.* 2006：33）。また、国籍がなくても三年以上合法的に滞在すれば、居住地での地方参政権が付与される。こうした「市民的統合」路線の採用は一九七〇年代とヨーロッパでも最も早く、二〇〇〇年代に入っても多文化主義への抵抗は比較的小さかった（Mulkahy 2011：103–107）。

社会統合の機能不全

スウェーデンでは、一九七〇年代以降、上述のような社会統合を進める政策が採られてきたが、一九九〇年代に入ると、いわゆるバブル経済の崩壊とともに、第二次世界大戦後最悪といわれた経済危機に見舞われることとなった。九一年にはＧＤＰがマイナス成長を記録し、財政収支も赤字となった。雇用も減少し、それまで三パーセント以下であった失業率も一気に八パーセント台に上昇した。その後、九〇年代後半に経済・財政状況は回復したが、失業率は元の水準に戻ることがなかった。この間にも、旧ユーゴスラビアやアフリカ北東部の紛争地域からの難民を中心に受け入れは続くとともに、この頃から、国内生まれの者と国外生まれの者との経済格差が拡大し、後者の構造的な周辺化が進んでいった（SCB 2009：54–56）。特に雇用機会の偏りは顕著で、移民の場合、製造業、飲食業、介護、家事補助などの分野での雇用が多いが、その賃金は相対的に低く、失業率は国内生まれの者の二～三倍に上った。

移民の社会的周辺化を象徴する集住化も進んだ。今日では、ストックホルム、イェーテボリ、マルメの三大都市のそれぞれに移民が集中する地区がある。それらは、高度経済成長期に都市部へ移住する労働者のために建てられた公営住宅に、家賃が安いことから移民が多く住むようになり、出身地ごとのコミュニティーも形成される一方で、ネイティブがそのような地域を避けるようになることによって生まれた。特にマルメのローセンゴード地区は約二万人の住民のうち九割近くが移民であるほか、ストックホルム近郊の工業地域であるセーデテリエ市では人口の三割以上を移民が占めるようにもなっている。

また、特に深刻な問題となるのは、若年層の周辺化である。彼らは、住環境、言語能力、(早期の有効な) 学習経験、教師や親からの支援などの点でネイティブに比べて不利な条件の下におかれることが多く、社会から疎外され、自らを社会の「よそ者」と感じながら暮らしていくことになる (Hammarén 2010：229)。こうした状況は、移民が自らを代表される機会を欠いたまま非政治化され、民主政治の過程からも排除される傾向につながっている (Dahlstedt 2005)。

そのようななか、二〇〇〇年代になると移民への自立支援が政策的目標とされる一方、社会統合の機能不全が問題化し始めた。移民の就労率が下がり、各種福祉手当の受給が増えるにつれ、統合政策の柱であった言語習得支援と就労支援の有効性にも疑問が投げかけられるようになった。「移民のためのスウェーデン語」講座については、受講者の水準に合わせたコース分けが進むとともに、内容面でもスウェーデンの文化や社会の仕組みを学べるようにし、就業に役立つように改善がはかられた。しかし、難民の中には出身国で初等教育さえ受けられなかった者もいて、受講者間の学習経験の差が大きいうえに、十分な技量を備えた教員の確保が難しいなど、さまざまな困難があった。さらには受講を断念したり放棄したりする者も増える傾向にあった。就労支援については、語学講座との連携を強め、実地訓練（研修）の制度を充実させるなどの改革が進められたが、経済状況の悪化や移民数の増大もあって十分な成果があがらない状態が続いた（渡辺 二〇一三b：一一六）。

これらについては、しばしばメディアでも取りあげられるようになり、さらなる改善策が検討されるようにもなったが、人道的見地からの難民受け入れの継続と、多文化主義を重視して社会統合を目指すという移民政策の基本方針については、他の点では対立することも多い諸政党の間でもあらためて議論されることはなかった。そうするうちにも、イスラム教徒の移民との間での文化摩擦や、不法滞在者の増加、移民の違法就労問題（とりわけ肉体労働や家事手伝いでの違法な雇用）などが取りざたされることも増え、それらが「移民問題」として政治化される可能性が高まっていった。そのような状況の下で、さまざまな観点から移民を批判するスウェーデン民主党が国民の間で支持を広げていったのである。

三　スウェーデン民主党の台頭

党の起源

のちにスウェーデン民主党の初代党首（代表）となる電子技師のセイロンは、スウェーデンで多文化主義が公式に採択されたことに不満をもっており、一九七九年に知人と二人で移民政策を批判するビラを撒いた。そこには「スウェーデンをスウェーデンのままに（Bevara Sverige svenskt）」とのスローガンとともに、「スウェーデン人のスウェーデンがなくなってしまう」「国民は、スウェーデン語ではない雑多な言葉を話すチョコレート色の肌の人々の寄せ集めとなる」などと書かれていた。それを機に、彼らに同調する者が集まり、上記スローガンを名称とする運動組織が作られた（以下組織としてはＢＳＳと略記）。そこにはネオ・ナチやファシストの諸団体からの参加者も多く含まれていた（Ekman/Poohl 2010：22–23）。

ＢＳＳは一九八二年に初の全国大会を開き、翌八三年には綱領を作成したが、そこには、「スウェーデンへの移民は文化的、民族的に近い国からのみ受け入れる」「外交官や留学生を除き、外国人が三年以上スウェーデンに滞在することはできない」「外国の子どもを養子にとることは禁じられる」といった排外主義的主張が並んでいた。ＢＳＳは他のネオ・ナチ組織との合併、分裂の後、八八年選挙を前にスウェーデン民主党を結成した(4)。翌年、党大会を開きクラーストレムが党首に選出された。彼は、八〇年代に入ってからも移民や同性愛者への暴行事件を起こしていたネオ・ナチ政党、北欧国家党の出身者であり、自身も左派の書籍を扱う書店に対する破壊行為や偽の爆弾による脅迫事件に関与していたが、党内では彼の話術と指導力が評価されていた（*Ibid.*：78–79）。

この頃のスウェーデン民主党は、「政党」になったとはいえ、「スウェーデンをスウェーデンのままに」のスローガンを掲げ続け、国旗に松明の炎を組み合わせたシンボルマークを用いたり、鍵十字の旗を掲げ、幹部がナチの制服を着て演説を行ったりする組織であり、一般には非民主的な極右勢力と見られていた。同党は、一九九〇年代に入っても、政党として反移民の主張と多文化主義批判を展開するだけでなく、人種差別発言を繰り返したり、制服を着たスキンヘッドの党員たちが集会を開き、ナチス式の行進を行うような集団であった（Slätt red. 2004：29–32）。

穏健化と議会進出

スウェーデン民主党は、結党後すべての選挙に候補者を立て続け、地方議会では、南部を中心に少しずつ議席を得るようになったが、国政レベルでは、一九九〇年代を通して得票率が一パーセントに満たない泡沫政党であった。しかし、九〇年代半ば以降、徐々に組織改革を進め、活動を穏健化させていく。

一九九五年に、かつて中央党の地方政治家であったヤンソンが党首になると、対外的な印象を改めることに真剣に取り組み始める。彼は、党首就任後の党大会で、集会や行進の参加者に対し飲酒と喫煙を禁止するとともに、鍵十字旗など、ナチスを連想させるような表象の使用を禁じた。党内では、かつて自らの存在感を示すために用いた活動スタイルがむしろ有権者を遠ざけているということが自覚され、街頭集会や行進も徐々に行われなくなっていった（Ekman 2014：59–61）。

二〇〇〇年代に入ると、スウェーデン民主党は、フランス国民戦線やデンマーク国民党など、他国で一定の成功を収めていた右翼政党を意識してさらなる党改革をはかった。二〇〇一年により過激な志向をもつ一団が新組織を作って脱退したこともあり、主張や活動スタイルの穏健化が進んだ。二〇〇二年に元保守党議員のアンダションが加入し、政党政治や国政の経験を党にもたらしたことも、そうした動きを加速させた。

さらにスウェーデン民主党にとって大きな転機となったのが、二〇〇五年の執行部交代である。この年の党大会で、当時二五歳の党青年部議長、オーケソンが党首に抜擢されるとともに、同党が勢力を広げつつあった南部スコーネ地方から、幹事長となるセーデルら三人の若手活動家が、上述のアンダションとともに執行部に入った。新執行部は、党員の差別発言や暴力行為を厳しく取り締まるとともに、極右イメージの払拭に努めた。党のシンボルマークも、先述の国旗を用いたものに代えて、ユキワリソウの花を図案化したものを採用し、党の刷新をアピールしながら議席獲得を目指して精力的に活動を続けた。

イラクからの難民を中心に移民が増え続けるなかで行われた二〇〇六年の選挙では、得票率二・九パーセントを記録し、スウェーデンの比例代表制選挙における議席獲得要件の四パーセントには届かなかったものの、政党への国庫補助を受けられる条件を満たし、一定の成果を得た。その後も彼らは、移民批判を繰り返しながら、政治活動のスタイルとしては、民主政治のルールを守ることを強調し続けた。そして、中道右派の四与党連合に左派三党も選挙連合を結成して対抗したため、すべての議会政党が二陣営に分かれて対決することとなった二〇一〇年選挙において、スウェーデン民主党は五・七パーセント、二〇議席（総議席数三四九）を得て、ついに国政レベルで議会進出を果たした。

こうして議会政党となったスウェーデン民主党ではあるが、その後、国会議員となった二人を含む党員による過去の差別発言と暴力行為が映像とともに公表された「鉄パイプ事件」を筆頭に、不祥事が相次いた。それにもかかわらず同党への支持は伸び続け、二〇一四年選挙では一二・九パーセント、四九議席と躍進し、社民党、保守党に次ぐ第三党となったのである。

スウェーデン民主党の主張

まず、彼らが国政進出を果たした二〇一〇年の選挙綱領を見てみよう。それは『スウェーデンを我々の手に取り戻そう』と題したリーフレットにまとめられ、そこには「責任ある移民政策」、「安心で尊厳ある老後」、「犯罪への妥協なき対応」が「三つの重点領域」として挙げられていた（Sverigedemokraterna 2010）。すなわち、第一の移民政策については、難民受け入れと家族呼び寄せを制限するよう主張するとともに、入国者への在留許可や市民権付与の厳格化を求め、さらには、スウェーデンのイスラム化を阻止する、という主張が続いた。第二の高齢者政策については、年金生活者の経済状況の改善や要介護高齢者の食生活の改善とともに、要介護高齢者が配偶者と暮らす権利をも保障すべきだと主張していた。三つ目の犯罪への対処については、重大犯罪・再犯に対する厳罰化、重大犯罪者の移民の国外追放、小児性愛者の登録制の導入などが目標として挙げられていた。

これらが示すのは、彼らが移民の存在を文化変容、高齢者福祉、犯罪など、さまざまな論点と結びつけて批判していることである。また特に、移民の受け入れや社会統合に充てている財源を、高齢者を中心としたネイティブの人々への施策の維持・改善に用いるべきだと主張する点では、いわゆる福祉排外主義の性格が強い。福祉政策への支持を明確にしている点では、長く同国福祉国家の担い手と目されてきた社民党の立場とも重なる部分があり、そのことが彼らへの支持の伸びの一因になったとも考えられる（清水 二〇一一：一五—二〇）。移民を嫌い、自民族中心の主張を掲げる点では「右翼」と呼びうるが、スウェーデンの福祉国家についてはむしろ擁護する姿勢をとっており、経済自由主義的なポピュリスト政党とは異なっている。

次いで彼らが議席を大幅に増やした二〇一四年選挙の綱領を見てみよう。そこでは何より分量や言及される政策領域が大きく増えていることが注目される。それは二四ページの冊子となっており、愛国を強調する導入部分から始まって、高齢者、治安、移民、労働者、失業者、雇用、医療、学校教育、防衛、環境・エネルギー、男女同権、文化、農業、動物愛護、ＥＵ、国際関係、社会的弱者への支援と続き、最後にスウェーデン国家の結束が掲げられる（Sverigedemokraterna 2014）。

ここからわかるのは、導入部に続く最初の三点は、二〇一〇年の選挙綱領で示されていたものと同じだということである。また、ほとんどあらゆる政策領域が取り上げられているが、マクロな経済政策や企業活動の環境整備といった視点は弱く、むしろ資本主義社会における弱者の立場からの主張が目立つ。さらに導入と結びの部分で自国ないし自民族中心主義の発想が見られるほか、文化政策についても、独自性の維持が強調される点でナショナリズムも明確に現れている。

これらのことから、近年のスウェーデン民主党については、いっそうの穏健化ないし既成政党化が進んでいるようにも見える。移民政策に関しても、移民そのものを否定する形はとらず、「団結と福祉を進める移民政策を」として、独自の文化やアイデンティティを維持しながら、自国にとって負担ではなく資源になりうるような形で受け入れるべきだとされる（*Ibid.*：7）。

とはいえ、他方で二〇一四年のウェブサイトには、移民を大量に受け入れることは莫大な経済的コストをともなうため、「今日の私たちは移民と福祉のどちらをとるかという選択を迫られている」とある（スウェーデン民主党ウェブサイト http://www2.sverigedemokraterna.se.var-politik、二〇一四年九月一四日閲覧）。これは二〇一〇選挙の前に民間放送局（ＴＶ４）が、ブルカを被った女性たちの扱われ方が人種差別的であるとして放映を拒否したことで話題となった宣伝映像（Häger 2012：29-31）と同じ主張であった。ジャーナリストとして長年にわたりスウェーデン民主党を取材してきたバースは、移民の大幅な制限と多文化主義の破棄という同党の究極の目標は結党当初からまったく変わっておらず、それは今も「スウェーデンをスウェーデンのままに」という言葉に集約される、と述べている（Baas 2014：7）。

スウェーデン民主党の支持者

それでは、どのような人々がスウェーデン民主党を支持し、投票しているのだろうか。国営放送と共同で大規模な調査を行っているイェーテボリ大学のグループが二〇一〇年選挙について分析したものを見てみよう（Oscarsson/Holmberg 2013：137-141）。

それによると、第一に、性別では男性の支持者が明らかに多い。スウェーデン民主党への投票者のうち女性は三六パーセントのみで、それは二〇〇六年の調査結果とほぼ同様であった。第二に、年齢で見るとスウェーデン民主党への投票者には若年層が多い。ただし、男性については、女性と異なり、六〇歳代を中心とした高齢者層にも支持者が多い。

第三に、スウェーデン民主党への投票者には産業労働者が多い。その六二パーセントが自身を労働者だと認識しているが、これは有権者全体における数値より二二ポイントも高くなっている。投票者における労働者の割合は、伝統的な労働者政党である社民党や左翼党よりも高い。しかし、労働組合加入者に限ってみると、社民党や左翼党支持者が多く、スウェーデン民主党は未組織労働者に支持される傾向にある。また、自身を事務職員（ホワイトカラー）と認識している者は二一パーセントで、有権者全体における数値より二三パーセントも低くなっている。

第四に、学歴や教育水準で見ると、スウェーデン民主党の支持者は平均より明らかに低い。大学卒業水準の者は一〇パーセントで、有権者全体の数値より一六ポイント低く、逆に義務教育のみ（日本の中学校卒業相当）の者が二八パーセントで、全体より八パーセント多い。第五に、所得水準で見ると、高所得者は同党への投票者の一一パーセントで、有権者全体より一一パーセント低い。他方、失業者および職業訓練中の者は一四パーセントで、全体の数値より六パーセント高くなっている。最後に、出身地域で見ると、スウェーデン民主党への投票者の二九パーセントが地方（非都市部）で育っており、その数値は全体より五パーセント高くなっている。

また、上述の調査では、①政治家への信頼、②政治的関心、③政党帰属意識、④政治的知識、⑤教育経験の五つの指標に基づき、各党の支持者像が比較されるが、スウェーデン民主党への投票者については、政治家への信頼が著しく低く、教育と知識の水準も平均よりは明らかに低い（政治的関心と政党帰属意識は平均よりやや低い程度）。全体として、二〇一〇年選挙では得票を大きく伸ばして議会進出を果たしたにもかかわらず、二〇〇六年選挙時の傾向とあまり変わっていないことが指摘されるとともに、「非都市部出身の低学歴の若い男性労働者」というしばしば語られる同党の支持者像（たとえば、Bengtsson 2009：56–58）が肯定される結果にもなっている。

続いて、支持の理由について見てみよう。二〇一〇年選挙における公営放送の出口調査では、投票先とともに投票理由を一九の選択肢の中から複数選択を可として尋ねている。そこにおいて投票者全体の中で多く考慮された項目は、①学校・教育、②雇用、③スウェーデン経済、の順であった。これらの三項目は、いずれも五〇ポイント台前半であり、半数強の人がそれらを重視していた。以下、④医療、⑤福祉、⑥高齢者ケアと四〇ポイント台が続く。これに対し、スウェーデン民主党への投票者の間で重視された項目としては、「移民・難民」が七七・七ポイントと圧倒的に高く、二番目が「法と秩序」（五八・九）で、三番目が「高齢者ケア」（五〇・二）となり、以下、「自らの家計」、「スウェーデン経済」、「学校・教育」と続く（*Dagens Nyheter*, 2010.9.14）。

　これらからわかるのは、第一に、スウェーデン民主党への投票者の八割近くが移民・難民（問題）を重視していることであり、第二に、スウェーデン民主党は、全体では一九項目中一七位（二五・六ポイント）の「移民・難民」、一五位の「法と秩序」（三二・四）と、他党支持者では重視する人が少ない問題に関わって支持を集めていること、第三に、重視された項目の上位三位までが、同党が特に重視する三つの政策領域（先述）と重なることである。なお、二〇一四年選挙に関する同様の調査では、スウェーデン民主党への投票者が重視した項目は、①移民・難民、②法と秩序、③医療、④高齢者ケア、⑤スウェーデン経済、⑥年金、と多少変化は見られるが（SVT 2014：9–10）、上位の項目は三つの重点政策に対応しており、大きく変わってはいない。こうしてみると、スウェーデン民主党への投票者は、全体の傾向とはさまざまな点で異なり、（既存の）政治家への不信感も強いが、同党の主張や政策については十分認識したうえで支持しているといえそうである。

四　移民問題とスウェーデン政治

孤立するスウェーデン民主党

スウェーデン民主党の国政進出が現実味を帯びるようになったのは、オーケソンを党首とする新体制となって迎えた二〇〇六年選挙からであったが、当時、すべての既成政党が同党との議論を避け続けた。彼らは、スウェーデン民主党を非民主的な勢力とみなし、距離をおく姿勢を貫いた。また、マス・メディアも同党には極めて冷淡であった。各世論調査での支持率が三パーセント前後になっても、主要メディアは、スウェーデン民主党を「その他」に含めて党名を記そうとしなかった。公営放送の開票速報は、「その他」が五パーセントに達するという異例の事態になっても、その内訳には言及せずに、右派陣営の勝利と社民党の敗北のみを伝えた（Häger 2012：26）。

続く二〇一〇年選挙では、選挙戦が始まる時点ですでに各調査でスウェーデン民主党の支持率が四パーセントを超えていたが、主要メディアは、同党の過去の人種差別的な主張や暴力事件を批判的に報道することが多かった。テレビやラジオの討論番組にはスウェーデン民主党が招かれず、オーケソンはそのことに対する不満をたびたび述べていた。二大朝刊紙では、『スヴェンスカ・ダーグブラーデット』が選挙直前になってスウェーデン民主党の求めに応じて一部の広告を掲載したが、『ダーゲンス・ニーヘーテル』はそれに応じず、二大夕刊紙はともに同党に投票しないよう呼びかけさえした（*Ibid.*：29–31）。

そのようななかでスウェーデン民主党は初めての議席を得るとともに、既成政党が左右の選挙連合に分かれ、いずれも議席の過半数を制することができない状況で、決定票を握る立場を得た。それにもかかわらず、その後他のすべての党は、議会でもスウェーデン民主党とは一切協力しないという姿勢をとり続けた。さらに、同党が影響力をもちそうな案件については、与野党で事前に協議をしてまで票決を回避した。

二〇一四年九月の選挙では、右派連合から左派連合へと政権が移った一方、スウェーデン民主党は決定票を握る立場を維持したうえ、議席を二〇から四九へと大幅に増やした。同年一二月には、次年度予算の審議をめぐり、スウェーデン民主党が野党案を支持したために政府案が成立せず、いったんは再選挙の実施が発表される事態となった。その後、スウェーデン民主党を除く与野党による水面下での交渉を経て、最終的には、再選挙の中止と、以後二期八年間は少数派政権であっても政府の予算案が尊重されることが決まった（「一二月合意」）。これは、左右のブロック対立と、それを前提にした「合意の政治」という同国政党政治の伝統に依拠しつつ、実質的にはスウェーデン民主党の影響力を排除することを意図したものであった（渡辺 二〇一五：九五―九六）。

こうしてスウェーデン民主党は、今日に至るまで議会では政策決定における実質的な影響力を奪われ、孤立している。これだけの勢力をもつ政党が、その国の政治システムから徹底して排除されるのは、現代民主政治においてもかなり特殊な状況だといえよう。

移民問題の争点化をめぐる攻防

新興政党が選挙で議席を得たり増やしたりするには、独自の政策的主張を展開する「空間」が必要である。排外主義的なポピュリスト政党が支持を広げ、選挙や議会政治において一定の成功を収めるのは、移民問題が争点化するとともに、それをめぐる対立軸が形成され、そこにおいて移民に批判的な立場が有権者の支持を得る場合だと考えられる。

近年のスウェーデンでもこれに近いことが起こっているといえるが、それは隣国のデンマークやノルウェーとは異なる展開を見せている。両国では一九九〇年代から移民批判を繰り広げる勢力が議会政党として定着しており[5]、それらが議会内で移民政策の厳格化を求めるとともに、保守主義ないし自由主義の勢力がそれに呼応し、デンマークでは閣外協力、ノルウェーでは最近になって連立政権という形で、そのような政党が政策形成に参加している。これに対しスウェーデンでは、既成政党が移民問題の争点化を避けるなかで、有権者が現行の移民政策に疑念や不満を抱いた場合、スウェーデン民主党以外に支持の選択肢がない状態にある。すなわち、スウェーデン民主党がさまざまな移民批判を整合性を欠く形で展開しても、彼らがその政策論議の空間を独占しうる状況が続いており、二〇〇〇年代半ば以降、難民（庇護申請者）が増え続けるなかで、諸政党が一致してその受け入れや社会統合に取り組むほどスウェーデン民主党が支持を伸ばす、という構図が見られる。

この点で注目されたのは、二〇一五年に入り、右派連合の中で保守党以外の三党が移民政策に関して独自の議論を始めたことである。中央党が難民受け入れにともなう自治体への補助金増額、新規移民向けの住宅の増築、名前による雇用差別防止などを打ち出し、より寛容な路線をとろうとした一方で、キリスト教民主党は、所得税控除による就労促進策を示しながらも、審査待ちの庇護申請者への給付金の減額、在留資格の有期限化といった厳格化を模索し、自由党も、市民権付与の条件としての「国語テスト」の導入や受け入れ数の上限設定を検討するなど、厳格化路線に転じつつあった（Radio Sweden News, 二〇一五年二月四日放送分ファイルをダウンロード[http://sverigesradio.se/sida/avsnitt?programid=2054&date=2015-02-04]）。しかし、党内で議論がまとまらなかったり、野党連合の協調が優先されたりして、結果的に従来の方針から大きく離れることはなかった。

その間にもスウェーデン民主党への支持が伸び続け、二〇一五年八月には各調査での支持率が二〇パーセント近くにまでなった。この頃、主要民放局と提携するノーヴス社がスウェーデン民主党の支持者にその理由を尋ねたところ、第一位が「移民の社会統合をあえて問題にする唯一の党だから」、第二位が「彼らが移民を制限しようとしているから」となり、かつ、この二点についてはほぼ全員がその理由として挙げていた（所定の項目から複数を選ぶ方式で一〇〇パーセントと九七パーセント）（http://novus.se./nyhet/anledningen-till-sds-uppgang/、二〇一五年九月三〇日閲覧）。これらのことからも、増え続けるスウェーデン民主党支持者は、移民の受け入れ、社会統合の両面で、現行の政策に不満や疑問をもっていることがうかがえる。

既成政党のジレンマ

近年のスウェーデン民主党は、民主主義のルールに則って議会政党として活動することを強調する。しかし、すでに見たように、同党の起源にはネオ・ナチ的組織も関っており、たとえばノルウェーやデンマークの右翼ポピュリスト政党とも事情が異なっている。この点で、既成政党の側には、彼らに対する根本的な不信感や嫌悪感がある。

そのことにも関連して、既成政党が移民問題を争点化しにくい事情がある。すなわち、スウェーデン民主党が移民批判を展開して選挙で支持を集めることは、民主主義の手法を通じて一部の人々の権利を制限することにつながり、それは人権尊重の観点からは先述の憲法の規定にも抵触しかねない。オーケソンは、選挙で議席を得た自党を排除することこそが民主主義に反するとしてたびたび不満を表しているが、既成政党の側には、移民をめぐる議論を拡大して社会的排除を進めかねない方向へ踏み出すことへの躊躇がある。既成政党は、移民問題の争点化を避けようとするものの、そうするとますますスウェーデン民主党の党勢拡大を招くことになるというジレンマに陥ってしまう（渡辺 二〇一六）。

他方で、スウェーデン民主党が移民批判を展開して支持を伸ばしているにもかかわらず、同国の経済や社会福祉はもはや移民の存在なしには機能しえなくなっている。スウェーデンが他の先進工業国と同様に少子化・高齢化という人口構成の変化に見舞われるなかで、移民は労働力として同国の社会経済を支えている。庇護申請者としてスウェーデンに入る人々でさえ、当初は救済の対象であっても、やがて彼らやその子どもたちが同国社会に定着し、その一部となる。たとえば、今日では、高齢者ケアの担い手は、施設介護においても在宅介護においても多くが移民（ないし国外にルーツをもつ人々）である。スウェーデン民主党が強調する（ネイティブの）高齢者の処遇の改善でさえ、移民なしでは成り立たなくなっているのである。

もちろん、言語その他の面でハンディキャップを抱えた移民は、肉体労働や、各種サービス業、家事代行、介護や医療補助といった分野で、男女ともに非熟練の低賃金職を占める傾向にあり、社会統合の観点からは、そうした構造的格差が問題視されてもいる。しかしながら、事実として、スウェーデン社会が彼らに依存する面は確実に大きくなってきている。こうしたことを十分に認識する諸政党は、右派・左派を問わず、移民とネイティブの間の亀裂を深めるような対応を避けようとしてきた。スウェーデン民主党の排外主義的な主張が文字どおりに実現することはありえないにもかかわらず、そのような言説が一定の支持を集める状況が既成政党を悩ませている。

五　欧州難民危機と現代スウェーデン政治

ヨーロッパ諸国では、二〇一五年夏以降、シリアやアフガニスタン、北アフリカからの難民の流入が急増し、「欧州難民危機」と呼ばれる事態に見舞われている。その寛大な受け入れ態勢と人権重視の処遇が誘因となり、スウェーデンへの入国者も従来以上に増えた。スウェーデン民主党を除く与野党は、八月末から九月にかけて、増え続ける庇護申請者への対応を強化するために、自治体に受け入れ数を割り当てるとともに、関連する補助金の増額を決めた。しかし、入国者は増え続ける一方で、やがて通常の施設に収容できず、庇護申請および審査の手続きが追い付かないまま、それらの人々を仮設テントに滞在させる事態となった。

そのような状況で、野党同盟の一員であるキリスト教民主党が、党首交代を機に、難民受け入れの条件を厳格化する方向へと転じた。同党は、一〇月九日に開催された党大会で、前年度末に成立した「一二月合意」からも離脱することを決めた。これを受けて保守党党首シンベリ・バトラも合意の破たんを認めたため、移民問題をめぐる協力体制も崩れたかに見えた。しかし、まもなくあらためて与野党間で協議がもたれ、入国した庇護申請者に暫定的な滞在許可を与えるとともに、各自治体にその受け入れを義務づけることで合意した。その一方で、難民の流入は続き、一一月初めには法務大臣がスウェーデンの受け入れ態勢が限界に達したことを認め、直後に与野党が国境での身分検査の導入を決めるに至った。

この間に世論も大きく変化した。『ダーゲンス・ニーヘーテル』紙とイプソス社の調査によれば、難民の受け入れを「今より多くすべき」と考える人と、「今より少なくすべきだ」と考える人の割合は、九月には四四パーセント対三〇パーセントで前者の方が多かったが、一〇月には二六パーセント対四二パーセントと逆転し、一二月には一九パーセント対五五パーセントとさらにその差が開いている（*Dagens Nyheter*, 2015.12.24）。予想をはるかに超える規模での流入が続いたためでもあろうが[6]、二〇一五年末の時点では、受け入れ制限を肯定する人が明らかな多数派となっている。

スウェーデン政府もついに受け入れの限界を認めることとなったが、それが直ちに同国の移民政策の転換を意味するわけではない。長期的な移民政策と現在の「危機」への対処とは区別して考えられるべきだろう。そもそも現状については、スウェーデン一国で対処できるものではなく、引き続き国際的な取り組み、とりわけＥＵ内での受け入れ分担を含めた対応が模索されねばならない。

とはいえ、難民問題への対応に疑問を抱く国民が増えていることは事実であり、政治家と一般有権者の認識や態度の乖離も目立ち始めている。既成政党が多文化主義の伝統をふまえつつ移民や難民の処遇をめぐる建設的な議論を、有権者をも巻き込む形で展開することができるのか、あるいは、スウェーデン民主党だけが不満の「受け皿」となる状態が続くうちに政党政治がますます混迷を深めていくのか、スウェーデンはいま、重大な岐路に立たされている。

注

（1）中央統計局によれば、その数値は二〇一二年末の時点で二〇・一パーセントであった（SCB 2014：113–114）。

（2）この点は、一定期間働いた後に本国へ帰る「ゲスト・ワーカー」と位置づけたドイツやオーストリアなどとは対照的なアプローチであった（Schierup *et al*. 2006：26–27）。

（3）この第一二条は、一九七九年の条文追加修正により、第一五条となって現在に至っている。

（4）それは、当時、難民受け入れを拒否したことで注目された南部の自治体シェーボーが、その是非をめぐる住民投票の実施を決め、移民問題に関心が集まったタイミングでもあった。

（5）両国は、大幅減税の主張や官僚主義批判を展開して議会に参入した政党がのちに移民批判に重点を移したという点で共通する一方、ノルウェーの進歩党が党組織として存続し続けているのに対し、デンマークでは進歩党のなかから移民問題を重視するデンマーク国民党が分かれ、前者に取って代わったという違いもある。

（6）移民庁の発表によれば、二〇一五年の新規入国者の数は一六万二八七六人で、過去最高であったユーゴスラビア内戦時の約二倍であった（*Dagens Nyheter*, 2016.1.2）。

参考文献

島田幸典（二〇一一）「ナショナル・ポピュリズムとリベラル・デモクラシー――比較分析と理論研究のための視角」河原祐馬・島田幸典・玉田芳史編『移民と政治――ナショナル・ポピュリズムの国際比較』昭和堂、一―二五頁。

清水謙（二〇一一）「スウェーデンの二〇〇六年議会選挙再考――スウェーデン民主党の躍進と二〇一〇年選挙分析への指標」『ヨーロッパ研究』一〇号、七―二六頁。

渡辺博明（二〇一三a）「スウェーデン――社会民主主義型福祉国家の発展と変容」鎮目真人・近藤正基編『比較福祉国家――理論・計量・各国事例』ミネルヴァ書房、二〇四―二二三頁。

――（二〇一三b）「スウェーデンの移民問題と政治」松尾秀哉・臼井陽一郎編『紛争と和解の政治学』ナカニシヤ出版、一〇七―一二四頁。

――（二〇一五）「スウェーデンにおける代表と統合の変容――選挙連合政治の出現と右翼ポピュリスト政党の台頭」日本政治学会編『年報政治学二〇一五―Ⅱ　代表と統合の政治変容』木鐸社、八〇―九九頁。

――（二〇一六）「スウェーデンにおける「再国民化」と民主政治のジレンマ」高橋進・石田徹編『「再国民化」に揺らぐヨー

ロッパ——新たなナショナリズムの隆盛と移民排斥のゆくえ』法律文化社、二〇五—二二二頁。

Baas, David（2014）*Bevara Sverige svenskt : Ett reportage om Sverigedemokraterna*, Albert Bonniers Förlag.

Bengtsson, Håkan A.（2009）Högerpopulismens kärna, i Bengtsson red., *Högerpopulismen : En antologi om Sverigedemokraterna*, Premiss Förlag, pp. 44–58.

Dahlstedt, Magnus（2005）*Reserverad demokrati : Representation i ett mångetniskt Sverige*, Boréa Bokförlag.

Ekman, Mikael（2014）Drömmen om ett rent Sverige, *i* Madelene Axelsson och Kristian Borg red., *Sverigedemokraternas Svarta bok*, Verbal Förlag, pp. 15–70.

Ekman, Mikael och Daniel Poohl（2010）*Ut ur skuggan : En kritisk granskning av Sverigedemokraterna*, Natur & Kultur.

Hammarén, Nils（2010）"Sweden : Being a Stranger in the 'People's Home'", in Katrine Fangen *et al.* eds., *Inclusion and Exclusion of Young Adult Migrants in Europe*, Ashgate, pp. 203–235.

Hilson, Mary（2008）*The Nordic Model : Scandinavia since 1945*, Reaktion Books.

Häger, Björn（2012）*Problempartiet : Mediernas villrådighet kring SD valet 2010*, Stiftelsen Institutet för Mediestudier.

Lundh, Christer（2005）*Invandringen till Sverige*（*Andra Upplagan*）, SNS Förlag.

Mulcahy, Suzanne（2011）*Europe's Migrant Policies : Illusions of Integration*, Palgrave Macmillan.

Oscarsson, Henrik och Sören Holmberg（2013）*Nya svenska väljare*, Norstedts Juridik.

Ryner, Magnus（2002）*Capitalist Restructuring, Globalization and the Third Way : Lessons from the Swedish Model*, Routledge.

Schierup, Cark-Ulrik, Peo Hansen and Stephen Castles（2006）*Migration, Citizenship, and the European Welfare State : A European Dilemma*, Oxford University Press.

Slätt, Richard red.（2004）*Sverigedemokraterna från insidan : Berättelsen om Sveriges största parti utanför riksdagen*, Expo och Hjalmarson & Högberg.

Statistiska centralbyrån（SCB）（2009）*Integration- utrikes födda på arbetsmarknaden*.

———（2014）*Statistisk årsbok för Sverige 2014*.

Sverigedemokraterna（2010）*Ge oss Sverige tillbaka!*

———（2014）*Vi Väljer Välfärd!*

SVT（Sveriges Television）（2014）*SVT: s vallokalsundersökning : Riksdagsvalet 2014*.

第七章　排外主義政党の誕生

「ドイツのための選択肢（ＡｆＤ）」の発展と変容

近藤正基

一　ドイツ政治の変容と「ドイツのための選択肢（ＡｆＤ）」

二〇一五年は、ドイツにとって試練の年となった。経済は好調だが、[1] シリアを中心に約一一〇万人の難民がドイツに押し寄せることになり、[2] 政治・社会は大きく揺れている。難民収容施設への襲撃は後を絶たず、二〇一五年には襲撃関連の犯罪は九二四件にのぼり、前年の一九九件を大きく上回った（*Tagesschau*, 2016.1.13）。ペギーダ[3]を中心とする反イスラム運動の勢いは衰えておらず、数千人規模のデモが毎月のように行われている。難民の受け入れに積極的なメルケル政権に対する国民の目は厳しく、[4] 連立パートナーのドイツ社会民主党（ＳＰＤ）や野党だけでなく、キリスト教民主・社会同盟（ＣＤＵ／ＣＳＵ）内部からも政権批判の声があがっている。注目すべきは、二〇一五年のいわゆる「難民危機（Flüchtlingskrise）」の最中に、ある政党が急速に支持を伸ばしていることであろう。その政党とは、「ドイツのための選択肢（Alternative für Deutschland。以下、ＡｆＤと略記）」である。二〇一六年二月時点の世論調査では、ＡｆＤは政党別支持率で三位につけるまでになっている

(*Allensbach*, 2016.2.17)。内紛や党の分裂があったにもかかわらず、このように高い支持を得ていることは驚きに値するだろう。また、ＡｆＤはしばしばメディアを騒がせてきた。党幹部が、難民をドイツ国境から追い払うために武器を用いることを容認したり(*Zeit Online*, 2016.1.30)、難民の流入がケルンやハンブルクでの女性暴行事件を招いたと発言して(*KSA*, 2016.1.5)、物議をかもしてきたのである。ガブリエルＳＰＤ党首は、ＡｆＤを「明らかに人種主義的」だと非難し(*FAZ*, 2016.2.17)、ショイブレ財務相も「ドイツの恥」と呼んだが(*Die Welt*, 2016.2.3)、一部の与党議員がＡｆＤに同調していることも明らかになっている。草の根の反イスラム運動と近く、社会から遊離しているわけではないため、実体がなく、現れては消える「幽霊政党(Phantom-Partei)」ともいえない状況である。[5]

では、ＡｆＤとはどのような政党なのだろうか。もともとＡｆＤが移民・難民の排除を掲げるような排外主義政党だったかというと、そうとはいえない。結党時、ＡｆＤは反ユーロを掲げる政党であった。ただ、その後、争点を移行させており、「難民危機」以降はメルケル政権の難民政策への反対姿勢が注目を集めるようになっている。政策が大きく変化することもあって、ＡｆＤの性格に関する支配的な定式はいまだみられない。これまで、「抗議政党」(Hirscher 2014)、「新自由主義と強く結びついた政党」(Bebnowski and Förster 2014)、「多様な右翼勢力の連合体」(Plehwe 2014)、「右翼ポピュリズム政党」(Decker 2015)、「ナショナルリベラル、ナショナル保守、右翼ポピュリズム的傾向を示す」政党(Häusler 2016)等が提起されてきた。党が分裂し、難民の流入が加速化した二〇一五年夏以降は、多くのメディアによってＡｆＤの「右傾化」あるいは「過激化」が語られる傾向にあるが、依然として見解が分かれているのが現状といえよう。

本章では、ＡｆＤの発展と変容を分析する。ＡｆＤの主張は、具体的にはどのような内容であり、どのように変化してきたのか。変化の背景で、どのような力学が働いていたのか。本章では、結党から原則綱領の採択までの時期、すなわち二〇一三年二月から二〇一六年五月までを扱うこととし、ＡｆＤの路線が明確化されていくプロセスを検討する。

二　結党と躍進――ユーロ批判の拡大から二〇一三年連邦議会選挙まで

設立から二〇一四年前半までＡｆＤの展開については、すでにいくつかの優れた研究が存在する。本節では、主として中谷毅やニーダーマイヤーなどの先行研究に依拠しながら、結党から二〇一三年連邦議会選挙までの動きを簡単にみていきたい。

ユーロ批判の拡がり

ＡｆＤの設立に至る起点として、二〇一〇年三月にメルケル首相がＥＵ首脳会議でギリシャ救済策を承認した点がしばしば指摘される。二〇一〇年五月にはギリシャへの金融支援が決定され、ヨーロッパ金融安定基金（ＥＦＳＦ）が設立された。二〇一一年七月には、ＥＦＳＦに代わるヨーロッパ安定メカニズム（ＥＳＭ）設立条約がユーロ圏一七ヵ国の財務相により調印され、二〇一二年一〇月に発効されることとなる。

ギリシャ支援がまとまりつつある一方で、ドイツ国内ではユーロへの不満がくすぶっていた。二〇一二年九月の意識調査では、質問を受けた者の六五パーセントが、ユーロがなければ自分の生活状況は大いに、あるいは幾分よくなると答えていた。そして、草の根レベルで反ユーロ運動が次第に盛り上がりつつあった。ＥＳＭ阻止のためのオンライン署名運動が起こったこともあったし、政党レベルでも自由有権者（Freie Wähler）など新興政党や、自由民主党（ＦＤＰ）内部の「自由への旅立ち（Liberaler Aufbruch）」、ＣＤＵ内部の中間層・経済連盟を中心とした議員たち（シュラーマンやロバヌス）などもユーロ批判を展開していた。ただ、これら反ユーロ運動が一致した見解を有しているわけではない。ドイツの過重な経済負担、ＥＵにおける民主主義の赤字、政治家たちのユーロ破たんリスクの軽視、経済・社会的諸関係の自由化の阻害など、批判するポイントは異なっている。また、反移民・反難民・反イスラムの活動を活発化させてきた「プロ運動・政党」[6]も、第一の政治目標ではないものの、反ユーロを掲げている。以上のように、保守や新自由主義者を中心に、右翼勢力も含めて、ドイツでは反ユーロ運動が隆盛しつつあった（中谷 二〇一四）。

ＡｆＤの結党

ユーロ危機に対する救済策が問題視され、ＥＳＭ設立条約発効が近づく二〇一二年九月に「選挙選択肢二〇一三（Wahlalternative 2013）」が設立される。ルッケ、ロバヌス、ガウラント、アダムといったメンバーが中心となった。経済界の重鎮であり、ドイツ産業連盟（ＢＤＩ）元会頭であるヘンケルも、ユーロ救済に反対する選挙選択肢二〇一三の設立を祝福した。のちにＡｆＤの代表となるルッケは、ＣＤＵに入党した経験を持ち、ベルリンで経済学博士号と教授資格を取得し、ハンブルクで教鞭をとる大学教授である。ユーロ救済問題に際して、「経済学者総会」を設立し、政府の方針を批判していた。ガウラントは長年ＣＤＵに所属しており、ヘッセン州首相府次官も務めた人物である。アダムは、『フランクフルター・アルゲマイネ（*FAZ*）』などのクオリティ・ペーパーに寄稿する著名な論壇人である。このように、エリート層が中心となって結党された点が大きな注目を集めた。選挙選択肢二〇一三は当初はＥＳＭ批判を掲げていた自由有権者[7]（Freie Wähler）と連携するが、ニーダーザクセン州議会選挙で得票率一・一パーセントにとどまった。そのため、ルッケらは、独自の政党、すなわちＡｆＤの設立に向かうことになる（中谷 二〇一四）。

二〇一三年二月六日、ＡｆＤが設立される。フランクフルト・アム・マイン近郊での集会では、ルッケ、アダム、そして女性実業家のペトリが党代表に選出された。党員は増加の一途をたどり、五月には一万四七六名となった。その後、党員はさらに増加していく。結局、ＣＤＵから一〇〇八名、ＦＤＰから五八七名、ＳＰＤから五五八名、ＣＳＵから二二〇名が党に参加した。

ＡｆＤの結党は、とりわけ右翼政党とその党員から歓迎された。『シュピーゲル』は、二〇一三年のＡｆＤ結党の直後、「ほとんどすべてのＡｆＤ州組織が「自由（Die Freiheit）」や共和党やシル党の旧党員[8]」を受け入れたと伝えている（*Spiegel Online*, 2013.9.2）。たとえば、イスラムへの敵視が特徴であった右翼政党「自由」の党首であったシュタットケヴィッツは、およそ三五〇人の党員がＡｆＤへと流れたと述べていた。シュタットケヴィッツは「われわれが言う意味での政治を実行し、成功を収めていくために、ＡｆＤに合流する」ことを公式に認めたと語っている[9]（*Spiegel Online*, 2013.10.1）。その後、「自由」にとどまらず広範な右翼政党の党員がＡｆＤに流れ込んでいくことになる。

組織の拡大

急速に組織された州組織には、右翼政党の元党員が主要な役職を得ることになった。ノルトライン＝ヴェストファーレン州の連邦議会選挙候補のヴレッケは共和党の元党員であり、ハンブルクでは州組織設立にかかわったエックレーベンが右翼政党「自由」の州委員長を務めた経験を持っていた（中谷 二〇一四）。右翼政党の旧党員の一部は、州レベルでの活動を活発化させていった。二〇一三年の四月、ブランデンブルク州においてＡｆＤ州組織が立ち上げられたとき、二〇一一年まで「自由」の州組織のトップだった人物が州幹部会に入った。メクレンブルク＝フォアポンメルン州においては、「自由」の旧党員が州組織代表に選出された（*Märkische Allgemeine*,

2013.5.7)。

このような展開がありながらも、結党当初、ＡｆＤを排外主義的な政党として捉える研究は多くはなかった。その根拠として、しばしば、二〇一三年四月にＡｆＤが結党された際に採択された政党加入原則が挙げられる。その原則では、ドイツ治安機関により右翼過激派と呼ばれる組織に属していた者については加入を制限するという趣旨の文言がみられる。この原則に関連して、ルッケは、「われわれはプロ運動・政党とは明確に異なる政党である」と自己規定している。さらに、二〇一三年一〇月の連邦幹部会において「ＡｆＤの党のメンバーシップは、外国人敵視、人種主義、反イスラム、右翼過激主義、そして左翼過激主義とは相いれないものである」と述べている（*Cisero*, 2013.4.8）。しかしながら、このルッケの言葉が州組織に浸透したかどうかについては、疑問が残る。多くの州組織はこのような厳しい党員規制を行うことに慎重な姿勢を示しており、まずは党勢の拡大を優先したといえるからである。その結果、ルッケの意向に反して、右翼政党の元党員が次々とＡｆＤに加入していったのである。

二〇一三年連邦議会選挙

ＡｆＤは、二〇一三年九月二二日の連邦議会選挙で、四・七パーセント（二〇五万六九八五票）を得た。五パーセント[10]に届かなかったが、急造の政党としては大きな成功を収めたといえる。得票率は、旧西ドイツ地域では四・四パーセントだったが、旧東ドイツ地域では五・八パーセントだった。政党別でみると、ＦＤＰからもっとも票が多く流れた。その数は四三万にのぼった。左翼党からは三四万票が流れた。そのほか、ＣＤＵ／ＣＳＵからは二九万票、ＳＰＤからは一八万票であった。そして、右翼政党など小政党から四一万票を得ている。[11]

ＡｆＤが成功した背景として、ＡｆＤの幹部には有識者や著名人が多かったことや、小口の個人献金を通じて多くの資金を獲得したとされことがしばしば挙げられる（Niedermayer 2015）。ＳＰＤや緑の党がメルケルのユーロ危機対応を批判しながらも、結局、連邦議会での政府の方針に賛成し、一方、左翼党は、政府のユーロ危機対応に反対票を投じたが、代替案を提示することができずにいたため、国民にとって既存政党は「選択肢」になりえなかった点も重要である。ただ、ＡｆＤが唱える反ユーロは、従来の右翼政党の主張とは異なることを確認しておく必要があるだろう。ＡｆＤはＥＵの解体を目指しているわけではなく、主権国家の集合体としてのＥＵを是認している。単一市場に賛成しており、これを維持するべきと主張している。一方、経済、社会、財政政策は各国家に委ねられるべきであり、それを阻害しているのがユーロであるとみなしていた（中谷 二〇一四）。つまり、ＡｆＤはたしかに反ユーロを主張してはいるものの、プロ運動・政党にみられるような反ユーロ・反ＥＵではなく、右翼政党とは一線を画した穏健な主張を展開していたといえる。

反ユーロ以外の政策に目を向けると、ＡｆＤは、カナダを範型とした選別的移民政策（ポイントシステム）[12]の導入、少子化対策のための家族の保護、年金制度の防衛、フラットな所得税、再生可能エネルギー法の廃棄を主張している（AfD 2013）。これらの多くは目新しいものではなく、これまでＣＤＵ／ＣＳＵやＦＤＰが掲げてきた政策である。家族の保護という場合、男性稼ぎ手家族が想定されているため、保守主義的な色彩が強く、ＣＤＵの政策にきわめて近い。フラットな所得税は、ＣＤＵが二〇〇五年連邦議会選挙で掲げた政策そのものである。この税制改革プランにはＦＤＰも同調していた。さらにいえば、年金制度の防衛という点では、ＳＰＤや左翼党とも近しい主張を掲げている。このように、反ユーロを除けば、ＡｆＤは既存政党とほぼ同様の政策を打ち出していたのだった。

三　路線対立の激化——ヨーロッパ議会選挙戦

本節では、二〇一三年連邦議会選挙後からヨーロッパ議会選挙が終わるまでのＡｆＤの展開について論じる。

連邦議会選挙後の動向

連邦議会選挙の後、ＡｆＤ内部で混乱がみられた。ヘッセン州では激しい党内対立があった。旧指導部の入れ替えが行われたばかりか、党の利益に反する行動をしたとみなされ、新たに選ばれた州組織代表と財務担当が解任されることになる。テューリンゲン州でも新指導部選出で党内が数ヵ月にわたる内紛を繰り広げたのだった。このような党内対立の背景には、家族、ジェンダー、イスラム系移民をめぐる論点で、党内で様々な意見があったことを指摘できる。こうした党の内紛は、当然、党にとってマイナスのイメージとなった。『ヴェルト』紙は、「党が自らを食い尽くしている」と表現し、ＡｆＤの分裂もありうる、と報じた（*Die Welt*, 2013.12.2）。

ヨーロッパレベルでの党戦略をめぐっても、対立がみられた。二〇一三年一一月にＡｆＤ幹部会は、ヨーロッパ各国の右翼政党ではなく、保守政党や改革派と協力するという方針を立てた。つまり、イギリスの保守党やチェコの市民民主党などとの協力を打ち出したのである。一方、イギリスの連合王国独立党（ＵＫＩＰ）が加盟し、同党のファラージ党首が主導する「自由と民主主義のヨーロッパ」との協力については「明確な拒否」を唱えていた。しかし、州レベルではこれに反する動きがみられた。ノルトライン゠ヴェストファーレン州とメクレンブルク゠フォアポンメルン州のＡｆＤ州組織幹部は、二〇一三年一一月にファラージと会談し、共闘について話し合っていたのだった（*Cisero*, 2013.4.8）。

路線対立や内紛がみられたものの、二〇一四年一月のアシャッフェンブルク党大会ではルッケが候補者リストの最上位に選出されることになった。リスト二位は、経済界の重鎮で、反ユーロを持論とする、ＢＤＩ元会頭のヘンケルであった。新自由主義者がリストの上位に入り、一方で右派グループの政治家は少なかった。しかし、これで内紛に決着がついたわけではなかった。二〇一四年三月のエアフルト党大会では、指導部が提案した党原則が強い反対にあい、採択が見送られることになった。連邦レベルの党指導部の権限を強めるこの党原則は「ルッケの影響力を拡大するための原則」とみなされており、とりわけ州組織幹部が異論を唱えていた。票決にあたっては、ほぼ三分の二が反対するという異例の事態となった。党員の多くは、十分な議論の時間がないままにこのような議案が練られたこと自体を不服としていた（*FAZ*, 2014.3.22）。

また、連邦議会選挙直後から、反ユーロ以外の政策をめぐって党内の意見対立が明らかになっていた。とりわけジェンダーをめぐる問題が顕在化する。ベルリン州組織では、同性愛に対する反対の声が高まった。ルッケは、性別分業に基づく「伝統的」な家族を支持する発言をしていたが、彼のこうした態度は、「ＡｆＤ内部のキリスト教徒」という党内の保守グループからは支持を得ることになったものの、党内の自由主義者グループ「コリブリ」からは批判を浴びた。

ヨーロッパ議会選挙

先述のエアフルト党大会では、ヨーロッパ議会選挙綱領が採択された。そのなかで、連邦議会選挙と同様に、ユーロの解体が主張されており、加盟国が再び経済・社会政策の権限を取り戻す必要があると説かれている。また、銀行や債務国の救済にかかわって、ドイツの負担が増加していることを批判し、各国の自己責任を唱えている。ＥＳＭを通じたドイツの負担増については、ドイツ国民の意思に反して決定されたことを問題視し、民主主義の不足が指摘されている。ここから、ＥＵ官僚制批判が導き出され、より多くの市民参加が不可欠だとしている。ただ、これも連邦議会選挙の際と同様の主張であり、ＡｆＤはユーロの解体を支持しているものの、ＥＵの解体を支持しているわけではない。

移民については、経済的に有用な移民は必要であることが説かれる。そして、カナダモデルに基づくポイントシステムを導入すべきだとしている。厳格な入国管理が主張され、ブルガリアやルーマニアが加盟することで、ドイツ社会国家（福祉国家）の負担が重くなるようなことがあってはならないとしている。難民については、人道的に庇護されることが必要であると述べられている。ただ、ＥＵの周辺に位置する国々の負担だけが増加することは避けるべきであり、この負担を加盟国で公平に配分していくことを提唱している。ＥＵのジェンダー平等にかかわる政策は批判され、「性別アイデンティティ」を無視するような「ジェンダー主流化」[13]は拒否される。エネルギーと環境に関しては、再生可能エネルギー法の廃止を主張している。また、エネルギー市場への国家介入を中止するべきだとしている。農業関連政策については、補助金の削減を目指すべきであり、ＥＵの医療保険政策についても改革が必要だとしている。ＥＵ域内での医療保険の平準化は、ドイツにとっては医療保険水準の低下をもたらすおそれがあることから、拒否している[14]（AfD 2014a）。ＡｆＤは連邦議会選挙時より一歩踏み込んだＥＵ批判を展開したといってよいだろう。

では、ヨーロッパ議会選挙の際のＡｆＤは、どのような性格を持っていたのだろうか。この選挙における政党の位置づけに関するガートらの研究をみてみよう（Gath *et.al.* 2014）。彼らの研究では、それぞれの政党の政策をスコア化したうえで、①社会・経済、②社会・文化、③ヨーロッパ政策という軸を設定し、政党を配置している。社会・経済の軸では、ＡｆＤはＳＰＤと緑の党の間に置かれる。ＡｆＤはＥＵ市民税やアメリカとＥＵとの自由貿易協定に反対しているため、左翼党とも近い立場をとっているとされる。社会・文化の軸では、ＡｆＤはＣＤ

Uより保守の側に位置し、ＣＳＵとほぼ同じ位置づけとなる。ただ、この軸の極はＣＳＵである。なぜなら、ＣＳＵはトルコのＥＵ加盟やＥＵ共通の難民政策に明確に反対しているからである。ヨーロッパ政策をめぐる軸では、一方に超国家機関、もう一方に主権国家の連合体が置かれる。この軸の上では、ＡｆＤはＣＳＵやＦＤＰと重なっており、主権国家の連合体の極に位置づけられる。総じていうなら、ＡｆＤには左派的な主張と右派的な主張が入り混じっており、その複雑な性格が明らかになっている。

そして、二〇一四年五月にヨーロッパ議会選挙が行われた。ＡｆＤは七・一パーセントの得票率で、七議席を獲得することになる。ＡｆＤは、前回のヨーロッパ議会選挙でＣＤＵ／ＣＳＵに投票した有権者から五一万票、ＳＰＤ支持者から一八万票、左翼党支持者から一一万票、緑の党支持者から三万票を得た。ＦＤＰ支持者から六万票を獲得したが、ＦＤＰから流入した票は連邦議会選挙に比べて大きく減少した。ＡｆＤに投票した有権者をみると、そのうち約三分の二が男性である。全体の四〇パーセントが四四歳以下であり、比較的若い有権者の支持を集めたといえる。学歴をみると、有権者のうち、およそ五三パーセントが中間、二六パーセントが高等教育を修了しており、比較的学歴の高いグループからの支持を集めたといえよう（*Tagesschau*, 2014.5.25）。

四　右派グループの拡大――五つの州議会選挙

本節では、ザクセン、ブランデンブルク、テューリンゲン、ハンブルク、ブレーメンの州議会選挙におけるＡｆＤの主張とＡｆＤへの票の流れについてみていく。

ザクセン州議会選挙

二〇一四年八月三一日に行われたザクセン州議会選挙では、ＡｆＤの得票率は九・七パーセントであり、一四議席を獲得することになった。ＡｆＤ独自の調査からＡｆＤに投票した有権者の特徴をみてみよう。前回の州議会選挙では、そのうち二二パーセントがＣＤＵ、一二パーセントがＦＤＰ、一一パーセントが右翼政党のドイツ国家民主党（ＮＰＤ）、一一パーセントが無投票、一〇パーセントが左翼党、五パーセントがＳＰＤ、二パーセントが緑の党、二七パーセントがそのほかの政党に投票していた（AfD 2014b）。

ＡｆＤに投票した有権者の特徴を確認しておこう。フリードリヒによれば、ＡｆＤに投票した人のおよそ六〇パーセントが男性であった。年齢は、三〇歳以下が三〇パーセント程度を占めており、比較的若い層の支持を集めたといえる。学歴をみると、およそ半数がアビトゥア取得または高等専門学校・大学卒業である。職業的な偏りは目立たない。自営業、官吏、労働者、ホワイトカラーから万遍なく票を得ている。また、自身の経済状態に関する調査をみると、ＡｆＤの支持者の七三パーセントが「よい」と答えている。これは全有権者の平均である八〇パーセントを下回っている。一方、ＡｆＤ支持者の七三パーセントが近年の経済成長の恩恵を受けていないと答えている。この値は、ほかのどの政党の支持者よりも高い。同様に、経済発展の勝利者か敗北者かという自己認識を聞いたアンケートをみると、ＡｆＤ支持者の四六パーセントが敗北者と回答しており、これもほかのどの政党の支持者よりも高い（Friedrich 2015）。

では、ＡｆＤはザクセン州議会選挙戦においてどのように戦ったのだろうか。ＡｆＤは、従来のユーロ批判とギリシャ危機へのドイツ政府の対応を批判した。これと並んで、選挙プログラムには、「庇護権申請数を減らす」、「社会保障制度への移民の流入を抑止する」[15]、「ＥＵ域外からの外国人に対する福祉の見直し」、「二重国籍反対」、「ミナレットをともなうモスク建設に対する国民投票の実施」、「ドイツ語によるテレビ・ラジオ放送の拡大」、

「ナショナルなシンボルに関する教育の導入」、「学校におけるドイツ国歌斉唱」、「国境地帯における犯罪への対処」、「より少ない議員、より多くの警察官」といった主張が観察される（AfD Sachsen 2014）。ＡｆＤの看板である反ユーロは掲げられているものの、以前にはみられなかった主張がザクセン州議会選挙で強調されたといえよう。たとえば、モスク建設に関する国民投票、ドイツ語放送の拡大、ナショナルなシンボルに関する教育の導入、公教育における国歌斉唱、国境地帯の犯罪対策などがそうである。『ツァイト』紙が指摘しているように、ザクセン州議会選挙戦ではＡｆＤは右翼ミリューの票を狙った戦略を打ち出しており（*Zeit Online*, 2014.8.14）、党の方針が大きく変わったように映る。

これまでの選挙ではみられなかった、党の自己規定もあった。ＡｆＤの最上位候補者であるペトリは、これまでＡｆＤが繰り返してきた「左右の対立を超えた政党」という規定ではなく、ＡｆＤは「保守政党」であると主張した。ペトリは、同性愛を容認するような教育、家族の軽視、移民の社会保障制度への流入を問題視する発言をしており、学校における国旗掲揚を当然としていた（*Spiegel Online*, 2014.8.7）。さらにいえば、外国人の存在を問題視する姿勢も顕著であった。たとえば、「増加する犯罪や麻薬問題。これらは、不法移民によるものではないのか。この問題はシェンゲンと切っても切れないのだ」と述べており（*Focus Online*, 2014.9.4）、その言辞は右翼政党とほとんど変わるものではなかった。

ブランデンブルク州議会選挙

二〇一四年九月一四日、ブランデンブルク州議会選挙が行われた。ザクセン州議会選挙に続き、この選挙でもＡｆＤは好成績を収めた。得票率は一二・二パーセント（一二万九九八九票）であり、一一議席を獲得したのである。票の流れをみてみると、前回選挙で左翼党に投票した二万人の有権者がＡｆＤに乗り換えたとされている。

そして、ＣＤＵから一万八〇〇〇票、ＦＤＰから一万七〇〇〇票、ＳＰＤから一万二〇〇〇票、緑の党から一〇〇〇票を獲得した。前回の投票を棄権した人からは一万二〇〇〇票を獲得した（Raabe 2014）。なお、当選した一一名の議員のうち、六名は以前ＣＤＵに所属していた経歴を持っている。なかでも、最上位候補者のガウラントは長らくＣＤＵに所属し、ヘッセン州首相府次官も経験していた。

ブランデンブルク州議会選挙で、ガウラントに率いられたＡｆＤは、連邦議会選挙やヨーロッパ議会選挙とは異なる主張を繰り広げた。その主張はＦＤＰやＣＤＵと大きく変わるものではなかったという評価がある。たしかに、都市政策の重要性を説き、家族の保護や財政赤字の解消、そして治安問題への対処を訴えたことは、ＣＤＵやＦＤＰと共通していた（*Süddeutsche Zeitung*, 2014.12.22）。その一方で、ユーロ問題は前面に押し出されることはなかった。これに代わって、治安問題が最も重要なテーマとされ、「国境地帯における犯罪」が焦点化されたことには留意すべきであろう。「外国人の犯罪」という表現も多用された。ブランデンブルク州議会選挙の選挙プログラムには「厳罰化と不法滞在の厳しい取り締まり」が記載されている（AfD Brandenburg 2014）。さらに、ガウラントは、徴兵制の廃止と原発の段階的廃止を批判し、ＣＤＵとの違いを打ち出そうとした。加えて、ドイツで暮らす外国人であっても、税や社会保険料を支払っていない場合、ドイツではなく出身国の社会保障制度から給付を受け取るべきだと主張した。彼は児童手当目当ての外国人がいるとし、これを厳しく批判していた。また、「並行社会」[16]の原因は移民側にあるとして、ドイツ社会に適合しようとしない外国人がいることを問題視するような発言をしていた（*Zeit Online*, 2014.9.10）。こうした点を捉えて、多くのメディアはＡｆＤが右傾化していると報じたのだった（Cf. *Berliner Zeitung*, 2014.9.14）。

ブランデンブルク州議会選挙でＡｆＤに投票した有権者をみてみると、四四歳以下が四五パーセントを占める。約三分の二は男性であった。これらの特徴は、これまでの選挙と大きく変わっていない。支持者のうち、労働者が一九パーセント、自営業者が一七パーセント、失業者が一四パーセントを占めていた。ＡｆＤがもっとも支持を集めた選挙区は、ハーフェルラントⅡ、上ハーフェルラント、メルキッシュ・オーダーラント、フランクフルト・アン・デア・オーダーⅠ、オーダー・シュプレーⅡである。これらの選挙区では、ＡｆＤは一四パーセント近い得票率を記録した。これらの大半の選挙区は、外国人の多いベルリンに隣接しているか、国境地帯にある。「国境地帯の犯罪」や「外国人による犯罪」というガウラントの言説が一定の成果を収めたといってよいだろう。(17)

テューリンゲン州議会選挙

ブランデンブルク州議会選挙と同じ日に、テューリンゲン州議会選挙が行われた。ＡｆＤは得票率一〇・六パーセントで、一一議席を獲得した。票の流れをみてみよう。ＣＤＵから一万八〇〇〇票、左翼党から一万六〇〇〇票、ＳＰＤから一万二〇〇〇票、ＦＤＰから一万一〇〇〇票、そのほかの政党から一万二〇〇〇票がＡｆＤに流れた。また、前回の州議会選挙を棄権した有権者一万二〇〇〇人がＡｆＤを選んだ。職業別でみると、労働者が一六パーセント、自営業者が一三パーセント、失業者が一〇パーセントであり、これらの社会層から比較的高い支持を得た。年齢別でみると、四四歳以下の有権者が支持者全体の四三パーセントを占めており、比較的若い層から支持を獲得したといえる（Hoff 2014）。

それでは、ホフの研究に基づいて、この州議会選挙におけるＡｆＤ支持者の特徴をみていきたい。ＡｆＤ支持者の経済的状況は、他の政党の支持者と大差がない。自身の経済状況を悪いと答えたのは二一パーセントにとどまり、七九パーセントはよいと答えていた。アンケート項目で、ＡｆＤ支持者の特徴が示されるのは、現在の政治状況に関する質問である。いまのテューリンゲン州の政治に満足しているかどうかという質問に対して、ＡｆＤ支持者の八五パーセントが「いいえ」と答えており、「はい」を選んだのは一五パーセントにとどまった。また、州議会選挙に際して、どのような政策に関心があるのかについてもアンケートが行われている。ＡｆＤ支持者の四二パーセントが社会的公正を重視していると答えている。そして、三二パーセントが治安対策を重視し、二六パーセントが外国人にかかわる政策を挙げている。ユーロにかかわると考えられる金融政策は二二パーセントであり、関心政策分野の五位に過ぎない。

選挙戦においては、ＡｆＤはヘッケ最上位候補者を中心に戦った。ヘッケが押し出したのは、反ユーロではなく、反ジェンダー主流化であった。彼は「性別アイデンティティ」を無視する考え方に反対する姿勢を強調した。選挙戦において、ヘッケは「子どもが三人いる家族」が望ましいとして、これを取り戻すために家族政策の転換が必要だと主張した（*Der Tagesspiegel*, 2014.9.13）。「三世帯同居」の復活も前面に押し出され、こうした家族を形成するために州が独自の児童手当を支給するとされた。選挙プログラムにおいても家族政策は「社会政策の中心」と位置づけられており、移民政策や反ユーロを押しのけて、政策リストのトップで論じられている（AfD Thüringen 2014）。また、移民の流入と治安の悪化を結び付け、東欧に接するドイツがヨーロッパの中で過重な負担を強いられているということを主張した（*Die Welt*, 2014.9.14）。一方、反ユーロはほとんど取り上げられることはなかった。選挙プログラムにおいても扱いは大きくなく、財政、経済、交通政策の章の中でわずかに触れられるにとどまっている。こうした姿勢は、必ずしも連邦レベルでのＡｆＤの方針と重なるものではなかった。

三つの州議会選挙後の展開

ザクセン、ブランデンブルク、テューリンゲン州議会選挙でみられたように、次第にＡｆＤはユーロ危機におけるドイツ政府の対応を批判するのではなく、とりわけ治安と移民・難民を結びつけることで、排外主義的姿勢を鮮明にしていった。また、反ジェンダー主流化、「伝統的家族」の称揚、社会国家の防衛といった争点も重視するようになっていった。これは、新自由主義的傾向のある党指導部とは異なる主張だった。しかし、こうした主張でもって州議会選挙で成果を収めたことから、次第に党内で右派グループが影響力を拡大していくことになる。

三つの連邦議会選挙後、メディアと世論を騒がせたいくつかの出来事があった。リュベックでは、党員が「連合国がダッハウのガス室を作った」と講演して（*Die Welt*, 2014.10.19）問題となった。ザクセン州では、ＡｆＤ所属の州議会議員であるシュパネンベルクが右翼政党に所属していたことが明るみに出たり、党員がナチを称賛するバンド「ブリッツクリーク」のメンバーであることも暴かれた。デュイスブルクでは、ＡｆＤがプロ・ノルトライン＝ヴェストファーレンやＮＰＤといった右翼政党と協力関係にあることが明るみに出た。これに対して、自由主義者のグループは劣勢であり、中心的な人物が離党するという状況にあった。メルツやメッツガーなど、党の要職を担っていた政治家が党を離れていった。その結果、メルツによれば、「ＡｆＤの内部に、もはや自由主義者はいない」という状態になっていった（Friedrich 2015）。

ＡｆＤの自由主義者を代表する政治家であるヘンケルは『シュピーゲル』のインタビューの中で、「非合理的で、教養がなく、寛容性に乏しい人々」が党に流れ込んできていることを警告している。こうした発言に対して、右派グループを代表する政治家であるガウラントは、ヘンケルがＡｆＤを「ＣＤＵやＦＤＰが主張する価値を共有する政党にしたいようだが、ＡｆＤはそのようにはならない」と主張したのだった（*Spiegel Online*, 2014.11.1）。党幹部レベルでも、右派グループが勢いを増していた。二〇一四年一一月の幹部会では、ドイツの「イスラム化」に反対する決議があった。ルッケはこの方針に反対し、すぐさま声明を出して、二〇一五年一月のブレーメン党大会で代表を一人とし、自分が代表になることを望んでいることを明らかにした。しかし、こうしたルッケの動きを快く思っていない有力者たちがいた。それは、先の州議会選挙で成果を収めた面々であった。ガウラントはルッケを「人をコントロールするのが好きな人だ」と揶揄し、ペトリとヘッケはルッケの行動を「ワンマンショー」だと非難したのだった（*Die Welt*, 2014.11.24）。

二〇一五年一月のブレーメン党大会では、大きな波乱があっても不思議ではなかった。だが、最終的に、ルッケが主張してきた党の代表を一人とするという案が、参加者の三分の二の多数を得て採択された。こうして、注目は党代表選挙へと移っていくことになる。

ハンブルク州議会選挙

二〇一五年二月一五日、ハンブルク州議会選挙が行われた。ＡｆＤは、主として旧東ドイツ地域で支持を得てきたため、旧西ドイツ地域で議席を獲得できるかが注目されていたが、この選挙で、ＡｆＤは六・一パーセントの票を獲得し、八議席を確保することになった。ＡｆＤは、ＣＤＵから八〇〇〇票、ＳＰＤから七〇〇〇票、ＦＤＰから四〇〇〇票、そして棄権者から八〇〇〇票を得た（*Spiegel Online*, 2015.2.16）。ハンブルク州議会選挙で、ルッケは「ペギーダは地域限定の現象だと思う。これは、ドイツのそのほかの地域では賛同を得られないだろう。もちろん、ハンブルクでもだ」と述べ、有権者から右翼政党とみられないように配慮をしていた（*Handelsblatt*, 2015.1.22）。しかし、そのほかの党幹部から、反イスラムや反移民の言説が飛び出すことになった。ハンブルク州組織代表のクルーゼはムスリム女性を「黒いモンスター」と揶揄し、候補者名簿二位のバウマンは、アフリカ系の移民を通じてドイツにエボラ出血熱が持ち込まれていると発言していた（*Zeit Online*, 2015.2.16）。ヘンケルは「ムスリムは民主主義を理解していない」と述べ、党の反イスラム的姿勢を容認する発言をした。ＡｆＤに投票した有権者への調査では、移民や難民に対する厳しい姿勢が見て取れる。その五九パーセントが「ハンブルクは多すぎる難民を受け入れている」と回答し、四二パーセントが「難民の存在が日常生活で問題となっている」

としている。そして、七三パーセントが反イスラム運動を肯定的に捉えている。これらの事実は、ＡｆＤが旧西ドイツ地域でも右傾化していることを示唆しているといえよう。

ハンブルク州議会選挙での選挙プログラムをみると、そこでは反ユーロの姿勢が前面に押し出されていることがわかる。選挙プログラムの前文では、ユーロ圏内の債務国を他国が支援することへの批判や、ＥＵの巨大で非民主的な官僚機構が国民国家を侵食していることへの異議申し立てがみられる。こうした点は結党時の主張と変わらない。続いて、こうした政策を後押ししてきた既成政党に対して強い批判が並んでいる。ほかの選挙とハンブルク州議会選挙で違いがあるのは、教育政策が主要政策として掲げられた点である。世界水準の経済都市であるハンブルクでは、平等主義的な教育よりエリートを養成する教育が必要であり、また、ドイツ語を理解できないような学生がいることが問題であるとも述べられている。これは移民に対する批判とも理解できよう。

旧東ドイツ地域での三つの州議会選挙で取り上げられた移民政策もまた重視されている。ただ、ここでは、ハンブルクがより経済的価値のある移民を受け入れるべきであること、カナダ方式の選別的移民政策を採用するべきであることが述べられている。これらの点でＡｆＤは当初の主張を変えてはいない。ただ、難民政策については、新たな主張も見受けられる。それは、第一に、アフリカからの難民の流入を防ぐために北アフリカに難民収容施設を建設すること、第二に、ハンブルクが多くの難民を引き受けてきたことを踏まえて、ドイツ各州でより均等に難民の受け入れが行われるようなシステムを構築すること、第三に、犯罪をおかした難民を本国へ送還するための送還者収容所を設置することである。一方、ジェンダー主流化への反対は、選挙プログラムの第七章で福祉国家改革の一つとして取り上げられるにとどまっている（AfD Hamburg 2015）。

ブレーメン州議会選挙

二〇一五年五月一〇日、ブレーメン州議会選挙が行われた。投票率は低かったが、[11] この選挙でＡｆＤは五・五パーセントの得票率（六万四三一〇票）を得て、四議席を獲得した。[18] ＡｆＤは、ＣＤＵから二〇〇〇票、前回選挙棄権者から一五〇〇票、ＳＰＤと緑の党からそれぞれ一〇〇〇票を集めた。当初、ＡｆＤは、右翼政党である「怒れる市民（ＢＩＷ）」と票を奪い合うと考えられていた。事実、ブレーメン州が多すぎる難民を受け入れてきたことに不満を抱いている点で、両政党の支持者には共通性が見受けられた（Neu 2015）。

では、選挙プログラムからどのような主張が読み取れるだろうか。ＡｆＤはブレーメン州の厳しい財政と失業問題を取り上げている。これらの問題は、主として州政権を担ってきたＳＰＤ、そして緑の党によって引き起こされたとされる。その解決策として、公的部門の民営化と、公務員の削減が唱えられている。ユーロ危機についても言及されているが、ブレーメン州の問題を先鋭化させた一因として挙げられるにとどまっている。個別の政策をみると、ハンブルク州議会選挙と同様に、特に教育政策が最前面に押し出されている。就学前教育への投資が重要であり、教育の中心的負担を担う家族をサポートする制度が整備されるべきだとされる。学校教育においては、少人数クラスの実現や技能実習の質の確保、大学教育については、理系の強化が主張されている。家族像については、同性愛を積極的に認める姿勢を示し、ＡｆＤを「寛容の精神を体現する政党」だとしている。反ジェンダー主流化は引き続き主張されていたものの、旧東ドイツ地域の州議会選挙とは大きく異なる政策が押し出されているといえよう。一方、移民政策の優先順位は高くない。内容も、カナダモデルの推進が唱えられていることから、従来の政策と変わるところはない（AfD Bremen 2015）。

では、ＡｆＤはどのように州議会選挙を戦ったのだろうか。ブレーメン州の最上位候補者のシェーファーは最低賃金に反対し、経済的に有用な移民の受け入れに積極的であることから、ルッケと近しい政策選好を持っていた。見方を変えれば、シェーファーは、ブレーメン州議会で二議席を有していたＢＩＷとの差異をアピールしたといえる（*Zeit Online*, 2015.5.8）。ＢＩＷは移民や難民の組織的犯罪を非難し、難民の新規の受け入れを拒否し、犯罪に対する厳罰化を求めていた。たしかに、シェーファーが掲げる政策はＢＩＷとは異なっており、政策でもって選挙を戦うこともできたはずだが、シェーファーが注目を浴びることは稀であった。なぜなら、この時期のＡｆＤが、党内対立の只中にあったからである。四月に新自由主義者の代表格であるヘンケルが、党内の「右翼イデオローグ」の攻勢を理由に副党首を辞したことは、その対立の激しさを物語っている。ザクセン州組織代表のペトリは、ブレーメン州で政党支持率が上がらないことを取り上げ、これをルッケの責任としていた。ルッケも応戦し、テューリンゲン州組織代表のヘッケに対して、右翼政党ＮＰＤを擁護する発言をした責任をとって、離党すべきだとした（*Die Welt*, 2015.5.10）。ブレーメン州議会選挙では、ＡｆＤは政策論争で注目を集めることはほとんどなく、党内の抗争が焦点化されたのだった。結局、ＡｆＤはめぼしい結果を残せなかったこともあり、選挙後もＡｆＤ内の対立は激しさを増していく。ペトリはルッケの党方針では支持を集められないとし、アダムはルッケが党を去る用意があると発言し、ルッケに圧力をかけた。他方、ルッケやヘンケルはガウラントに離党を求め、右派グループに対抗したのであった。

五　右派グループによる党の制圧――党分裂と原則綱領の採択

激しさを増す党内抗争は、エッセン党大会で決着をみることになった。二〇一五年五月、ルッケは「ヴェックルーフ二〇一五」の結成を通じて新自由主義派の結束を強めており、ペトリに代表される右派グループとの対決姿勢を鮮明にしていた。そして、二〇一五年七月四日、エッセン党大会の幕が切って落とされる。注目された党首選では、ペトリは全体票の約六〇パーセントを獲得して、ルッケを破った。敗北したルッケは、AfDを離れ、ヘンケルとともに新しい政党の立ち上げに向かう。七月二〇日、カッセルにて、ルッケは「前進と出発のための連合（Allianz für Fortschritt und Aufbruch。略称はALFA）」の創立を発表した。創立にあたって、ルッケはAfD結党当初の理念への回帰を示唆し、ALFAをユーロ批判と新自由主義の政党と位置づけた。一方、新自由主義的な「経済学者の政党」（*WirtschaftsWoche*, 2015.7.5）としてのAfDは過去のものとなり、同党はペトリ党首の下で新たな出発の時を迎えることになる。反イスラム運動の主張に理解を示し、移民・難民による治安悪化を訴え、犯罪に手を染めた外国人の本国強制送還を主張してきたペトリがトップになることで、多くのメディアはAfDの右傾化は避けられないと報じたのだった（cf. *Süddeutsche Zeitung*, 2015.7.5）。

党の分裂により、一時は支持率を落としたAfDであったが、二〇一五年に約一一〇万人の難民が入国し、いわゆる「難民危機」が発生してから、再び支持を獲得している。二〇一六年二月時点で支持率は一〇・五パーセントであり、CDU／CSU、SPDに次いで第三位につけている。同年三月一三日に行われたザクセン＝アンハルト州議会選挙では、二四・二パーセントもの得票率を記録し、第二党に躍り出た[19]。一方、メディアを騒がせるような発言は後を絶たない。ノルトライン＝ヴェストファーレン州組織代表のプレッツェルが、ドイツ国境にやってきた難民を銃でもって追い返すべきだと発言し（*Spiegel Online*, 2015.11.1）、ペトリ党首も緊急時には難民に武器を使用することを容認するような発言をしている（*Zeit Online*, 2016.1.30）。

党分裂後の動向として、初めて原則綱領が採択されたことにも注目すべきだろう。二〇一六年四月三〇日から二日間にわたって行われたシュトゥットガルト党大会で、原則綱領が決議された。「イスラムはドイツの一部ではない」という文言に関心が集まり、「反イスラム」綱領とも呼ばれているが（*Handelsblatt*, 2016.5.2）、そうした定式に収まりきらない広範な政策が記載されている。これらの政策は、以下の三つに大別できる。

第一に、結党当初からＡｆＤが掲げてきた看板政策である。ＥＵの権限縮小、国民国家の自律性の回復、ドイツのユーロからの脱退がこれに該当する。これらの政策は、原則綱領の第二章で主張されており、個別政策としては上位に位置付けられている。また、前文にはユーロ批判が記載されていることも踏まえるなら、依然としてＡｆＤは反ユーロ政党という側面を持っているといえよう。第二に、ＡｆＤが変容する過程で重みを増してきた政策である。今回の原則綱領の中心をなしているのが、このタイプの政策である。たとえば、連邦警察の配備による国境管理の強化が挙げられる。これは、すでに多くの州議会選挙プログラムの中で言及されてきた。「伝統的な」家族形態の擁護や、多子家族への現金給付の拡大も主張されており、二〇一四年のテューリンゲン州議会選挙プログラムと同様の論調が見受けられる。徴兵制の再導入は、二〇一六年のバーデン＝ヴュルテンベルク州などの州議会選挙で公表されていたものである。ペギーダの中心的主張でもある公営放送受信料の廃止は、二〇一四年の州議会選挙の段階で主張されている。そして、メディアで特に注目され、議論を呼んだのは、ミナレットと礼拝告知の禁止である。これは原則綱領の「反イスラム」的性格を表すものとされており、すでにノルトライン＝ヴェストファーレン州などの州組織で掲げられてきた政策であった。基本的人権やドイツ基本法の価値を擁護する立場をとりつつ、このほかにも、ブルカやニカブの禁止やイスラム団体の公共法人資格の取り消しを求めている。第三に、原則綱領で初めて提起された政策である。徴兵制の再導入とかかわって、すべての外国軍をドイツから撤退させるという主張が加えられた。社会政策でも新機軸が見受けられる。この分野では、他の政策に比べて明らかに言及が少なく、その全体像を描くことは難しいが、党として初めて最低賃金を支持する姿勢を示したことは注目に値しよう。また、負の所得税に類似した「積極的基礎保障」を掲げた点も目新しい。ハルツ改革で導入された失業手当Ⅱに代わる「積極的基礎保障」のメリットとして、公務員の削減、低所得者に対する労働インセンティヴの提供、不正受給の防止が挙げられている（AfD 2016）。社会政策をめぐっては、選別主義化を目指すモイテンと「社会平和」を重視するペトリとの間だけでなく、党内で激しい意見対立が生じたために（*Spiegel Online*, 2016.3.19）、統一性に乏しく、限定的な内容になったといえる。

六 「ドイツのための選択肢（ＡｆＤ）」はどのような政党か

以上で、ＡｆＤの発展と変容を追ってきた。ＡｆＤが、移民・難民、なかでも特にイスラムを排斥するような排外主義的傾向を強めていったことは明らかだろう。注意を要するのは、ＡｆＤが民主主義や基本的人権を擁護する姿勢を同時に打ち出していることである。ＡｆＤの排外主義は、こうした姿勢と表裏一体となっている。

民主主義という観点からみてみよう。結党当初、ＡｆＤは、ドイツ政府が「国民の声」を無視してギリシャ救済策をとったことを批判していた。また、民主主義の不足を理由として、現行のＥＵを批判した。その後、党内の右派グループが影響力を拡大していく過程では、政府の移民・難民政策に反対し、世論が顧みられていないという主張を繰り返した。これらの主張は、潜在的な利益を政治の場に届けるという意味で、民主主義原理に則っているとも評価できよう。だが、同時に、ＡｆＤはイスラムと民主主義は相いれないという主張を展開したことにも注意を払う必要がある。つまり、民主主義を擁護するという論拠でもって、反イスラム的姿勢を正当化したのである。

基本的人権についても、同様の構図が見られる。原則綱領にもみられたように、ＡｆＤは基本的人権を擁護する立場を明確にしている。しかし、ＡｆＤによれば、イスラムでは表現の自由や言論の自由が認められておらず、基本的人権が尊重されていない。イスラムは反人権的だと断定し、自らは基本的人権を尊重するという立場をとることで、反イスラム的主張を展開したのだった（AfD 2016）。

さらにいえば、民主主義と基本的人権を擁護するということは、ドイツの基本法的価値を守るという意味も持っている。ここでもＡｆＤは、基本法的価値を防衛するという、誰もが反対しえないような論拠を持ち出して、反イスラムの妥当性を訴えたのである[19]。

こうしてみていくと、ＡｆＤが従来のドイツの右翼政党とは異なることが理解できよう。ＡｆＤは、ＮＰＤや共和党のように、単に排外主義的な主張を唱える政党ではない。民主主義、基本的人権、基本法的価値の擁護者という立場を打ち出し、ここから自らの排外主義を正当化しているのである[20]。

ただ、ＡｆＤをめぐってしばしば議論される論点、すなわち、ＡｆＤを右翼ポピュリズム政党と捉えられるかどうかについては、慎重な判断が必要である。右翼ポピュリズムの定義が論者によって違うことも判断を難しくさせる原因ではあるが、ここでは、この分野の専門家であるデッカーらが挙げるメルクマールに従って検討してみたい（Decker 2015；Priester 2012）。

第一に、「普通の国民の声」に耳を傾け、政治エリートに対抗するというメルクマールについて述べるなら、ＡｆＤがこれに合致しているとは言い切れない。たしかに、草の根の反イスラム運動に近い右派グループにはこうした傾向がある。だが、先に述べたように、ＡｆＤの特徴は、著名な論壇人、財界の重鎮、大学教授が集うエリートの政党だった点にある。これが党の威信を高め、その主張にお墨付きを与えることになったし、学歴が高い国民を党に惹きつける役割を果たしたといえる。ルッケが党首選で敗れ、ヘンケルが離党してから、ＡｆＤのエリート主義的性格は明らかに弱まった。だが、分裂後もアダムやモイテンなどの論壇人や学者が党幹部に名を連ねている。以上の理由から、依然としてＡｆＤを反政治エリートの政党と断じることは難しいと考えられる。

二つ目のメルクマール、すなわち、「民族・宗教・文化的属性の本質化」とこれに基づく「よそ者の蔑視」は、ＡｆＤの特徴といえるだろうか。たしかにＡｆＤはそうした傾向を強めてきたといえるだろう。右派グループの発言や原則綱領にみられる反イスラム的態度は、宗教的属性の本質化に基づく蔑視にほかならない。同様の姿勢は、外国人を犯罪者扱いするような党幹部の発言からも明らかである。基本的に、ＡｆＤは第二のメルクマークに合致しているといえるが、留意すべき点もある。たとえば、少数派ではあるが、依然として党内に残る新自由主義者はこうした考え方を持っているとはいえない。また、二〇一五年の「難民危機」の際にメルケルが上限なき難民の受け入れを打ち出し、この方針に対して既成政党から明確な反対がみられなかった時点からＡｆＤへの支持が急速に伸びたことを踏まえて[21]、ＡｆＤは行き場のない抗議の声を集めているに過ぎないという見解もある[22]。上限なき難民の受け入れに反対することを、民族・宗教・文化的属性の本質化に基づく蔑視と同定することは困難だろう。第三に、問題の単純化と二項対立の強調というメルクマールであるが、これは観察できる。たとえば、旧東ドイツ地域での州議会選挙で、ＡｆＤは移民・難民の流入と治安問題を結びつけたが、これは問題の単純化と捉えられる。近年の政府の方針をジェンダー主流化と断定し、これに反対する姿勢は、単純な二項対立を設定しているといわねばならない[23]。ただ、問題の単純化や二項対立の強調は、既成政党においても観察されるため、必ずしもＡｆＤに特有とはいえない点にも注意を払う必要があるだろう。

総じていえば、たしかにＡｆＤは右翼ポピュリズム的性格を持っており、それは次第に明確になってきたといえよう。だが、上述の三つのメルクマールのすべてを満たしてはいないため、現時点でＡｆＤを右翼ポピュリズム政党と結論付けることは難しいと考える。本章で明らかになったのは、ＡｆＤが反イスラム的姿勢を強め、移民・難民の排除を前面に押し出すようになっており、排外主義化しているということである。

では、なぜＡｆＤは排外主義に傾いていったのだろうか。反ユーロという主張に焦点を合わせると、その原因が明らかになる。もともとＡｆＤは、反ユーロを掲げていた。ルッケが唱える反ユーロは、元来、新自由主義的な観点から提起されたものだった。彼は、ユーロ危機へのドイツ政府の対応を批判し、各国の財政規律に対する自己責任を軽視していることを批判している。ヘンケルは、ギリシャ支援にみられるように、ユーロ圏を巨大な再配分機能を持った共同体であるとみなしており、こうした機能の拡大に対して批判を加えている。結党当初、ＡｆＤ党内で影響力を持った人物がこうした主張を唱えていることから、自己責任原理の強調や国家介入の忌避という点で、反ユーロが新自由主義と親和的であることがわかる。

だが、反ユーロは様々な立場から支持されうる。たとえば、ＡｆＤは、左翼党の元党首であるラフォンテーヌを「ユーロへの正当な評価を下した者」として称賛していた。なぜなら、ラフォンテーヌが初期の反ユーロ主義者だったからである。彼は、早晩ユーロが隘路に迷い込むと考えていたし、ユーロが各国の自律的な財政・社会政策を制限するとして、従来の貨幣単位が望ましいと主張していた。事実、連邦議会でギリシャ支援に唯一反対したのは、ラフォンテーヌが所属していた左翼党だった。ガートらの研究で、ＡｆＤのこの政策選好が緑の党や左翼党と近しいものであり、比較的左派色が強い政策だとされていたことも、ＡｆＤと左翼党との親和性を物語っている。また、ＡｆＤがユーロ危機に対するドイツ政府の対応を起点として組織されたことを踏まえるなら、ドイツが担っている負担が重すぎるという理由からＡｆＤが支持されることもありうる。ＣＤＵから流れた票はこうした素朴な「ドイツの過重負担」感覚に基づくものであり、ドイツ・ナショナリズムの発露だと論じる研究者もいる[24]。

つまり、ルッケやヘンケルは新自由主義的観点から反ユーロを掲げていたが、そうではない政治的立場から反ユーロを主張することはありうるのである。反ユーロは、多くの勢力の接着剤となりえるし、ナショナリズムを強調する政治勢力からも支持を集めることができたといえよう。それは、右翼勢力を引き寄せる呼び水となりえたのである。

そして、ＡｆＤの排外主義政党化を考えるうえで見逃せないのは、この政党が右翼陣営の結集の場として利用されたという点である。結党から間もなくして、「自由」、自由有権者、ＮＰＤといった右翼政党から多くの元党員が流れ込み、党基礎組織での右傾化が始まった。「自由」のシュタットケヴィッツ党首のように、公式にＡｆＤへの参加を促したケースすらあった。その背景には、これまで右翼陣営が分裂していたために、五パーセント条項を突破できず、連邦議会への参入を果たせずにいたという事情があった。この問題を克服するため、ＡｆＤが活用されたというわけである。右翼政党の元党員が続々とＡｆＤに入党し、さらに党とペギーダとの距離が縮まることで[25]、次第に党内の勢力図は塗り替えられていく。右派グループは新自由主義派に対して優位に立つようになり、結局、立党の立役者であるルッケがＡｆＤを追い出されることになる。こうして、ＡｆＤの排外主義政党化が加速していったといえよう。

現在でも、ＡｆＤをめぐる報道は過熱している。党内の権力闘争は続いており、スキャンダルや失言も後を絶たない。浮き沈みが激しい政党であり、政策の変化も大きい。今後もＡｆＤの動向を注意深く見守っていく必要があるだろう。

＊謝辞　本稿の執筆にあたって、Ｍ．Ｔ．フォークト氏（Matthias Theodor Vogt、ツィッタウ／ゲルリッツ大学教授）、Ａ．ホフ氏（Andreas Hoff、ツィッタウ／ゲルリッツ大学教授）、Ｏ．ラインハルト氏（Oliver Rheinhard、ザクセン新聞編集長）、Ｆ．ザイベル氏（Frank Seibel、ザクセン新聞記者）、Ｖ．クレック氏（Vladimir Kreck、神戸大学准教授）、藤野一夫氏（神戸大学教授）、Ｆ．デッカー氏（Frank Decker、ボン大学教授）Ｔ．ポグントケ氏（Thomas Poguntke、デュッセルドルフ大学教授）、Ｒ．クインテン（Roland Quinten、ＡｆＤケルン地域組織幹部）、Ｖ．ヘーゼ（Viktor Heese、ＡｆＤケルン地域組織財政政策担当）との意見交換やインタビューが参考になった。ここに記して感謝の意を表したい。

注

(1) 失業者数は二七九万五〇〇〇人(二〇一五年平均)であり、再統一後の最低水準であった。貿易黒字は高い水準で推移し、二〇一五年三月には史上最高の月額輸出総額を記録した。同年、税収は当初予測を超え、財政均衡が達成された。

(2) なお、同年の難民申請数は四七万六六四九件であり、そのうち、一六万二五一〇件がシリア、五万四七六二件がアルバニア、三万七〇九五件がコソヴォ、三万一九〇二件がアフガニスタンの出身者によって申請された。

(3) ペギーダ(PEGIDA)の正式な名称は、「西欧のイスラム化に反対する欧州愛国者(Patriotische Europäer gegen die Islamisierung des Abendlandes)」である。活動する地域によって、その名称は異なる。二〇一四年一〇月にドレスデンで行われたデモが出発点となっており、そこではドイツ社会のイスラム化、難民受け入れ、社会統合政策に反対する姿勢がみられた。流動的な組織ではあるが、二〇一五年一月のドレスデン工科大学の調査によれば、ペギーダ参加者の多くが強い政治、政党不信を抱いており、外国人を敵視している。平均所得はザクセン州のそれを上回っており、教育水準は高く、四分の三は男性であった。

(4) 『ツァイト』の報道によれば、ドイツ公共放送連盟による世論調査の回答者の八一パーセントが、メルケル政権がドイツ国内の難民の状況を統制できていないと判断している。政府への評価も厳しい。一月時点で、連邦政府の政策に満足しているものが五一パーセントを占めていたが、二月には三八パーセントへと低下している。メルケルへの支持率は、一ヵ月前から一二ポイントも下がっており、二月時点で四六パーセントであった(*Zeit Online*, 2016.2.3)。

(5) 二〇一五年一二月三一日にケルンやハンブルクで女性が集団暴行を受け、翌年二月の時点で被疑者は七三名にのぼっている(*Focus Online*, 2016.2.15)。そのうち、ドイツ国籍を有する者は三名のみであり、残りはモロッコ、チュニジア、シリアなど外国籍の男性である。

(6) ケルンやノルトライン＝ヴェストファーレン州を中心に活動する右翼的で人種主義的な市民運動である。ネオナチ組織を母体としており、ケルンのモスク建設に対して活発に反対運動を行ったことで全国的に注目を集めた。

(7) 二〇一六年六月時点では、ドイツ国内ではバイエルン州議会でのみ議席を持つ政党である。基礎自治体の自律性を主張し、民主主義の赤字やインフレの誘発を理由に、EUやユーロに批判的な姿勢をとっている。

(8) 共和党は、グローバル化、移民・難民の受け入れ、EU統合に反対する右翼政党である。一九八三年に結成され、二〇〇〇年代初頭まで、ベルリンやバーデン＝ヴェルテンベルク州の州議会などで議席を有していたが、現在では連邦、州、ヨーロッパ議会に議席はない。シル党は、二〇〇〇年に結成され、二〇〇一〜二〇〇三年にハンブルク州政権に参加した右翼政党である。正式名称は「法治国家の攻勢」であるが、設立者で第一代表だったシルが率いていたために「シル党」と呼ばれる。治安悪化を強調し、移民・難民の流入や福祉削減に反対して支持を集めたが、二〇〇七年に解党した。

（9）二〇一三年連邦議会選挙では、とりわけザクセン州において右翼政党「自由」からの票がＡｆＤに流れ、その躍進を後押しした（中村 二〇一四）。

（10）ドイツの連邦議会選挙では、第二票（比例代表）の得票率が五パーセントを超えなければ、原則的に比例代表の議席配分がなされない。

（11）ＡｆＤは、ブルジョアミリューと労働者ミリューの双方から票を集めたことが明らかになっている。また、投票日数日前にＡｆＤへの投票を決めた「駆け込み投票者」が支持者全体の四六パーセントにも達する。地域別にみると、旧西ドイツより旧東ドイツで支持を集めた（野田 二〇一四）。なお、ミリューとは「心情共同体」を意味する。

（12）ＡｆＤによれば、カナダは選別的移民政策を実施しており、ＡｆＤはこれを高く評価している。移民を、教育水準、職業経験、語学力、年齢に基づくポイントによって選別し、一定のポイント数を獲得した者のみを受け入れるという政策である。

（13）「ジェンダー平等」、すなわち「性別にとらわれることのない平等」を実現するために、政治、経済、社会のあらゆる分野における政策およびプログラムの企画、実施、モニタリング、評価において、ジェンダーの視点を導入することを指す。

（14）ＥＵは「成長のための健康・医療」プログラムのために四億四六〇〇万ユーロを見積もっているが、ＡｆＤはこれを廃止すべきであるとしている

（15）イスラム教の宗教施設にある塔であり、主に礼拝時間を告げるために用いられる。

（16）ドイツにおいて、ホスト社会と移民エスニック集団が交わることなく「並行」に存在している社会の状態を指しており、社会統合の不足を表す概念として二〇〇〇年代以降、一般的に用いられるようになった。

（17）また、ＡｆＤ支持者の六七パーセントが政党への失望感を感じており、二九パーセントがその失望感がＡｆＤを選ぶ理由だったと答えている（Raabe 2014）。これをみると、ＡｆＤが人々の不満を吸収して躍進したとも評価できる。

（18）投票率は五〇・二パーセントであり、前回選挙から五・三パーセントも下がった。記録的な低投票率であった。

（19）ブレーメン市では五・六パーセントの票を得たが、ブレーマーハーフェン市では五パーセントに達することができなかったため（得票率四・九七パーセント）、議席を獲得できなかった。

（20）同日に行われたバーデン＝ヴュルテンベルク州とラインラント＝プファルツ州での州議会選挙においても、それぞれ一五・一パーセントと一二・六パーセントと高い得票率を記録した。両州議会では、ＡｆＤは第三党となった。

（21）二〇一五年九月以降にＡｆＤの支持が急速に拡大した。たとえば、アレンスバッハの調査によれば九月から一〇月にかけてＡｆＤへの支持は三・五パーセントから七パーセントへと伸びており、その後も上昇し続けている。

（22）Ｆ．デッカー氏へのインタビュー（二〇一五年一二月一八日）。ＡｆＤ支持者は、どの政党の支持者よりも難民の受け入れに

対して否定的な態度をとることが明らかになっている（*Zeit Online*, 2016.2.3）。

（23）現行の政策や政治のすべてを「システム」と呼び、これにＡｆＤを対置させるのも問題の単純化と二項対立の強調といえよう（Ｒ・クインテン氏、Ｖ・ヘーゼ氏へのインタヴュー、二〇一六年一二月二三日）。

（24）Ｍ．Ｔ．フォークト氏へのインタビュー（二〇一五年三月二日）。

（25）ドレスデンにおけるペギーダ参加者への聞き取り調査により、その八〇パーセントがＡｆＤを支持していることが明らかになっている（*Die Welt*, 2016.1.31）。また、ＡｆＤ支持者の八六パーセントがペギーダの反イスラム的な主張に理解を示している（*Handelsblatt*, 2016.2.28）。

参考文献

中谷毅（二〇一三）「ドイツにおける抗議・市民運動としての右翼ポピュリズム――プロ・運動の事例を中心に」高橋進・石田徹編『ポピュリズム時代のデモクラシー――ヨーロッパからの考察』法律文化社、七三―九四頁。

――（二〇一四）「反ユーロ政党「ドイツのための選択肢」――その誕生・選挙戦・今後の展開」『龍谷大学社会科学研究年報』四四号、二三七―二四五頁。

中村登志哉（二〇一四）「リベラル派の退潮と反ユーロ政党の急伸――２０１３年連邦議会選挙結果の分析」『メディアと社会』六号、一―一三頁。

野田昌吾（二〇一四）「２０１３年ドイツ連邦議会選挙」『法学雑誌』六〇巻三・四号、一一二一―一八六頁。

水島治郎（二〇一六）『ポピュリズムとは何か――民主主義の敵か、改革の希望か』中央公論新社（中公新書）。

AfD［Alternative für Deutschland］（2013）*Wahlprogramm 2013*.

――（2014a）*Mut zu Deutschland. Für ein Europa der Vielfalt*.

――（2014b）*AfD Kompakt 2014/10/14*.

――（2016）*Grundsatzprogramm der Alternative für Deutschland*.

AfD Brandenburg（2014）*Das Landtagswahlprogramm der AfD Brandenburg*.

AfD Bremen（2015）*Programm für die Bürgerschaftswahl 2015*.

AfD Hamburg（2015）*Wahlprogramm 2015*.

AfD Sachsen (2014) *Wahlprogramm 2014*.

AfD Thüringen (2014) *Wahlprogramm zur Landtagswahl 2014*.

Bebnowski, David and Förster, Lisa Julika (2014) *Wettbewerbspopulismus. Die Alternative für Deutschland und die Rolle der Ökonomen*, Otto-Brenner-Stiftung.

Decker, Frank (2015) „Alternative für Deutschland und Pegida: Die Ankunft des neuen Rechtspopulismus in der Bundesrepublik“, in F. Decker, B. Henningsen, K. Jakobsen eds., *Rechtspopulismus und Rechtsextremismus in Europa. Die Herausforderung der Zivilgesellschaft durch alte Ideologien und neue Medien*, Nomos, pp.75–90.

Friedrich, Sebastian (2015) *Der Aufstieg der AfD*, Bertz + Fischer.

Gath, M., M. Bianchi, J. Schoofs, K. Hohl, A. Jüschke and S. Bender (2014) *Der Duisburger-Wahl-Index (DWI) zur Europawahl* 2014 *Policy-Positionen von CDU, CSU, SPD, Grünen, Linke, FDP, AfD und Piraten zur Europawahl 2014 imVergleich*, NRW School of Governance.

Häusler, Alexander (2016) “Ausblick”, in A. Häusler ed, *Die Alternative für Deutschland: Programmatik, Entwicklung und Politische Verortung,* Springer VS, pp. 239–245.

Hirscher, Gerhard (2014) *Die Alternative für Deutschland: Wählerschaft und Wahlmotive*, Hanns-Seidel-Stiftung.

Hoff, Benjamin-Immanuel (2014) *Ergebnisse der Landtagswahl in Thüringen am 14. September 2014—Wahlnachtbericht*.

Neu, Viola (2015) *Bürgerschaftswahl in Bremen*, KAS.

Niedermayer, Oskar (2015) „Eine neue Konkurretin im Parteiensystem? Die Alternative für Deutschland“, in O. Niedermayer ed., *Die Parteien nach der Bundestagswahl 2013*, Springer VS, pp.175–208.

Plehwe, Dieter (2014) „Durchmarsch der nationalen Neoliberalen? Die AfD und die neue europäische Rechte“, *Blätter für deutsche und internationale Politik*, 2, pp.63–72.

Priester, Karin (2012) „Wesenmerkmale des Populismus“, *Aus Politik und Zeitgeschichte*, 5–6/2012, pp.3–9.

Raabe, Stephan (2014) *Analyse zur Landtagswahl in Brandenburg*, KAS.

第八章　イタリアにおける移民ケア労働者導入と家族主義レジームの「再家族化」

伊藤　武

一　イタリアにおける移民ケア労働者導入の文脈と家族主義的福祉レジーム

移民ケア労働者導入の「成功」とパラドクス

急速な少子高齢化と経済危機が続く現代の先進国において、高齢者ケアは最重要の福祉政策争点として浮上している。急速に拡大するケアの需要をいかに満たすか、需給ギャップへの対応は困難な課題である（Bettio and Verashchagina 2010）。とりわけイタリアを筆頭とする南欧の家族主義的福祉レジームは、先進国中随一の速度で進む少子高齢化に伴いケア需要が急増するのに対して、供給についてはもともと脆弱な公的・市場サービスに頼れず、縮小する家族への依存を迫られる深刻な福祉政策のジレンマに直面してきた。

近年先進国におけるケアの需給ギャップ問題の解決策として軒並み注目を集めているのが、増大する移民労働力の活用である。しかし、移民ケア労働者（Migrant Care Workers）の拡大に必要とされる移民受け入れ拡大は、反移民主義勢力の台頭を招き、移民規制の強化に繋がるという移民政策上のジレンマに遭遇せざるをえないと予期された。

ただし、イタリアでは、移民ケア労働者の導入は、このような福祉政策・移民政策の政策的ジレンマを乗り越え、「成功」を収めたと言えそうである。高齢者ケア向けの労働力供給の大幅な不足の埋め合わせとして、合法的移民ばかりでなく、大量に流入する不法移民が活用された。一九九〇年代以降数次にわたる不法移民の「正規化（regolarizzazione）」措置とケア労働者としての移民受け入れ枠の設定によって、移民ケア労働者はもはやありふれた存在となった。時に北部同盟など反移民主義を掲げる政党勢力が政権の中心に参加しながらも、ケア労働者として移民の選択的受け入れが進む潮流は継続している。

公的・市場的なケア・サービスの不足による行き詰まりを移民ケア労働者で埋め合わせ、既存の家族主義的福祉レジームを大きく変更することなしに適応する潮流は、南欧諸国に共通している。家族中心の福祉レジームという福祉レジームの維持・強化という点で、このような政策対応は、「再家族化」とも呼ぶことができるだろう。

分析視角と理論的課題

本章では、イタリアの移民ケア労働者導入策を再検討することによって、このような再家族化政策が、現実にも理論的にも、大きな問題点を抱えていることを明らかにする。現在のケア政策では、特にユーロ危機以降の経済危機を受けて、高齢者ケアの需給ギャップは再び深刻化し、ミスマッチや地域、経済格差の悪化が問われる事態となっている。提供されるケアの質の確保も難しい。移民ケア労働者導入による再家族化という政策モデルの持続可能性が問われる状況に至っているのである。本章では、移民ケア労働の問題を検証する際、福祉政策としてのケア政策、移民規制など移民政策のみならず、労働市場政策も踏まえた政策的リンケージが形作るインセンティブ構造の中で、ケアの需要側（高齢者やその家族など）だけでなく供給側の移民の戦略的行動を分析する重要性を主張する。従来の移民ケア労働者研究は、主に福祉政策の制度設計を前提とした需要に対応する形で移民ケア労働者の供給を考えてきたが、そのようなアプローチは修正が必要である。

理論的には三つの改善点を取り上げる。第一に、福祉政策と移民政策の間で抜け落ちていた労働市場政策としての視角の重視である。移民にとって、ケア労働は労働の一つでしかない。近年いわゆる「雇用中心型」福祉国家論や社会投資型福祉国家論が盛んになっている状況下では（Morel, Palier, and Palme 2012；三浦・濱田 二〇一二）、ケア労働を全体の労働市場の中に位置付け、賃金・規制や生産性をはじめとする労働市場政策の設計の中で比較することが不可欠である。第二に、ケアなど福祉政策と移民政策、労働市場政策の特質に注意しながら、三つの政策間のリンケージとズレにも注意する。たとえば移民政策上の必要性を優先したケア労働者の受け入れ規則設計が、ケア政策上の要請と齟齬を来すことも現実に起こっている。第三に、雇用者（＝ケア需要者）の側に偏っていた視点を修正し、供給者としての移民側も重視した戦略的相互作用を捉える。従来の議論の中には、暗黙の前提として移民の供給が限界なく続くかのような主張さえ存在する。しかし、供給側＝移民側のインセンティブ、イタリアに限定されないキャリアパスを考慮する必要がある。

本章の検討は、移民と福祉国家研究との関係について、新たな知見を提供すると期待される。移民政策と福祉政策のリンケージに関する議論は、これまでは、増大する移民と福祉受給に伴う摩擦の問題に関心が寄せられてきた（Sainsbury 2012）。移民ケア労働者の問題に関する優れた比較政治学的研究でも、焦点は高齢者ケアの需要をめぐる構造変化に置かれ、ケア提供者として移民はそれに対応する存在と捉えられてきた（van Hooren 2008；稗田 二〇一〇）。本章は、ケア供給者としての移民の選択を重視した検証によって、移民政策、ケア政策に加えて労働市場政策・キャリアパスの問題として移民ケア労働を捉え直す。

二　移民ケア労働者導入をめぐる議論と分析枠組

イタリアの高齢者ケア問題と移民ケア労働者導入

急速な少子高齢化の進行は、南欧諸国に共通した特徴である。このため、南欧諸国では、急増する高齢者ケア需要への対応が、最も重要な福祉政策課題の一つとして浮上せざるをえなかった。なかでもイタリアは、ヨーロッパで最も少子高齢化が進んだ国の一つとして知られている。高齢化率は、二一・四パーセント[1]（二〇一四年）に達している一方で、出生率は一・四（二〇一二年）と先進国中屈指の低さである[2]。

南欧の家族主義的福祉レジームでは、家族を中心としたプライベート・ケアが圧倒的比率を占めている。公的サービスも市場のサービスも貧弱で現金給付も限定された南欧諸国では、社民主義レジーム諸国のように公的サービス充実させたり、自由主義レジーム諸国のように市場での調達を促進したり、保守主義レジームのように手厚い財政支援で補填したりするような対応策が採用できない[3]。慈善団体や行政サービスの対応はきわめて不十分にとどまり、介護の負荷はもっぱら縮小する家族にかからざるをえなかった。このような状況から、幾度もケア政策破綻の危機が叫ばれてきた（伊藤 二〇一一 a）。

しかし、実際には、イタリアの高齢者ケア政策は踏みとどまっている。その要因は、大規模な移民ケア労働者の導入にあった（宮崎 二〇一三）。高齢者とその家族は、ケア・サービスの過小供給状況に対して、（公的サービスと比べれば）相対的に潤沢な手元資金（年金や各種手当てなど）を用いて、不法滞在を含む移民を雇い、家事補助や介護に当たらせることで対応しようとした。高齢者側から、公共政策不在へのやむをえない対策として、事実上違法な状態のまま始まったのである。

移民ケア労働者導入は、その後高齢者ケア需要を満たす切り札として政策的に追認された。特に一九九〇年代以降、数次にわたり大規模に進められた不法移民の正規化措置は、すでに事実上進んでいた移民ケア労働者の家庭への導入を追認する措置であった。この措置に対しては、地方自治体レベルを中心に、移民介護労働者の斡旋サービスなど需給のマッチングへの支援が行われた。また国や地方レベルでも、介添手当（l'indennità di accompagnamento）や介護手当（l'assegno di cura）という形で間接的支援が実施された。

政治的にみれば、移民ケア労働者の導入拡大は、北部同盟を筆頭に反移民主義を掲げる政党勢力が一九九〇年代前半と比較的早期に政権参加したイタリアにおいて、リスクの大きい政策であった。ただし、二〇〇二年のボッシ＝フィーニ法の差別的扱いなどに批判はあるとはいえ、規制強化そのものは他国と類似の内容にとどまり、ケア労働など限定した正規化という形で実質的受け入れが進んでもいる（伊藤 二〇一一b）。不法滞在者・不法移民の事実上の黙認まで含めれば、相対的には「寛大な」移民規制と評価も可能であろう。

家族主義的福祉レジームからみた政策対応の問題点

このように、イタリアは、予測されるケア労働の不足を、移民ケア労働者の導入という形で乗り切ることができた。政策的には、ケアの需給ギャップにしたがって、不法移民の正規化や受け入れ枠の設定などの措置を講じていけばよく、解決策としては、移民流入が継続する限りそれなりに安定すると期待される。移民ケア労働を買うという対応策は、家族主義レジームの特徴である家族への現金給付によるケア調達（いわゆる“Cash for care”）の典型であり、家族単位の福祉政策という家族主義レジームの制度的根幹を維持・強化する「再家族化」政策であった。

しかし、実際には、移民ケア労働者を軸とした再家族化戦略の持続可能性は、深刻な危機に晒されている。高齢者ケアでは、高齢化の進行によって、複雑な作業のための高度・中程度のスキルが必要なケアの需要が高まるものの、労働条件の低さなどのために、実際の調達は進んでいない。移民ケア労働力の導入にも所得差や地域差、移民政策のミスマッチが悪影響を与え、供給不足の問題も深刻化している。財源の面でも、年金や介護手当など家計への所得移転が基盤となっているが（Tediosi e Gabriele 2010）、水準は低くとどまる。

このような危機に直面したイタリアは、同じ南欧家族主義レジームにおけるスペインのように、公的メカニズムや市場メカニズムを導入する改革も実現できていない（Bettio and Verashchagina 2010：7）。さらにユーロ危機以降、移民ケア労働者導入も難しい貧困層の拡大が指摘され、維持可能性を問われる事態に陥っている。

移民ケア労働者への需要におけるジレンマ

移民ケア労働者導入による再家族化策に深刻な問題が生まれるのは、移民ケア労働者導入に際して、需要、供給、政策レベルの三つの政策的ジレンマが伴うからである。

第一のジレンマは、高齢者ケアに関する需要面、特に財政面である。前述のように、移民ケア労働者導入を求める高齢者やその家族などにとって、ケア・サービス購入の財源としては、国家や地方自治体からの現金給付が大きな割合を占めている。その内訳としては、中央政府から提供される介添手当のほか、地方自治体ごとに異なる各種介護給付が代表的である。このほか、（所得代替率の点では先進国屈指であるという点で）比較的給付水準の高い公的年金も重要な財源である。

しかし、現在のイタリアでは、移民を含む正規のケア労働者を雇う場合、介添手当程度では、事実上社会保険料拠出に該当する程度にとどまるとされる。地方自治体ごとの介護手当は給付水準もまちまちであり、制度自体が存在しない自治体も多い。年金についても、一九九〇年代以降度重なる改革によって、公的年金の給付水準も下げられ、低年金問題も生じている。またイタリアの年金制度は、現役時代の所得と連動しているため、恵まれた一部の正規雇用出身者を除いて、実際の給付水準は高くない（伊藤 二〇〇六）。また介護を支える家族や親類も雇用の不安定化に見舞われている。現役世代が高齢者としてケアが必要な世代になったときの制約はさらに増大すると予測できるため、中期的な持続可能性の点でも問題が大きい(4)。

家計への現金給付に依存したケア政策の限界という点は、イタリアに限らず家族主義レジーム諸国に共通した問題である（Ferrera 2005）。保守主義レジーム諸国と異なり現金給付水準の低い家族主義レジーム諸国では、それに頼らない手段を見つける必要がある。スペインは公的メカニズムや市場メカニズムを利用する改革を限定的ながら導入したのに対して、イタリアは政策的革新を実現できなかった。

さらに自由主義レジームのように最低限のケア・サービスを確保する仕組みも存在していない。自由主義レジームのイギリスでは、ケアについては、国民保健サービス（ＮＨＳ）の制度下で社会的包摂を重視したナショナル・ミニマムが設定されているのに対して、イタリアでは同じく国民保健サービス（ＳＳＮ）で提供される限定的な施設・在宅ケア以外は、ナショナル・スタンダードは存在していない。正規の移民介護労働者は労働協約で保護された高い賃金支払が必要となるため、結局安い闇労働の移民ケア労働者への依存は止まらない。

移民ケア労働供給のジレンマ

第二のジレンマは、移民ケア労働の供給面である。多くの国で、ケア部門の賃金水準はほかより低いことが多く、一般労働者にとって就業の誘因は高くない(5)。そのためケア供給源を越境する移民に依存する国は増加している(6)。イタリアの場合は、公的ケア部門の役割も乏しく、労使協約によって決まる正規のケア労働者の賃金も高くはないため、とりわけ移民ケア労働者への依存は高まらざるをえない。

ただし、移民の側の状況を考慮した場合、適切なケア労働力の供給が行われないリスクは拭えない。移民の移動に関して、経済的にも雇用可能性のある地域、経済発展した中北部をめざす比率が高い。また、移民の移動については、移民研究の成果として[7]、単に経済的誘因に基づいて移動するのではなく、移動先のエスニック・コミュニティの存在など、ケア政策の需要とは独立した要因も重要である。供給側のインセンティブは、需要側と対応するとは限らず、実際安価な移民ケア労働者が必要な南部あるいは、周辺の農村部で、供給不足が生じている。また、イタリアのように、移民規制上の厳格な受け入れ枠設定によって、正規のケア労働供給を阻害してしまっている場合もある。さらに、二〇一〇年のアラブの春以降の流入急増にみられるように、移民のプッシュ要因は、移民ケア労働の需要・供給とは独立している。

過小供給やミスマッチの問題については、地方政府の支援あるいは労働組合も関与した紹介サービスなどの対策が採られてきた。しかし、いずれも限定的な正規の移民ケア労働者の紹介に限定されているため、需要側だけでなく、固定したキャリアを好まない移民側の事情との齟齬も生じている。また地方分権化の影響からか紹介サービス提供は自治体に委ねられているため、行政能力の低い地域、特に南部では限界がある。また企業による紹介サービスも含めて紹介されるのは正規の移民ケア労働者である点は、非正規での雇用を臨む一定の移民の存在を捉えられていない（Di Santo and Ceruzzi 2010）。イタリアではとりわけ強い労組の関与によって、最低賃金を全国労働協約（CCN）により定める政策が確立しており、これが二重構造（正規労働、ヤミ労働）の労働市場の出現を招いている[8]。

政策レベルのジレンマ

第三のジレンマは、政策レベルに関するものである。すでに指摘したように、移民規制はナショナルな枠組で決定するのに対して、移民ケア労働者の受け入れ・提供業務については、ケアの計画が州レベル、実務は基礎自治体（コムーネ）に委ねられている。特にナショナル・ミニマムが依然として制定されていない状況では、地域差が激しくなるばかりではなく、国、州、コムーネの調整に問題を抱えている。

理論的には、政策レベルのジレンマは、先進国共通のサービス重視福祉国家への転換論の背後で、現実の福祉サービス供給のアリーナは分権化を通じサブナショナル・レベルに移行しているのに対して、移民規制はナショナル・レベルの政策にとどまるように、政策枠組・執行レベルにズレが生じているとみることができる。移民ケア労働者をめぐる移民政策と福祉政策の繋がりはマルチレベル政治の状況となっている。ナショナルな福祉レジームの枠組に基づく既存の福祉レジーム論では、この点を十分理解できていない。

分析視角

したがって、移民ケア労働者をめぐる政策的ジレンマをめぐる検討から、この問題の議論については、三つの視角を強調する必要があることがわかる。

第一の視角は、移民ケア労働者導入に際して、ケア需要者の高齢者側だけでなく、移民側のインセンティブと戦略的行動を考慮することである。従来の移民ケア労働者をめぐる議論では、もっぱら前者の要因が強調される一方、移民ケア労働力は受け入れ国側の規制がかからない限り、事実上無尽蔵に供給されることが暗黙の前提となっていた。しかし、現実には、移民側のキャリア形成上のインセンティブなど戦略的行動がケア労働力の供給に大きな影響を与えている。

第二の視角は、移民ケア労働者論において、ケアの福祉政策と移民規制など移民政策を結びつけるだけでなく、労働市場政策を含める必要性である。従来の移民ケア労働者論では、ケア労働を「脱商品化」された労働として、労働市場メカニズムに乗らない労働と捉えてきた。しかし、移民ケア労働の場合も、労働条件の重要性は同様である。賃金制度や雇用規制など労働市場の制度との関連は、ケア需要者の戦略（正規の移民ケア労働者と非正規・ヤミの移民ケア労働の選択など）にも、移民の側の戦略（正規・非正規・短時間のケア労働の選択、ケア労働と他の労働の選択など）にも大きな影響を与えるからである。理論的も、労働市場政策・雇用保障の視角の導入は、ジェンダー分業の再検討などの点からも重要である。[9] 近年の福祉国家論では、雇用中心アプローチや社会投資型福祉国家論など、労働市場政策に重点を置いた福祉国家論が盛んとなり、既存の福祉国家論にも見直しを迫っているからである。

第三の視角として、移民ケア労働をめぐる福祉、移民、労働市場政策のマルチレベルなリンケージに注目した理解が必要である（伊藤 二〇一一b）。イタリアの場合、移民政策（移民規制）と労働市場政策（労働協約）は主に国家レベルで決まるのに対して、福祉政策はケアに関しては分権化で州やコムーネの自律性が拡大している。このような政策レベルのずれが及ぼしている影響は十分解明されていない。特にケアの受給者である高齢者と提供者である移民の戦略的行動に及ぼす影響を分析する必要がある。本章では、高齢者と移民双方がサブナショナル・レベルの政治行政・経済構造の差異を考慮した対応を取る過程に注目する。理論的にはソーシャル・キャピタルの地域的基盤に注目する（Putnam 1994）。

三　移民ケア労働導入の背景と過程

ヘルスケア・ソーシャルケアの状況と問題

イタリアにおける高齢者ケアについては、公的な施設におけるケア、公的な在宅ケア、プライベート・ケアに区分される。このうち、公的なケアについては、国民保健サービスによってカバーされるため、原則無償である。公的ケアを提供する主体は、自治体あるいはその委任を受けた特別な民間団体（ＮＧＯなど）である。

施設ケアについて、イタリアでは非常に限られている。収容者数に関するデータをみると、イタリアにおいてケア施設に収容されている六〇歳以上の高齢者の数は、一〇〇〇人中一九・八人であり、国際基準に照らしても限定されている（Tedosi and Gabriele 2010：11–12）。このため、公的ケアの中心は、在宅サービスの提供を柱とする。しかし、この在宅サービスについても、公的ケア提供は非常に限定されている。公的部門の資金で賄われている在宅ケアは、全国保健サービスの資金で賄われる在宅ヘルスケア（地域保健公社ＡＳＬの下で提供される統合在宅扶助ＡＤＩの枠組による）、および地方自治体（特にコムーネ）の資金で賄われる在宅の個人ソーシャルケア（在宅扶助サービスＳＡＤによる）に区分される。両者のサービスは、一部の例外的地域を除いて統合されていない（*Ibid.*：14–15）。公的ケアを受けている人は、施設ケア・在宅ケアを併せても、六五歳以上の高齢者の四・九パーセントにとどまる。公的ケアの提供時間でみても、わずかであるとされている。

したがって、高齢者ケアの圧倒的比重は、家族、近親者、周辺の知人、あるいはその他の主体によるプライベート・ケアが占めることになる。この点に関して、公的データは存在しないが、六・九パーセントの高齢者（六五歳以上）が私的に在宅ケアを受けているとされる。したがって、公的ケアよりも大幅に多くの高齢者が、私的な在宅ケアに依存していることは明らかである。

公的ケアの充実に向けた改革もいくつかなされているが、依然として不十分なままである。二〇〇〇年一一月の法律第三二八号がケアに関するナショナル・ミニマムを設けることを狙った枠組法であるが、財政的裏付けなど実際の政策的効果は限定された。全国保健計画（二〇〇六～二〇〇八年）では、財政的困難などの事情から公的ケア、特に施設ケアの限界を公然と認め、在宅ケアの充実と支援を最優先することが謳われた(10)。

家計への現金給付制度の状況

公的ケアの貧困と私的ケアへの大幅な依存という状況について、政府側でも支援のために家計への現金給付を行っている。国レベルでは介添え手当、地方レベルでは各種の介護手当が支給されている。

介添手当（indennità di accompagnamento）は、全国社会保障機関（ＩＮＰＳ）の枠組から拠出される手当である。二〇〇九年時点では、月額四七二ユーロである。家計の経済状況に拠らず（ミーンズ・テストなし）支給される同手当は、特定の物品やサービスの購入が義務ではない。使途制限がない普遍主義的原則を採用しているのは、高齢者家庭の困難な経済状況の改善を目的とするからである。

このほか、主にコムーネによって提供される地方自治体ごとの介護手当（assegno di cura）が存在する。一九八〇年代から導入が始まり、一九九〇年代には中北部で広がった介護手当は、国家レベルの公的ケアの限界を踏まえ、在宅ケアを支援するために設けられた。使途については、限定されている場合とそうでない場合と双方存在する。ただし、この手当があるのは主に北部・中部の経済的に豊かな州であり、経済的に困難な南部では手当が存在しないところも多い。さらに、公的年金、障害年金などの現金給付も、私的ケアの購入に用いられている。全体として、家計への現金給付を柱とする福祉政策の一環である。

使途について限定を設けない現金給付を軸とした私的ケア支援策については、柔軟性について一定の評価もなされている。実際、買い物補助など、高齢者の実情に応じて多様なサービスの購入に用いられている。もともとこれら各種の手当てが導入されたのは、少子化高齢化、女性の就業率上昇によって、家族・親族など周辺のネットワークに依存するケア・モデルがもはや持続が難しいと認識されたからであった。

しかし、高齢者やそれを抱える家族への現金給付が拡大されても、実際のケアの担い手は別に求めなくてはならなかった。私的な家事補助者や介護労働者からサービスを購入するため、これらの現金給付が「転用」されていくのである。

移民ケア労働者の導入と広がり

プライベート・ケアのための供給の間隙を政策対応の間隙を埋めるため、ケア需要者側から、移民ケア労働者の導入が進んでいった。当然ながら、当初は政策的措置に裏付けられたものではないため、不法就業や不法移民の雇用を多く含んでいた[11]。

移民ケア労働者の導入は、一九九〇年代以降急速に導入が進み、二〇〇〇年から二〇〇七年にかけて一七三パーセントも増加した。二〇〇八年時点では、およそ七〇万人の移民ケア労働者が高齢者ケアに従事していると推計されている。家事手伝いは、コルフ（colf）、ケア労働者は、バダンティ（badanti）という呼称が与えられるまで、その存在は確立した[12]。出身国としては、ウクライナ、モルドヴァ、モロッコ、中国が上位四ヵ国を占めている。

高齢者側からの事実上の措置として始まった移民ケア労働者の導入に対して、政府の側も移民規制を持ち出して禁止することは難しく、事後的に承認することを迫られた。事実さらに、政府は、公的ケアの整備が難しい以上、移民ケア労働者を私的ケア需要充足の切り札として黙認し、支援していった。

そのひとつが不法移民の正規化である。二〇〇二年の正規化では、ケア労働者として正規化要求があった移民のうちで、約四八パーセントに当たる三三万人が正規化対象として認められた。続く二〇〇九年の正規化では約三〇万人が承認された。また、各年の移民受け入れ規制においても、ケア労働者向けの枠が設定され、二〇〇五年から二〇〇七年にかけては約二六万人が家庭内介助や家事補助に関する労働契約を有する移民として公式に受け入れられた。

正規化あるいは移民規制上の受け入れ枠に則って入国した正規の移民ケア労働者は、さまざまな法的・社会的保護を得ている。契約は政府に登録され、賃金はケア労働を含む全国労働協約で定められた最低賃金以上でなければならず、各種休暇も付与されている。

移民ケア労働者と公的なケア・サービスとの関係は長年問題視されてきたが、当初政治的には看過されてきた。しかし、移民ケア労働者が在宅ケアの主力となるに及び、NGOや労働組合に加えて、地方自治体でも、移民ケア労働者と高齢者の登録とマッチング業務、質向上のためのトレーニングなどを政策対象として認知して取り組みを進めている。

移民ケア労働者導入の限界

私的ケアへの依存から生じたケア労働者の過小供給問題は、移民ケア労働者の導入によって「解決」に向かうようであった。しかし、現実には、数多くの問題が残っている。

すでに指摘したように、移民ケア労働者によるケアの質などの問題に加えて、とりわけ四つの限界が重要である。第一に、正規化や法律に則った受け入れの実施にもかかわらず、非正規の移民ケア労働者はなお大量に存在している。ある推計に基づけば、約七七万人の女性ケア労働者のうち、わずか三分の一が正規に雇用されているに過ぎない。二〇〇二年に正規化された移民のうち、ケア部門において合法的契約に基づいていた比率は二〇・八パーセントと他の部門より劣る。また、正規の滞在許可を持っているが、労働契約を締結せずに働いている者も二一万五〇〇〇人に及ぶと推計されている。法的枠組を整備したはずが、ヤミ労働の移民ケア労働者は根強く残っている。(13)

第二に、移民ケア労働者をめぐる需要は着実に増加しているものの、相当部分は満たされていない。毎年内務省に寄せられる同居形態による移民ケア労働者受け入れ要請は、設定された受け入れ枠の数倍に及ぶ状況が続いている。第三に、それにもかかわらず、二〇〇九年の正規化措置では五〇万〜七〇万の正規化請求という政府の予想を大幅に下回る三〇万件弱の請求しか届かないように、チグハグな状況が生じている。第四に、近年の経済危機を受けて、ますます多くの家庭が移民ケア労働力でさえも十分に入手できない状況に追い込まれつつあると言われている。何もケア政策の恩恵がない人も、南部を中心に看過できない規模で存在する。

このように、移民側も、需要者側も、正規の移民ケア労働を選択せず、ヤミ労働を選び続ける一方、ケア受給が極めて不十分な層も拡大するという矛盾が続いているのである。

四　移民ケア労働者の多様な側面

労働者としての側面

移民ケア労働者について労働者としての側面を捉えた場合、その選択は労働市場の構造に左右されることにあらためて眼を向けなければならない。イタリアでは、正規の移民ケア労働は、移民に限定されないケア労働として法的・社会的規制の下に置かれている。ケア労働者の最低賃金は、各分野の労働を横断して全国レベルで定められる全国労働協約で決定される。具体的最低賃金は、労組や雇用者の代表などからなる賃金改定全国委員会が経済状況に合わせて更新する仕組みである。

二〇一五年の最低賃金データによると、[14]同居形態の労働の場合、家事手伝い（colf）は、経験が浅い場合は最低のレベルA（時給換算で四・五一ユーロ）、ケア労働者（badanti）はレベルC・Super（同六・六四ユーロ）に位置付けられている。さらに、習熟度が高い介護労働者はレベルDに上がる。高齢者ケアに携わる後者の最低賃金は他の労働と比べても比較的高めに設定されていることがわかる。このような賃金体系や労働契約保護など制度設計趣旨としては、需要が大きい同居型のケア労働について好待遇を準備することで、供給不足の問題に対応しようとした。また、労働組合としては、イタリア人労働者も含むケア労働者の待遇を確保することを企図していた。

しかし、このようなアプローチは成功を収めているとは言い難い。まず、すでに指摘したように、正規の移民ケア労働者の採用は、二〇〇九年の正規化応募の低調さが示すように、政府が想定したほど成功していない。高齢者側も、移民労働者側も、正規のケア労働を選択せず、ヤミのケア労働の方が上回っている。その比率はおよそ一：三であるとされている（宮崎 二〇一三）。その理由としては、高齢者側としては、高価な正規の移民ケア労働者を雇用するために必要な相当水準の経済力を有さない場合も多いゆえ、非正規の安価なケア労働者を選択する誘因が存在する。移民ケア労働者側も、後述のようなキャリア形成の都合も考え、あえて正規の雇用を選択しない場合が多い。いずれにとっても、正規雇用の場合に払わなくてはならない社会保障費の負担を回避したいという事情が特に重要である。高齢者側はもちろん、滞在期間が必ずしも長期でない移民ケア労働者にとって長期の払い込みが必要な年金加入の魅力は乏しい[15]。このように、移民ケア労働者の労働市場の構造を考慮した場合、需要に対応して自動的に調達できるような状況にないことがわかる。

移民としての側面

移民ケア労働者の導入・拡大について、移民政策の側からさまざまな支援措置が行われてきた。最も代表的なのは、正規化とケア労働者向けの受け入れ枠設定である。正規化については、数次にわたり移民ケア労働者などを対象に実施された。その要件としては、二〇〇九年の正規化においては、五〇〇ユーロの支払い（社会保険関係）、移民ケア労働者の住居の用意、雇用主の最低所得（年収二万ユーロ）、最低週二〇時間以上の正規雇用が定められた（Di Santo and Ceruzzi 2010：7-8）。しかし、規制要件が厳格すぎたために、正規化の申請は予想の半分程度にとどまった。現実には非常に多かった、複数家族のために時間を分けて働いている移民ケア労働者は対象にならなかったからである。

移民受け入れ枠の設定についても、二〇〇二年のボッシ＝フィーニ法において、ケア労働に関しては、次のように枠が設定された。イタリアに入国する場合は、事前に雇用主との労働契約を締結したうえでビザの取得が必要であり、住居の用意などが滞在許可取得の要件となっている。しかし、この点についても、要件が厳しすぎるために申請に障害が生じている。そのうえで、先述のように、申請件数は受け入れ枠の数倍に及んでいる。そのため、非正規の移民ケア労働者の利用に踏み切らざるをえない。

いずれの場合も、厳格すぎる移民規制が移民ケア労働への需要や移民側の事情に適合しない事例である。需要側の高齢者にとっては、社会保障費その他のコストが最大の問題であるにしても、ボッシ＝フィーニ法など移民規制の厳格化の要請の中で、住居の確保などが共通のビザ発給要件になってしまったことが、正規の移民ケア労働者の雇用拡大を難しくしている。供給側の移民としても、厳格な法規制の下に入るメリットに比べて柔軟な非正規のケア労働のほうが適していると認識している（伊藤 二〇一一 a）。ただし、非正規の移民雇用について事実上追認されているに等しい。厳しい要件の下での正規化・受け入れ枠設定は、移民規制厳格化の要請とケア労働供給拡大要請の間の「妥協」であった。

キャリアの側面

移民ケア労働者を、労働者・移民の側面で戦略的存在とみなしたとき、移民ケア労働そのものを相対化して、移民のキャリアの面からみることが必要となる。イタリアにおいて、正規に登録された移民ケア労働者雇用の経歴に関するデータをみると、熟練度が低いケア労働のイメージは大きく覆される。外国出身の移民ケア労働者は、イタリア人ケア労働者に想定されるより高い教育水準の者も少なくない。例えば、モルドヴァ人女性の移民ケア労働者の約七〇パーセントが大卒の学位を有している。高学歴女性では、従来の同居型ケアよりも、時間単位のケア労働を好む傾向が強まっている（Di Santo and Ceruzzi 2010）。高学歴女性のキャリアにとって、イタリアでのケア労働はあくまでビザの出やすさや正規化可能性を考慮した最初のステップであり、長期的に続けるメリットは乏しい。

移民ケア労働者は、他国も含めてグローバルな移動可能性の中で、イタリアの移民ケア労働を捉えている。したがって、固定した中期的・長期的関係を想定した正規のケア労働は、好ましくないと捉えている。特に同居型の高齢者ケアは、マッチングのリスクが高いほか、柔軟なキャリア形成を難しくしてしまうからである。

五　移民ケア労働者とマルチレベルな政策ネットワーク

ケアに関する政策枠組

移民ケア労働者は、移民政策、福祉政策、そして労働市場政策が織りなす政策ネットワークの中に置かれた存在である。移民政策（移民規制）は国家レベルの規制であり、労働市場政策も全国規模の労働協約を基盤とする。これに対して、福祉政策について国家レベルは基本的計画策定にとどまり、州（計画・調整など）・コムーネ（執行・実務）に分権化している。地域間・都市と地方間には、大きな格差が生まれている。

まず、労働市場政策と福祉政策のミスマッチである。労働市場政策として、ケア労働者の賃金は全国労働協約により地域を問わず一律に設定される結果として、(16)経済状況が苦しい南部でも高めに設定されてしまう。このため南部では、正規の移民ケア労働者を雇用することは難しくなる。次に、移民政策とケア政策のミスマッチである。ボッシ＝フィーニ法に基づく移民規制については、移民受け入れ枠は需要が多い中部・北部に厚く州ごとに配分されている。ただし、移民には雇用機会が豊富で統合政策も充実した中北部のほうが好ましいため、南部や地方部には移民ケア労働力が十分供給されない。介添手当などの現金給付は全国一律であっても、ケア労働力確保にはばらつきが生じてしまう。さらに、ケア政策に内在するミスマッチも重要である。中北部のように経済水準が高く、女性就業率も高い地域では、相対的に公的サービスも発展していると同時に、移民ケア労働の供給も多い。南部では、公的サービスも移民ケア労働供給も低水準にとどまるため、従来型の家族周辺のネットワークへの依存が続く。加えてケア問題の制約から女性就業率も抑制され、経済水準向上も阻害される悪循環が生じている。

地域差の要因としての社会関係資本・政治制度

移民ケア労働者に頼った高齢者ケア政策については、ナショナル・ミニマムの設定が不十分な状況下で、ケアの提供のあり方についても地域的に大幅な格差が存在するようになっている。たとえば、エミリア・ロマーニャ、トスカーナ、リグーリアでは、ヘルスケアとソーシャルケアを合わせた統合ケアを提供している。対照的に南部地域では、移民ケア労働者も含めて、何らのケア・サービスを受給していない層も数多く存在するとされる[17]。地域単位の介護手当についても、中北部のほうが手厚い。ケアに費やしている財政リソースの比較をみても、中北部と南部では大幅な格差がある。ケア政策の格差は、経済力・財政資源の水準の相違だけでなく、地方ごとの政策資源の相違から生まれていると考えられる[18]（Putnam 1994）。マルチレベルな政策環境の中でケア・サービスの地域格差が進んでいるのは、結局分権間によって地域単位のネットワークの重要性が再浮上しているからである。

移民ケア労働者の問題については、そのような制度環境を前提とした移民側の中北部志向の戦略的選択が、格差を再生産する結果となっている。

さらに、州・コムーネ政府のリーダーシップなど政治的エージェンシーの作用も重要である[19]。同じ南部でも、プーリア州の刷新の動きに見られるように、カンパーニャ州・シチーリア州などケアの過小供給に苦しんでいる地域との間に、格差が生じているのである。

六　移民ケア労働者導入と家族主義的福祉レジームの持続

以上議論してきたように、イタリアにおける移民ケア労働者を用いたケア政策は、成功とは程遠く、さまざまなジレンマを抱え、中長期的な持続可能性を問われる事態に至っている。

イタリアの移民ケア労働者導入は、家族を軸としたプライベート・ケアへの依存継続の点で、家族主義レジームの維持・強化、「再家族化」と捉えられる。ただし、家族を単位としたケアというモデルは、移民ケア労働者という外部のアクターに支えられているだけでなく、急速に変化する政策環境の中で、際どいバランス上に成り立っている。

従来のようにケア政策（福祉政策）と移民規制（移民政策）とのリンケージに注目するだけでなく、労働市場政策とのリンケージにも注目すると、ケア受給者の高齢者側に加えて移民ケア労働者側の戦略的選択が重要であることがわかった。この点を政策的・理論的に十分把握できていないことが、需給のミスマッチなどの問題を生み出す原因になっている。さらに、高齢者と移民ケア労働者の選択が、ヨーロッパや移民出身国も含んだ超国家レベル、州やコムーネなど地方レベルを含むマルチレベルの政策ネットワーク環境で行われていることが、国家単位の福祉レジームの枠内での考察を困難にしているのである。

移民ケア労働者の導入は、イタリアの家族主義レジームにおいて高齢者ケア供給不足問題に対応する切り札であるとともに、その福祉レジームの核である家族を活かした対応戦略の帰結であった。

＊本稿は、日本政治学会二〇一四年大会における報告論文（分科会E―3：移民政策と福祉再編の政治一〇月一二日・早稲田大学）を改稿したものである。報告の際コメントを頂いた方々に感謝致します。

注

（1）Istat. Indicatori Demografici 2013（http://dati.istat.it/Index.aspx?DataSetCode=DCIS_INDDEMOG1）

（2）The World Bank. Data. Fertility rate（http://data.worldbank.org/indicator/SP.DYN.TFRT.IN）

（3）特に問題となるのは、フランスを筆頭としたアルプス以北の保守主義レジーム諸国との比較である。これらの諸国も以前同様の問題を抱えていたが、少子化については、家族手当など政策的支援の充実によって、出生率の減少傾向に歯止めをかけることに成功した。高齢者ケアについても、ドイツのように介護保険導入や、手当の充実などで、一定の成果を挙げている。これに対して、家族主義レジーム諸国は、少子高齢化の歯止めに成功していない。政策の失敗を示唆している。

（4）家計のプライベート・ケアへの支出についてはDi Santo and Ceruzzi（2010：6）を参照

（5）実際、スウェーデンなど公的支援が充実している国でさえ、ケア部門の労働力では女性比率が際立って高いなど、労働市場で劣位にあるアクターの参入に依存している。

（6）ケア労働者の越境については、稗田前（二〇一〇）が詳しい。

（7）移民研究における移動の議論については、Paoletti（2010）およびAmbrosini（2008）を参照。

（8）労組にとっても、移民組織化は不十分にとどまらざるをえないため、雇用条件の改善に取り組む誘因は他の労働部門に比べても低下せざるをえない。

（9）社会投資型福祉国家論で強調される労働力の質の向上という目標にとっても、移民ケア労働は重要な問題となりうる。介護労働分野は最も労働生産性が低い分野の一つであり、労働条件も恵まれていない。そのため男性稼得者モデルの労働市場で劣位なアクターの参入「女性」「移民」などのアクターに依存せざるをえなかった。しかし、女性も移民も、受動的ではなく良い労働条件を求めるアクターと捉えるならば、過小供給やミスマッチの問題と向き合わざるをえない。移民を含むケア労働生産性が低いまま放置しておいては、一定水準の質が確保された労働力は参入しない（Bettio and Verashchagina 2010）。

(10) このほか、二〇〇七年からは、長期介護（ＬＴＣ）向けの特別な資金を確保する仕組みが財政上導入された。

(11) 不法移民の就業とケア労働の関係については Ambrosini（2013）を参照。

(12) バダンティについては Catanzaro e Colombo（2009）が詳細な考察を行っている。

(13) ケア労働に従事する不法移民の状況については Ambrosini（2013：TAB 3.1）を参照。

(14) 二〇一五年の改訂水準については、TABELLE MINIMI RETRIBUTIVI 2015（http：//www.colfebadantionline.it/la-retribuzione/la-retribuzione/stipendi-minimi/stipendi-minimi.html、二〇一五年九月二九日閲覧）。

(15) 移民と労働市場との関係については、Calafà（2012）を参照

(16) 均一の賃金設定の趣旨は、経済格差問題を抱えたイタリアの連帯、特に南部地域の救済という側面を有していた（伊藤 二〇〇九）。労働組合の全国的組織力の担保となる一方で、経営者側にも雇用者数が多い中北部地域の賃金を抑えるメリットが存在していた。

(17) Di Santo and Ceruzzi（2010）.

(18) 北部自治体では、コムーネ当局と地域で活動するアソシエーションとの連携が進んでいる。ミラノでは、カトリック系慈善組織であるカリタスなどが、コムーネ行政と計画段階から執行段階まで緊密に連携してケア・サービスに当たっている。中部では、主に左派系のコムーネ行政が、公的サービス充実、労働組合・事業系協同組合と連携したケア・サービスを拡充している。これに対して、アソシエーションも行政能力も限界を抱えた南部では、従来のように家族がケアの負担を担わざるをえなくなっている。

(19) R.O.S.A.—*Network for Employment and Care Services: Promoting the regulation of undeclared work and increasing quality of care.* (http：//interlinks.euro.centre.org/model/example/ROSA_NetworkForEmploymentAndCareServices)

参考文献

伊藤武（二〇〇六）「現代イタリアにおける年金改革の政治――「ビスマルク型」年金改革の比較と「協調」の変容」『専修法学論集』九八号、一二九―一七七頁。

――（二〇〇九）「イタリアの労働政治――歴史的拘束と新しい環境への適応」新川敏光・篠田徹編『労働と福祉国家の可能性――労働運動再生の国際比較』ミネルヴァ書房、二一四―二三〇頁。

――（二〇一一a）「イタリア福祉レジームの変容――「雇用も福祉もない」福祉国家における適応戦略」新川敏光編『福祉国家の収斂と分岐――脱商品化と脱家族化の多様性』ミネルヴァ書房、二三八―二五九頁。

――（二〇一一b）「福祉国家再編と領域性再編の政治――移民ケア労働者参入をめぐる変容」田村哲樹・堀江孝司編『模索する政治――代議制民主主義と福祉国家のゆくえ』ナカニシヤ出版、二九五―三一八頁。

稗田健志（二〇一〇）「越境するハウスホールド――大陸ヨーロッパにおける移民家庭内ケアワーカーから考える」加藤哲郎・小野一・田中ひかる・堀江孝司編『政治を問い直す1――国民国家の境界』日本経済評論社、一三三―一四九頁。

三浦まり・濵田江里子（二〇一二）「能力開発国家への道――ワークフェア／アクティベーションによる福祉国家の再編」『上智法学論集』五六巻二・三号、一―三五頁。

宮崎理枝（二〇一三）「移住家事・ケア労働者とその非可視性――二〇〇〇年代後半のイタリアの事例から」『大原社会問題研究所雑誌』六五三号、二三―三九頁。

Ambrosini, M.（2008）*Un'altra Globalizzazione. La Sfida delle migrazioni transnazionali*, Il Mulino.
――（2013）*Immigrazione irregolare e welfare invisibile. Il lavoro di cura attraverso le frontiere*, Il Mulino.
Bettio, F. and A. Verashchagina（2010）"Long-Term Care for the elderly. Provisions and providers in 33 European countries", EU Expert Group on Gender and Employment（EGGE）, November 2010.
Calafà, L.（2012）*Migrazione economica e contratto di lavoro degli stranieri*, Il Mulino.
Catanzaro, R. e A. Colombo a cura di.（2009）*Badanti & Co. Il lavoro Domestic straniero in Italia*, Il Mulino.
Di Santo, P. and F. Ceruzzi（2010）"Migrant Care Workers in Italy：A Case Study", *Interlink*, April 2010.
Ferrera, M. ed.（2005）*Welfare State Reform in Southern Europe*, London：Routledge.
Morel, N., Palier, B. and P. Palme eds.（2012）*Toward a Social Investment Welfare State? Ideas, Policies and Challenges*, Polity Press.
Paoletti, E.（2010）*The Migration of Power and North-South Inequalities. The Case of Italy and Libya*, Palgrave Macmillan.
Putnam, R. D.（1994）*Making Democracy Work：Civic Traditions in Modern Italy*, Princeton University Press.
Sainsbury, D.（2012）*Welfare States and Immigrant Rights：The Politics of Inclusion and Exclusion*, Oxford University Press.
Crepaz, Markus M.L.（2007）*Trust beyond Borders：Immigration, the Welfare State, and Identity in Modern Societies*, The University of

Michigan Press.
Tediosi, F. and S. Gabriele (2010) "The Long-Term Care System for the Elderly in Italy", *ENEPRI Research Report*, No.80. June 2010.
van Hooren, F. (2008) "Welfare Provision beyond National Boundaries. The Politics of Migration and Elderly Care in Italy", *Rivista Italiana di Politiche Pubbliche*, 3 (3), pp. 87–11.

第九章　現代スペインにおける福祉国家化と移民国家化

横田正顕

一　移民国家としてのスペイン

スペインの特殊性

かつて南米諸国や欧州先進地域に向かう移民の起点であったスペインは、一九八〇年以降の四半世紀の間にドイツやイギリスなどに代わる移民の最終目的地の一つとなり、それらの移民先進国を凌駕する世界有数の移民受け入れ大国に転換した。トルコ、イタリア、ポルトガルをはじめとする新興移民受け入れ国のなかでも、スペインはその発達の規模と速さにおいて突出した存在となった。一九九七年から二〇〇六年の一〇年間で、スペインに滞在目的で入国する外国人の数は三万五六〇〇人から八〇万三〇〇〇人へ、すなわち二二・六倍に増加した（OECD Migration Outlook 2008：295）。

一九九八年の時点でスペイン総人口の一・六〇パーセントであった外国人登録者数は二〇〇五年に八・四六パーセントに膨張した（同時期のスペイン人人口の増加率は〇・五パーセント）。総人口の伸びが停滞するかたわら、外

図9－1　スペインにおける外国人登録者数と総人口の推移（1980～2015年）

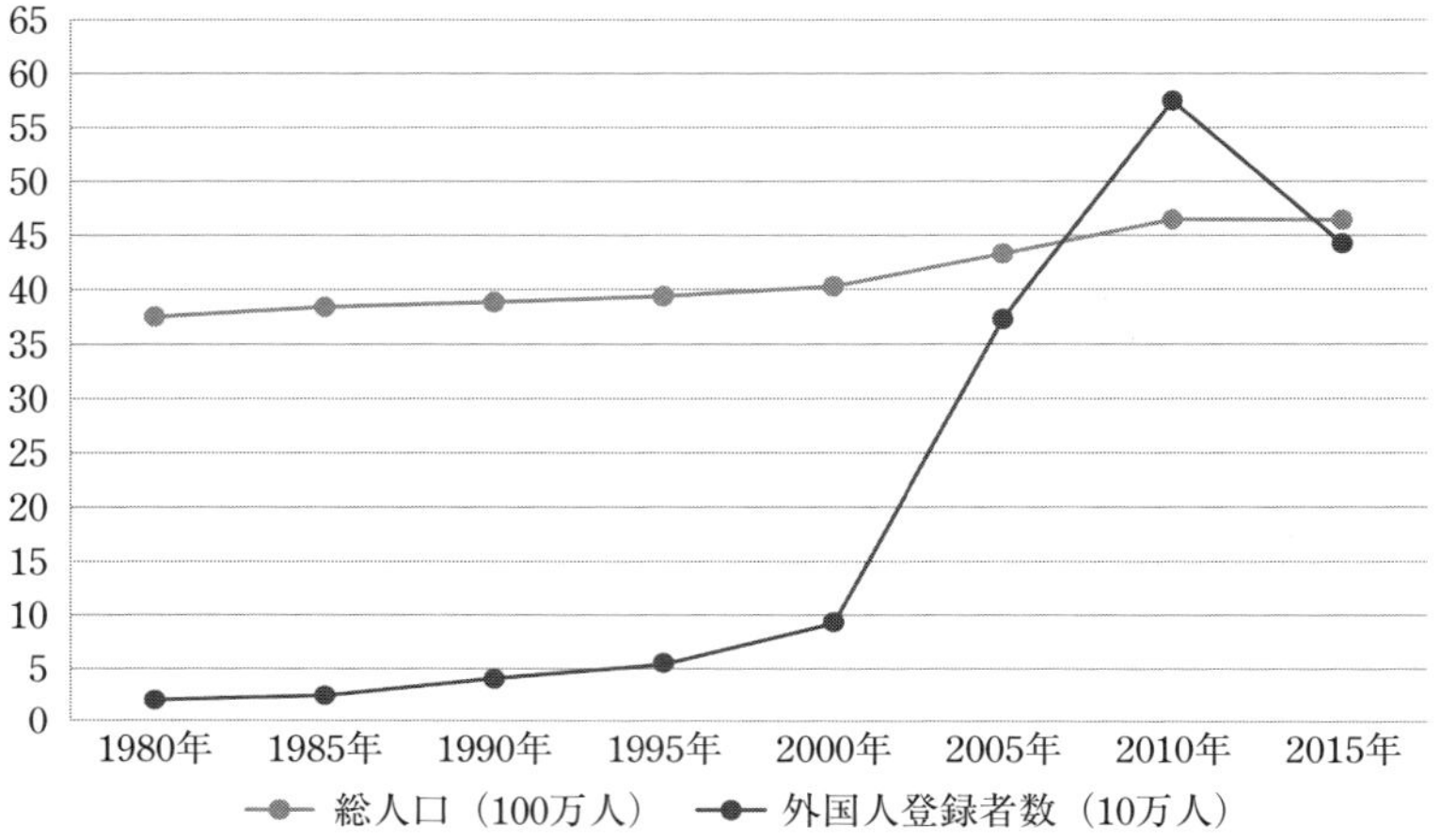

出所）*Anuario Estadístico de España*, 1981–2016, INE の人口統計データを基に作成。2015年の値のみ2016年6月30日発表の暫定値（2016年1月1日時点）を参照。

国人登録数は二〇〇六年に五二〇万人に達し（図9－1参照）、同年のフィンランド一国の人口に匹敵する規模となった。スペイン銀行によれば、こうした移民の多くが生産年齢人口に属し、二〇〇六年後半期の総人口の一二・三パーセントに当たる在留外国人の労働力率は、スペイン人の五八・三パーセントを大きく上回る七七・五パーセントであった（Moreno Fuentes 2009：74）。スペインは、一〇年足らずの間に単なる移民大国ではなく労働移民大国となったのである。

　スペインの移民受け入れの歴史は浅い。そのスペインが労働移民大国化する過程は、同国がフランコ体制ゆずりの社会政策を拡充し、近代的な制度的福祉を整備する過程とも重なった。ＯＥＣＤ基準の社会支出（公的な社会保障支出に、法的に義務付けられた企業・雇用主の社会保障給付支出、現金給付支出のほかサービスの提供にかかる支出および病院施設などへの投資支出を含む）が、対ＧＤＰ比で一九八〇年の一五・四パーセントから二〇一〇年の二六・七パーセントに達し、また名目ＧＤＰがこの間に九六五億四〇〇〇万ユーロから一兆六二五億九一〇〇万ユーロに増加したことにも（World Economic Outlook Databases, IMF）、スペイン福祉国家の膨張は明らかである。

しかしながら、こうした福祉国家化と移民国家化の同時進行は、リーマン・ショックを契機とする世界規模の景気後退のなかで生じたスペインの経済・財政状況の暗転によって唐突な終焉を迎えた。同国の在留外国人数は頭打ちとなり、年金制度をはじめとする社会保障の縮小再編が不可避となった。スペインはこの三〇年間に同時並行的な福祉国家化と移民国家化を遂げたうえで、それらの収縮局面への急転換をも経験したことになる。

先進諸国における包摂的な福祉政策と国際労働移動との潜在的矛盾は、時に「リベラル・パラドックス」と呼ばれてきた（Freeman 1986；Hollifield 1992）。急激な移民大国化の過程で「福祉排外主義」（welfare chauvinism）や「福祉反動」（welfare backlash）などの病理を生じていないスペインは、しばしば「例外」とみなされ（Arango 2013）、とりわけ移民排斥運動が高揚しない原因について考察がなされてきた（永田・深澤 二〇一五）。たしかに福祉国家化と移民国家化の振幅の大きさを考えれば、同国が「カタルーニャのためのプラットフォーム」（Plataforma Per Caralunya：PxC）のような局地的反動しか経験していないことは[1]、なお注目に値しよう。

しかしながら、移民流入に伴う多様性の増大が必ずしも反移民や反福祉の主張に共鳴する世論の高揚に直結しないこともまた指摘され、欧州先進諸国における福祉国家の成熟度と移民統合を成功に導く制度の重要性が強調されてきた（Crepaz 2008；Sainsbury 2012）。もっとも、スペインは成熟した福祉国家として移民・難民「問題」に対処してきたのではなく、移民受け入れと並行しつつ福祉国家を拡大させたのであり、先進諸国の経験とはこの点で大きく異なっていた。

移民問題に加えて難民問題に大きく揺れているヨーロッパのなかにあり、目下のスペインで見られる移民「問題」をめぐる否定的反応の例外的弱さが将来にわたって続くかどうかを見通すことは困難である。加えてそのことは、同国の福祉国家の包摂能力の高さや移民統合の成功を必ずしも意味しないのであり、急速な福祉国家化と移民国家化の功罪はあらためて検討されるべき問題である。本章の目的は、スペイン人の「寛容」の原因を究明することではなく、上に述べたような福祉国家化と移民国家化の並行発展の過程で築かれた、両者の制度的関係を明らかにすることにある。

移民大国化するスペイン

二〇〇〇年代まで続いたスペインの移民国家化の局面は、三つの時期に区分することができる（Cachón Rodríguez 2006）。ＥＣ加盟交渉の過程で近い将来における移民の大量流入を予見したＰＳＯＥ（社会労働党）・ゴンサーレス政権は、一九八四年法律第五号（庇護・難民保護法［Ley de Asilo y Refugio］）に続いて一九八五年組織法第七号（外国人法［Ley de Extranjería］、以下、ＬＯＥ八五）を成立させ、民主的国家としての出入国管理体制を整備した。それ以前の段階を第一期とすれば、一九八五年から一九九九年までが第二期、二〇〇〇年以降が第三期に当たる。

統一的な出入国管理体制自体が未整備であった第一期において、滞在目的の入国者の中心はイギリスやドイツをはじめとする欧米先進国出身者であった。彼らは主に観光・保養目的の訪問者の延長線上に位置する長期滞在型の年金生活者であり、その周辺に同国人社会が形成されていった（竹中 二〇〇九：二六九―二七二）。他方で、スペインの観光地、農業地域、大都市では、柔軟な労働力としてかねてから季節労働の需要が存在していた。総じてこの時期には、欧米先進国出身者に加え、非欧州圏からのそれほど大規模でない人口流入が生じていた。

一九八六年のＥＣ加盟とともにスペイン経済が成長軌道に乗り始めると、非欧州圏と東欧地域からの労働移民の流れが欧州先進諸国からスペインに向かい始めた。一九八〇年代の南米の経済危機によって同地域から押し出された労働人口の吸収源となったスペインでは、非欧州圏出身の在留外国人が全体として一九八一年の六万七六五〇人から一九九四年の二三万二八五七人に増加し、「紙（＝許可証）を持たない」(sin papeles) 移民に対する特別措置を通じて一九九一年に一〇万九一三五人が正規化 (regularización) された際にも、全体の六〇・二パーセントを占めるアフリカ系移民をはじめ、発展途上国の出身者が多数を占めた。移民数の増加と移民の社会的構成の非欧州化が第二期の特徴である。

この特徴が質量ともに急速に肥大し、移民法制の目まぐるしい改編が生じたのが第三期である。共通通貨ユーロの導入に伴う景気過熱も労働移民受け入れの加速要因の一つであった。二〇〇〇年代初頭にはアフリカ北部出身者の増加が一層顕著となり、とりわけスペインとの歴史的関係が深いモロッコからの移民が三倍以上に増加した。さらにシェンゲン圏の拡大によってルーマニア人を筆頭とする東欧地域からの移民も倍加し、在留外国人最大のエスニック集団を形成するようになった。こうして移民の爆発的増加と移民社会の多様性の拡大が移民国家化第三期の顕著な特徴となった。

移民の数と多様性の増大は比較的限られた地域のなかで生じている。スペイン国内で特に在留外国人を多く抱える地域とは、地中海沿岸部、島嶼部（カナリアス諸島およびバレアレス諸島）、マドリード大都市圏、エブロ溪谷地域、西部および西南部の飛地的な農業地域の五つである。二〇一〇年の国立統計院のデータによれば、一七自治州のなかではカタルーニャ、バレンシア、アンダルシアとマドリードに在留外国人が集中し、四州だけで六七・二パーセントを占めた。これらの地域は年金生活者と労働移民の両方を吸引しているが、労働移民に限れば、ルーマニア人がマドリードとカタルーニャに、モロッコ人がカタルーニャとアンダルシアに、南米出身者がマドリードとムルシアに集中する傾向が見られる。

在留外国人のエスニック集団ごとの空間的分布は職業選択とも関連しており、例えばマドリードでは建築業や各種サービス業、アンダルシア、ムルシアなどの南部では各種農作物の栽培・収穫などの農業労働への従事が一般的な移民労働の形となる。また、移民全体としては男女比が拮抗するなかで、ルーマニア出身者、エクアドル出身者、モロッコ以外からのアフリカ系移民の間では女性比率が六〇パーセント前後に達するなど、明白なフェミナイゼーションの傾向が見られた（Moreno Fuentes y Brusquetas Callejo 2011：31–41）。

発展途上国からの移民は現地の労働者によってカバーされない部門で雇用される傾向にあるが、二〇〇七年末時点では外国人が農業部門の労働力の一六・四パーセント、建設業の肉体労働の一五パーセント、ホテル従業員の二〇パーセント、家事労働の六〇パーセントを占め、契約形態、労働条件、移動および異動の面で労働市場の柔軟化に貢献していた。欧州の平均的水準を超える高い失業率と大量の移民受入れの両立を課題とするスペインの労働市場は、ジェンダー、国籍、業種によって労働者を分断することにより、経済の全般的な活性化、インフレ圧力の減少、国際競争にさらされる部門の生き残りといった利益を享受していたのである（Moreno Fuentes 2009：74–75）。

もっとも、こうした分析の根拠となる公式統計がスペインにおける移民社会の全体像と異なる点に留意する必要がある。移民第二世代がスペイン国籍を取得すれば、外国人統計によってその動向を追跡することが不可能となる。しかし、より本質的な問題は、正規の滞在許可を得た外国人のみを対象とする国家的統計に非欧州圏出身の「非正規」（irregular）移民が含まれていないことである。市住民登録自体の不正確さゆえに、国家統計と地方住民統計との差から単純に非正規移民数が割り出せるわけではないが、市住民登録が示す外国人数は一〇〇万人ほど多くなる傾向にある（Aja 2012：39–40, 48–49）。

このことは、正規の労働・居住許可を有しなくとも、子どもの就学や医療機関の利用などの社会サービス給付と結びつく市住民登録だけは怠らない移民が多いとされる点に関係している。他方、非正規移民の立場では、労働・居住許可を前提とする年金制度や失業保障制度への参加が基本的に不可能である。正規化をめぐる攻防は、一九九〇年代半ば以降、年金・失業保障と深く関連付けられることになったが、地方を基盤とする社会サービスに関しては、むしろ正規・非正規を問わない方向での適用拡大が主流となっていく。急速に移民国家化したスペインにおいて、移民に対する社会権の適用が正規／非正規の二分法に収まり切れない複雑さを伴う背景には、スペイン福祉国家自体の構造的特徴が関係しているのである。

移民規制から移民統合へ

スペイン一九七八年憲法第四二条は国外在住のスペイン人労働者の経済的保護と彼らの帰国推進に努めることを定めているが、これは憲法制定当時に同国が主に移民を送り出す側であった時代の記憶に基づき、移民「問題」がこの時点で顕在化していなかったことを示唆するものである（Miret i Serra 2009：56–57）。同じくスペイン一九七八年憲法第一四九条第一項の二は、国籍、移民、難民保護に関する問題を国家の専権事項と規定しているが、かつて移民送出に特化していたスペインは、一九八〇年代半ばまで移民受け入れに関する統一的な法制度や専門機関を持たなかった。

そうした制度の嚆矢となったＬＯＥ八五は、非正規移民を雇用する者に最大二〇〇万ペセタの罰金を科し、正規移民の証明として有効期限一年の労働・居住許可（autorización de trabajo y residencia）を制度化する一方、永住権や家族帯同の権利を認めない内容であった。そもそも「外国人」（extranjero）とはスペイン国籍を有しない点のみを捉えた消極的概念に過ぎないが（Aja 2012：39–40；Menor Torbio　2009：23–24）、ＬＯＥ八五に代表される初期の移民法制は、この外国人の国内滞在を暫定的なものと捉え、もっぱら内務問題の視点から国境線上でこれを制御することに主眼を置いた（Díez Bueso 2000：163–166）。

ＬＯＥ八五施行当時のスペインでは失業率が高く（一九八六年を通じて二〇パーセント強）、外国人登録者数も二四万一九七一人（総人口の〇・六三パーセント）に過ぎなかったが、労働市場の吸引力の弱さはＥＣ加盟とともに解消に向かい、「欧州要塞」（Fortress Europe）の南玄関たる同国に移民「問題」が浮上するに至る。初期の非正規移民対策の中心は、一定の条件に基づいて時限付き労働・居住許可証を交付する特別正規化（regularización extraordinaria）措置であった。しかし、一九九〇年代までの三度にわたる正規化（一九八五年、一九九一年、一九九六年）は、規模の差はあれ問題の先送りに終始した。

ＬＯＥ八五の枠組みに基づく正規化は、労働・居住許可証の期限切れとともに更新手続きを必要とした。一九八五年に四万三八〇〇人が申請を行ったのに対し、許可証を交付された者は非正規移民全体の二〇～二五パーセント程度に過ぎず、申請権のある者の五〇～七五パーセントがそもそも申請を行わなかったと推計される。また、新規の正規移民の多くが一年後に再び非正規化した。労働・居住許可証の有効期限を三年に延長した一九九一年の正規化措置でも、許可証取得者の二五～五〇パーセントが更新に失敗したと見られている。（Gozálvez Pérez 2012：149；Levinson 2005：48）。

この後のスペインの移民政策は、第一に、上に述べた制限的な入国管理の枠組みと移民労働に対する需要とのミスマッチ、第二に、欧州レベルでの共通移民・難民政策の進展とそれらの国内法化の要請、第三に、二〇〇〇年代初頭に集中的に生じた紛争や混乱による移民「問題」の可視化により大きく規定された。移民流入が未だスペイン自身の現実的な社会問題として認識されていなかった当時に作られたＬＯＥ八五体制は、一九九〇年代以降の内外の急速な変化に伴って限界を露呈したが、その根本的軌道修正には一〇年以上の歳月が必要であった。

移民労働に対する需給のギャップが生み出す非正規移民の急増に対応するために、ＰＳＯＥ政権は、一九九三年に求人実態に応じて国外で採用を行う申請職種別雇用数割当制（contingente）を導入したが、景気動向に応じて移民労働の需給が決定される実態は、意図的な不法就労者や彼らを好んで雇う雇用主の増殖を阻止できなかった。また、一九九六年の第三次正規化措置では、労働・居住許可証の有効期限を五年に延長したものの、期限切れに伴う非正規状態への逆戻りの悪循環を先延ばししたに過ぎなかった。

そのかたわらで、在留外国人の法的地位に関する欧州共通の枠組みが整えられていった。一九九九年に発効したアムステルダム条約および同年一〇月のタンペレ欧州理事会における決議を通じて、域内の共通移民（および難民）政策の確立と、治安維持の観点から不法移民規制の強化が求められた。発足当初から非正規移民問題に対する厳格な姿勢を示していたＰＰ（人民党）・アスナール政権は、欧州レベルでの動向を受け、非正規移民の帰国を促すための省庁間連携「移民の規制・調整のためのグローバル・プログラム（＝ＧＲＥＣＯプラン、二〇〇一年三月）（ＧＲＥＣＯ：Programa Global de Regulación y Coordinación de la Extranjería y la Inmigración）をはじめとする水際対応を強化したが、いわゆる九・一一事件が移民問題のセキュリタイゼーションを加速したことは、スペインにおいても同様である。

他方で「労働者の基本的社会権に関するＥＣ憲章」（一九八九年）の延長線上にあるいくつかのＥＣ指令（第三国国民の家族再結合に関する二〇〇三年ＥＣ指令第八六号、および長期居住者である第三国国民の地位に関する二〇〇三年ＥＣ指令第一〇九号）は、移民統合の強化という側面からこの問題にアプローチするものである。労働コストの抑制という観点から移民の受け入れ自体を制限する意図をまったく持たないＰＰ政権の下で、スペインの移民政策もまた、移民規制と移民統合の二つの課題の間で揺れ動いた。

二〇〇〇年組織法第四号（外国人の権利・自由・社会統合に関する組織法［ＬＯＤＹＬＥ：Ley Orgánica de Derechos y Libertades de los Extranjeros y su Integración Social］、以下、ＬＯＥ四／〇〇）は、新たに「定着」（arraigo social）概念に基づいて、二年以上の居住歴と一年以上の労働関係を有するか（労働上の定着）、三年以上の居住

図９－２　在留外国人の出身国別内訳（2001〜2015年）

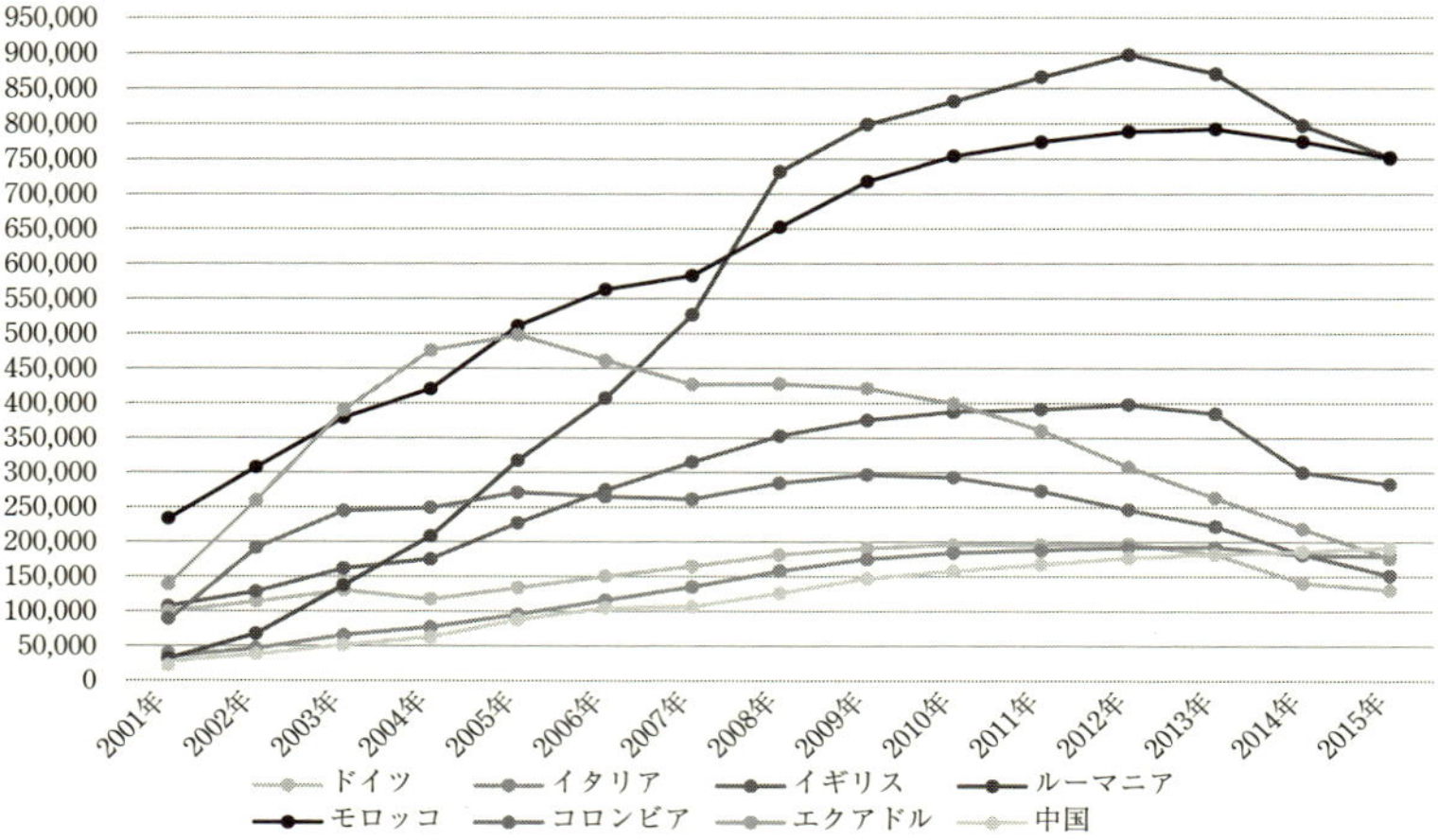

出所）Principales series de población desde 1998, INE から、2015年時点での在留外国人数の出身国別上位８位を対象とするデータを抽出の上作成。

歴を持ち申請時に一年以上の雇用契約を有する者（社会的定着）を正規化し、在留六年目以降の永住権の申請手続きを導入するとともに、教育、住宅、社会サービスの対象を移民に拡大する最初の包括的移民法制となった。

折あしくＬＯＥ四／〇〇の採択と同時期に起きた、モロッコ人男性によるスペイン人女性殺害をめぐる反移民暴動事件（エル・エヒド事件）をはじめ、移民増加に伴う紛争と混乱の顕在化は、与党や閣内にさえ同法案に対する疑念と反発を引き起こした。しかし、その後の揺り戻し的法改正（二〇〇〇年組織法第八号、［以下、ＬＯＥ八／〇〇］および二〇〇三年組織法第一一号［以下、ＬＯＥ〇三］）に伴う非正規の労働移民および雇用主に対する罰則の強化、厳密な労働市場テストや労働許可証申請の明確な基準がない移民受け入れ「一般枠」（régimen general）の廃止（割当制への一本化）などの対応にもかかわらず、第二次アスナール政権は移民の流入と非正規の滞留を阻止することができなかった（Aparicio Wilhelmi y Roig Molés 2006：163-165）。

二〇〇〇年と二〇〇一年の措置によって正規化された

約四三万人の移民労働者の多くは、農業、建設業、家事労働に従事するモロッコ、エクアドル、コロンビア、ルーマニアなどの非欧州圏および東欧圏出身者で占められた。典型的な労働移民の爆発的増加が始まったのはその後である（図9-2参照）。マドリード列車爆破テロが生み出した二〇〇四年三月の政権交代はアスナール政権の強硬な移民規制を短命に終わらせ、ＰＳＯＥ政権の下で永住外国人の社会統合路線に再び活力を与えた。移民労働者は受益者としてスペイン福祉国家に包摂され、その一部は自ら福祉供給者としての役割を担い始めた。

二　福祉国家としてのスペイン

福祉国家の機能的・空間的複合性

イエスタ・エスピン-アンデルセンの記念碑的業績『福祉資本主義の三つの世界』（Esping-Andersen 1990）以来、福祉国家の類型論は福祉国家研究における一大産業となった観がある。そのなかにあって、スペインは、「脱家族化」（defamiliarization）概念に注目し始めていたエスピン-アンデルセン自身によって未成熟な保守的レジームと規定されたこともあった（Esping-Andersen 1999）。しかし、三つの世界をめぐる論争のなかで、境界的事例であるスペインに対する評価が明確な形で決着したことはなかった。

ＯＥＣＤによれば、一九九〇年の時点でのスペインのＧＤＰに占める社会支出の割合は一九・七パーセントに過ぎず、当時のフランスの二四・九パーセント、スウェーデンの二八・一パーセントを大きく下回っていた。加えて、スペインの社会保障制度は職域別の社会保険を基礎とする所得保障に偏重し、近年まで、子どもや高齢者その他要介護者に対するサービス供給をもっぱら家族（とりわけ女性）に依存する「消極的家族主義」（negative familiarism）（Leitner 2003）を大きな特徴としていた（中島 二〇一二；横田 二〇一五）。たしかに、スペイン福祉国家を未成熟な保守主義レジームと規定することには一定の根拠がある。

こうした分析に異を唱えたマウリツィオ・フェレーラやマーティン・ローズらは、南欧福祉国家群に共通する諸要素を独自の歴史的制度として理解する必要があるとし、「南欧社会モデル」(South European Social Model) 概念を提起した (Ferrera 1996; Rhodes 1996)。たしかにスペイン福祉国家の骨格をなすのはビスマルク型年金制度であるが、この職域主義型の年金・失業保険と残余主義的な無拠出型扶助(一九八四~八五年)に加えて、普遍主義的な医療・保健制度(国民保健制度[SNS:Sistema Nacional de Salud])(一九八六年)と最低所得保障制度(一九八〇年代末~)が整備されていった。ここに南欧社会モデルが指摘するようなレジーム論的複合性(機能的複合性[functional complexity])を見て取ることができる。

一方、スペインの福祉国家は、民主改革の一環としての自治州制度の導入に伴う高度の分権化によって、複合的性格をいっそう強めることになった (Gallego and Subirats 2011)。この側面における複合性を空間的複合性(spatial complexity) と呼ぶことができる。すなわち、スペインでは、老齢年金や失業保障といった所得保障の基幹的制度が全国的枠組みとして存在するのに対し、SNSに関する施行細則の決定と制度運用は、教育政策や住宅政策などの広義の社会保障政策とあわせて自治州に移管され、地域ごとのサービス供給の多様性を生み出したのである。

スペイン福祉国家の機能的・空間的複合性は、移民の受け入れか排斥かといった二者択一を不可能にするほど複雑な影響を移民政策にもたらした。移民の居住地域は特定の市町村に集中することが多く、したがってこのような分権的な社会保障体系の影響にさらされやすい。また、地方が所管する福祉行政の多くは税によって運営されるので、社会保障制度への負担を理由とする移民への反発は特定の地域で顕在化しやすいと予想される。移民「問題」をめぐる社会的摩擦には地域的特性があり、全国的規模の紛争に発展する可能性をかえって弱めている。

また、年金と失業保障の分野では、急速な少子高齢化による年金制度空洞化の恐れや、不安定雇用の拡大に伴う労働市場の二重化の弊害が指摘されてきた。正規移民の増加は生産年齢人口の減少を抑え、短期・中期的に年金財政を強化する好ましい一面を持つ。他方で、移民労働者を多く受け入れる建設業や観光業では雇用が不安定化しがちであり、[2]不況時における失業給付総額の膨張を招く恐れがあるので、ここから逆に、非正規移民を黙認したうえで、労働市場の緩衝材として利用するのが得策であるという判断も成り立つ。非正規移民と雇用主はこの点で利害が一致し、歴代政権の立場も大きく揺れ動いてきた。

すでに述べたように、スペインでは、社会サービス分野での政策展開が弱いことが、福祉ミックス（welfare mix）のなかで、家族を政府、市場と並ぶ重要な福祉供給源の地位に押し上げる結果となっている。しかし、ライフコース・モデルの多様化に伴う世帯構造の変化や女性就業率の上昇などの社会的変化に伴って、ケア提供者としての女性の伝統的役割への期待が困難となり、その部分を移民労働者が補完する形が近年急速に普及するに至った。すなわち、この分野では、移民労働者は福祉制度の受益者というより福祉供給者としての役割を主に担う。

このように、スペインでは移民労働者の受け入れを通じて福祉国家の持続可能性の限界を乗り越える可能性が部分的に生じ、同国が未曾有の好況を経験した一九九〇年代から二〇〇〇年代初頭にかけて、大量の移民受け入れに対応する形で移民の社会統合に関する施策が打ち出されていった。移民労働者の全面的統合に対する障害として立ちはだかったのは、社会保障制度そのものではなく、入国管理制度の不具合を直接的な原因とする非正規移民の滞留である。言い換えれば、非正規問題にどのように対処するかが、スペイン福祉国家における移民統合の試金石であった。

中央の枠組みと移民の編入

スペイン一九七八年憲法は公権力が「すべての市民」(todos los ciudadanos) のために公的な社会保障制度を維持すると定めているが(第四一条)、法の前の平等の明示的対象を「スペイン人」(los españoles) としている(第一四条)。「外国人」(los extranjeros) については、条約および法律が定める条件において同憲法第一編の保障する公的自由を享受するとし(第一三条第一項)、一九九四年政令法第一号(一般社会保障法［ＬＧＳＳ：Ley General de Seguridad Social］改正法) は、第七条で旧スペイン領南米諸国をはじめとするいくつかの国と、社会保障協定を締結した諸国の出身者を例外として、社会保障制度の適用範囲を原則として国内在住のスペイン人に限定した。

国の社会保障制度は一般制度 (régimen general) と特別制度 (régimen especial) に大別され、労働者は契約形態に関係なく従事する職業に基づいて加入を義務付けられる。この枠組みが合法的に居住する外国人全般に対して拡張されたのは、上記の一般社会保障法改正法から間を置かずに一九九六年法律第一三号が成立し(一九九七年施行)、その第九一条により社会保障制度の適用範囲に修正が施されたことによる (Maldonado Molina 2010: 268-271)。新たな制度の下では、理論上はスペイン人と同じく、労働・居住許可証を有する正規の移民労働者が職業区分に対応した制度に編入され、拠出型・非拠出型保障の恩恵を受けることになった。

一九九六年の法改正の時期は第三次特別正規化措置とほぼ重なっていたが、社会保障制度への外国人の加入は進展しなかった。在留外国人の社会保障制度加入資格が出入国管理と連動する仕組みであったことが、実質的な権利拡張を妨げていたからである。労働・居住許可が五年を上限とする以上、移民労働者の加入の意味は限られていた(拠出型老齢年金の受給要件である最低加入期間は一五年)。ＬＯＥ四／〇〇が永住権を制度化するとともに外国人「居住者」(residente) の社会保障受給権を明記し(第一四条第一項)、そのうえでＰＰ政権下(二〇〇〇年と二〇〇一年)に合わせて四三万二六〇〇人、ＰＳＯＥ政権下(二〇〇五年の「正常化」［normalización］)に五七万八三七五人が新たに正規化されたことが、移民労働者の制度編入を促進したのである。

実際に、非欧州圏出身者の間では、一九九九年から二〇〇四年の間に社会保障制度加入率が五二八パーセント増加した。同時期の欧州圏出身者については一五四パーセントに過ぎない（Carrasco Carpio y Rodriguéz Cabero 2006：226）。表9-1が示すように、一般制度および特別制度に加入するスペイン人の数は二〇〇〇年代以降停滞しているのに対し、一般制度に加入する外国人は大幅に増加し、特別制度に関しては被保険労働者全体に占める外国人の割合が一三パーセントにも達した。特別制度に加入する外国人被保険者の割合が多いことは、特別制度に含まれる農業労働や家事労働といった分野で非欧州圏出身者が集中的に雇用されていることと符合する。

二〇〇五年当時、スペイン人高齢者の年金扶養比率が二・六五であるのに対し、大多数が生産年齢人口に属する移民では三〇にも達し、外国人の年金受給者はわずか一パーセントに過ぎなかった。二〇〇五年第一四半期の労働力率は、スペイン人の五五パーセントに対して一般枠移民が七九パーセントであり、ラテンアメリカ出身者では八〇パーセントを超えた（Cachón Rodriguez 2006：188–189）。移民労働者の経済活動は財政にも大きく貢献し、二〇〇五年度の四七億八四〇〇万ユーロの財政収支の黒字（全体の五〇パーセント）を生み出した。特に年金会計に関しては、移民労働者が八〇億ユーロの保険料を納付しながら四億ユーロしか受給していないことが、社会保障制度の存続能力を補強していると指摘された（Aja 2012：384–385；Rodriguéz Borges 2010：81；Laparra 2011：229）。

一九九六年から二〇〇六年までにスペインではＯＥＣＤ諸国全体の四〇パーセントに相当する約八〇〇万の雇用が創出され、労働人口は二〇〇七年第二四半期に二〇五〇万人に達した。この新たな雇用の三七・六パーセント（二〇〇七年については六一・四パーセント）が移民労働者によるものである（Oliver Alonso 2008：27–28；Moreno Juentes and Bruquetas Callejo 2011：42）。このように、一〇年にわたる未曾有の好況は全体として失業率の抑制に貢献したものの、失業保障に関するスペイン人と移民労働者の間の格差はむしろ拡大した。一九九二〜九六年の平均失業率はスペイン人も移民もほぼ二二パーセントであったが、二〇〇二〜〇四年ではそれぞれ一〇・九パーセント、一五・二パーセントとなっている。

一九九〇年代以降に増加した非欧州圏出身の移民労働者は、景気の調節弁としての非典型雇用を多く抱える建設業やサービス業などの労働集約型産業に多く吸収され、それだけ雇用の不安定にさらされがちであった。しかし、潜在的に不安定な状態にある移民労働者が失業の際に十分な給付を受けているわけでもなかった。労働調査によれば、二〇〇三年の失業給付の適用率は失業者全体の五六・七パーセントであったが、非欧州圏出身者については わずか二六・七パーセントに過ぎない。こうした格差は、移民労働者の滞在期間の短さや労働市場への統合の弱さ、職業上要求される地理的移動や期間雇用の比重の大きさなどによって説明される（Carrasco Carpio y Rodríguez Caberro 2006：230-231）。

本来、雇用を軸として年金制度と密接に関連する失業保障制度は、このように移民労働者を十分に保護しているとはいいがたい状況であった。しかし、好況が持続し、失業給付総額自体が低く抑えられている限りにおいては、移民労働者が失業を契機に非正規化し、あるいはＧＤＰの二五パーセントを占めるともいわれる地下経済に吸収されていく悪循環を阻止することが可能である。二〇〇四年以降のＰＳＯＥ政権の下では移民統合政策の強化が図られたが、そうした移民統合政策を実効ならしめるには、中央政府のイニシアチブのみならず、地方政府や様々な非政府組織との密接な連携が必要であった。

地方の福祉受給と福祉供給

「公権力」（los poderes públicos）の責務として社会保障制度の維持を規定するスペイン憲法（第四一条）は、第

表９－１　社会保障一般制度と特別制度に加入するスペイン人と外国人（1999～2015年）

	一般制度		特別制度	
	スペイン人	外国人（%）	スペイン人	外国人（%）
1999年	10649671	184690（1.70）	3928655	150286（3.68）
2000年	11263580	277685（2.41）	3972638	176886（4.26）
2001年	11747040	388205（3.20）	4001712	218869（5.19）
2002年	12087569	544296（4.31）	4100821	287362（6.55）
2003年	12420983	623096（4.78）	4168578	302184（6.76）
2004年	12947234	759259（5.54）	4214686	317485（7.01）
2005年	13706569	1120842（7.56）	4449613	567756（11.32）
2006年	14338759	1310520（8.37）	4431500	513453（10.38）
2007年	14719806	1440977（8.92）	4475949	540129（10.77）
2008年	13862376	1283144（8.47）	4443237	599080（11.88）
2009年	13275386	1175066（8.13）	4364632	636813（12.73）
2010年	13161364	1145722（8.01）	4316731	646811（13.03）
2011年	12816948	1064391（7.67）	4294844	650848（13.16）
2012年	12017519	954737（7.36）	4314969	670189（13.44）
2013年	11926982	886434（6.92）	4331060	639268（12.86）
2014年	12262304	883425（6.72）	4389580	645924（12.83）
2015年	12730510	937701（6.86）	4450080	668651（13.06）

出所）Estadísticas de mercado de trabajo 1999–2015, Ministerio de Empleo y Seguridad Social より著者作成。数値は各年12月末日付の登録者数を表す。

九条二項で同じく「公権力」が個人と集団の自由と平等を実現する条件を促進することを定めている。労働・居住許可と表裏一体の年金・失業保障制度を中央政府が所管することに大きな問題はなかったが、その他の社会サービスや公的扶助については、中央政府と地方政府の間の権限の競合や政策上の矛盾が生じる余地があった。移民の受け入れ、統合、社会的平等に関する業務における縦の分業と協業の発達には、一九八〇年代以降に進行したスペインの「自治州国家」(el Estado de las autonomías) 化、すなわち自治州への権限移譲が関係している。

自治州国家体制の下では、憲法第一四九条に明記される国の専権事項以外が理論上すべて自治州の権限となる可能性を持つものの、権限移譲の過程は自治州と中央政府との個別的交渉に依存して一様ではなく、自治州間の権限配分の非対称性を生じさせる(横田 二〇〇八)。この非対称性が是正されつつあるかたわらで、「移民に関する部局間計画」(Plan Interdepartamental de Inmigración)(一九九三年)を策定したカタルーニャをはじめ、いくつかの自治州は事実上の移民政策を通じて独自色を強めていた。これらの自治州は、労働許可証の交付や移民労働割当の決定にすら干渉する「プラグマティックな急進主義」を採用することで中央政府に対する発言力を強め、さらなる権限の拡大を図ろうとしていた(Agrela and Dietz 2006：216–217)。

ＰＳＯＥ政権下での大規模な正規化(正常化)は、それまで移民の受け入れと統合の現場に携わってきた地方政府のほか、移民受け入れのノウハウを有する労働組合、カリタスをはじめとするＮＧＯなどの民間組織の協力を得て初めて実現可能となり、同年に打ち出された「市民権・統合戦略プラン」(ＰＥＣＩ：Plan Estratégico de Ciudadanía y Integración)に基づく「移民受け入れ・統合・教育支援基金」(Fondos de Apoyo a la acogida y la integración de inmigrantes así como el refuerzo educativo de los mismos)もまた、移民受け入れに伴う地方政府のコストを事実上補填する資金として、移民の社会保障加入状況や就学状況に応じて配分が行われた(Cachón Rodríguez 2008；Miret i Serra 2009：59)。

二〇〇〇年代の移民統合政策が地方政府やサード・セクターに大きく依存していたのは、正規化を前提とする中央政府の施策が、より不安定な状態にある非正規移民のセイフティネットとして機能していない事実に由来する。この矛盾は、一九八六年法律第一四号（一般保健法［LGS：Ley General de Sanidad］）により導入されたSNS（国民保健制度）にも表れていた。SNSの枠組みは合法的居住を前提に国籍を問わない普遍的サービス給付を保証するが、非正規移民の制度利用は救急医療や感染症への処置などに限られ、結果として非公式の医療行為を助長していた。LOE四／〇〇が住民登録のみをサービス受給の要件としたことで、この状況は大きく変化した（Moreno Fuentes 2009：83）。

非欧州圏出身の移民に対するSNSの適用率は二〇〇〇年の時点で八八パーセント、非正規移民については四六・八パーセントに過ぎなかった（Carrasco Carpio y Rodríguez Caberro 2006：228–229）。しかし、「合法的居住」を普遍的なサービス受給権の要件としていた一般保健法に対し、LOE四／〇〇が住民登録のみで良いとしたことで、スペイン在住のEU市民には大きく劣るものの、多くの移民がここに編入されることになった。加えて、SNSの運営が二〇〇一年末までに自治州に移管されたことで、自治州独自のイニシアチブが強化されたことも、適用率の拡大に貢献した。

もっとも、非正規移民については追放の危険性があったために、外国人の住民登録数と居住者の実数が正確に一致することはなかった（Maldonado Molina 2010：286）。また、SNSの分権化がもたらす弊害として、サービスの質の地域的不均等が生じていることに対し、出身地が異なる移民の多様な要求や必要に対応させる公的なイニシアチブが、実際にはほとんどとられていないという問題もある。加えて特定地域のプライマリーケア・センターでは過剰なサービス需要が発生し、移民の集住がSNSの質の低下や人的・財政的資源の不足を招いていることも指摘された（Moreno Fuentes 2009：84–85）。

以上はスペインにおける福祉受給者としての移民の姿である。すでに述べたように、スペイン福祉国家の「家族主義」的特徴とは、家族政策の領域での施策を、現金給付や減税といった移転的給付の少なさも含めてほとんど展開してこなかった点にある。しかし、女性の伝統的役割期待に基づくケア提供の形は、一九八〇年代以降の女性の社会進出、あるいは晩婚化や非婚化の進行とともに伝統的な家族形態の形骸化が進行したことで急速に崩れていき、家庭内ケア労働の需要増加に応える公的制度の欠如を補完するものとして、有償の家事労働従事者に依存せざるをえなかった。こうして、スペインの労働移民の一部は、福祉供給者としても重要な役割を担うことになった（León 2010）。

一部地域からの労働移民の男女比は女性に大きく偏っているが、こうした移民女性が家事労働に従事することが広く見られるようになっている（表9－2参照）。アスナールのＰＰ政権はＰＳＯＥ政権が意図的に避けてきた家族政策に初めて取り組んだが、家族重視のイデオロギーとも齟齬しない家庭と仕事の両立支援などの消極的支援策に終始した。続くサパテロ政権は、アスナール政権の消極的家族支援や現金給付の拡充を進めながら、高齢者介護に関する普遍的な枠組みが必要であるとの政労使合意の下に二〇〇六年法律三九号（介護法）を成立させ、要介護者自立支援制度（ＳＡＡＤ：Sistema para la Autonomía y Atención a la Dependencia）を通じて普遍主義的な公的介護サービスの確立に努めた。

介護法の施行後の経済・財政事情の急激な悪化に伴い、ＳＡＡＤのサービス内容の後退や一部現金給付による代替といった修正が加えられたものの、公式の介護サービス網の整備は社会保障制度に登録される正規移民数の増加にも貢献した。もっとも、ケア労働に代表される移民女性の家事労働は、労働統計に表れないヤミ労働を助長し、あるいはその労働条件が不明確になりがちであるという因習に悩まされていた（Solé and Ribas *et al.* 1998 : 335）。この状態を改善するために、二〇一二年一月一日付で家事労働特別制度を廃止し一般制度に編入すること

表9－2　社会保障制度に加入する外国人男性と外国人女性（1999～2015年）

	一般制度		農業特別制度		自営業特別制度		家事使用人特別制度	
	男性	女性	男性	女性	男性	女性	男性	女性
1999年	124465	60154	39496	3509	43822	16679	6699	38141
2000年	188466	89167	50055	5913	50768	19878	5355	42692
2001年	263630	124534	69288	11286	57956	23152	5211	49282
2002年	366182	178101	89959	19020	64708	26562	7555	76681
2003年	411401	211684	96387	25228	73107	31193	6087	67331
2004年	496943	262297	89361	25290	85968	37174	6178	70276
2005年	747532	373303	129954	35302	100705	44250	29623	224142
2006年	853059	457456	116630	41315	113852	50776	17717	169042
2007年	910689	530284	113535	45837	160859	62737	13678	139121
2008年	762959	520181	149370	53252	154631	66978	16936	153402
2009年	681429	493632	190004	70419	131433	65265	16784	158492
2010年	660431	485286	198258	67654	129067	69219	16699	161728
2011年	603938	460446	193939	63481	133840	74074	17135	164258
2012年	537007	417726	169400	56502	136950	77877	16452	209190
2013年	499153	387278	154214	40228	141605	82164	16127	201567
2014年	504917	378508	151329	41806	152576	88751	15407	192675
2015年	539957	397743	159815	42712	165678	95742	14482	186998

出所）Estadísticas de mercado de trabajo 1999-2015, Ministerio de Empleo y Seguridad Socialより著者作成。数値は各年12月末日付の登録者数を表す。2012年1月より農業特別制度と家事使用人特別制度は統合されたが、統計は旧区分に基づいてなされている。特別制度には他に鉱業、海事・船員の区分があるが表中では省略した。前者は男女合わせて全期間平均の登録数が500未満、後者は3000未満であり、男性が圧倒的多数を占める。

が決定されたのである（Ahonen and López-Jacob *et al.* 2010：414）。

こうして二〇〇〇年代の後半までには、正規の（女性）移民労働者によるケア供給の体制が曲がりなりにも確立し、スペイン経済のバブルが崩壊して深刻な不況が訪れた後も、労働力の需要が激減した建設業や観光業などの部門に比べて、比較的影響を受けにくい分野としてケア労働部門が温存されることになった。家族なき家族主義の下で制度発展を遂げてきたスペインの福祉国家は、移民労働力の助けを借りながら、この重大な欠損を生めることに踏み出したのである。

三　危機の時代における移民と福祉

労働移民への「寛容」

スペインでは移民の流入に伴う社会的不満が一九八〇年代を通じてまったく深刻ではなかった。アフリカからの不法移民の漂着が初めて大きく報じられたのは一九八〇年代末であるが、移民の流入を原因としてスペイン社会の構造が変わり始めたのは一九九〇年代末以降であり、特にそれが加速したのは二〇〇〇年代である。すなわち、移民に対する否定的世論が移民流入と初めて結びついたのは、ＰＰが政権の座にあった第六議会（一九九六～二〇〇〇年）および第七議会（二〇〇〇～〇四年）であり、特に移民数の劇的増加や、エル・エヒド事件をはじめとする移民をめぐる様々な社会的軋轢の顕在化による移民「問題」の可視化が生じた二〇〇〇年代以降のことであった。

また、ＰＳＯＥ・サパテロ政権は、移民への悪感情を刺激しかねないアルカイダの列車爆破テロ事件（二〇〇四年三月一一日）の直後の選挙により運命的に成立した。二〇〇〇年代を通じて、一方で労働移民の受け入れに積極的でありながら、他方で非正規移民問題を治安に関わる問題として認識するPPと、移民の社会統合を重視するPSOEとの間で激しい舌戦が繰り広げられたことも、移民「問題」の可視化と世論の分極化に寄与した(Checa Olmos *et al*. 2013; Morales, Sergi Pardo-Prado and Ros 2014)。二〇〇六年には移民問題を主要な問題と考えるスペイン人の割合が五九パーセントに達し、他国からの移民の受け入れを容認する者の割合が一三パーセントであるのに対して、まったく認めるべきでないと考える者は一〇パーセントに達した。

スペインにおける移民に対する否定的感情の高まりは、移民の流入の数自体ではなく増加率(二〇〇〇〜〇五年に三・五パーセント)に起因しており、移民に対する世論が究極的には共生問題ではなく国境管理問題によって形作られていたこと、すなわち、移民自体ではなく政府やその政策の非効率性に向けられたものであったと指摘されている。その意味でスペイン世論における移民への態度は依然として萌芽的な段階にあり、移民に対する「寛容」の永続性には疑問符が付く(Zapata-Barrero 2009: 1114–1115)。

また、非欧州圏からの移民のなかでも、南米出身者に対するスペイン人の比較的好意的な態度と、アフリカ系とりわけモロッコ出身者に対する伝統的な蔑視感情とは対照的であり、彼らの居住地域の偏在性なども加わって、移民全般に対する態度を一言で要約することは困難である。このことは、スペインにおける移民の社会統合に関する手段が主に中南米からの移民に次いで欧州出身者をカバーするのに対し、社会統合の課題が最も重要になりうるマグレブ諸国からの移民については「脅威」に対する予防措置が前面に押し出され、公的な統合支援がきわめて手薄となっていることにも表れている(Laparra 2011: 228–230)。

カリタス・スペインの後援で設立されたFOESSA財団(社会調査・応用社会学振興財団)の報告書は、二〇〇八年度のスペイン社会の状況について、住宅分野での社会的排除が、スペイン人およびEU一五ヵ国出身者とそれ以外の地域(EU新規加盟国を含む)で顕著な格差を生んでいるとする(一七・八パーセント対三七・〇パーセント［非ＥＵ圏からの移民については四三パーセント］、雇用については一二・五パーセント対二七・二パーセント）。しかし、二〇〇〇年から二〇〇八年の間に、行政当局に対して差別を受けたと訴える移民の数はスペイン全土で大幅に減り、全体として半減した。医療や教育などのサービス分野における平等な処遇の経験が、移民側での被差別感覚を和らげてきたと見られている（Laparra 2011：226–230）。

移民社会の地理的多様性に加えて、スペイン社会のマルチエスニックな性格が地方における問題の多様性を生んでいる（Zapata-Barrero y van Dijk 2007）。カタルーニャ、バスク、ガリシアのような「歴史的地域」の地域アイデンティティはエスニックな要素と結びついた排外主義を醸成しやすいと考えられるが、とりわけカタルーニャでは、モロッコ人の増加が中央政府の介入を引き起こす可能性や、イスラム系コミュニティの拡大に伴う文化摩擦の可能性が重大視され、カタルーニャ語の習得を基軸とする同化政策の推進と、移民排斥の主張を代弁する政治運動の顕在化という両極の動きが生まれている（Zapata-Barrero 2009：1105）。

にもかかわらず、これまでのところ、スペイン・ナショナリズムの訴求力の弱さゆえに、全国的な規模での反移民感情の動員は起きていない。二〇〇九年以降に新規に入国する移民の数が著しく減少したのは、入国審査の基準の厳格化ではなく、移民労働に対する需要が減少したことによる自己調整的なメカニズムが作用したためである（Arango 2013：7）。結果として二〇〇八年の経済危機の発生とともに移民問題の重要度は低下し、二〇一二年までにこの問題を重大視するスペイン人の数はわずか五パーセントとなった。不法移民の数は二〇一〇年から二〇一三年までに約八〇万人から四万人にまで減少し、世論の主な関心は失業問題へと移行した。要するにスペインにおける反移民感情は二〇〇〇年代前半の好況期に頂点を迎えたが、経済危機とともに急速に弱まった（Alonso and Rovira Kaltwasser 2014：31；Escandell and Ceobanu 2010）。

欧州危機と移民危機

リーマン・ショックが発生した当初、スペイン経済はバブルの絶頂期にあり、二〇〇八年の総選挙で続投を確保したサパテロ政権には、危機に対する備えがまったくなかった。しかし、バブルの牽引役が建設・サービス業などの労働集約型産業部門であったため、リーマン・ショックの波及は労働市場の急激な収縮をもたらした。「雇用崩壊」は移民労働者を直撃し、新たな失業者一〇人のうち四人は外国人となった。すなわち、深刻な経済危機が、雇用形態の柔軟性ゆえに労働市場の緩衝材として利用されてきた移民労働の構造的脆弱性を浮き彫りにしたのである。二〇〇九年の移民の失業者数は二〇〇七年の二・七倍となり、一〇〇万人を超えた。労働力調査によれば、二〇〇九年半ばの失業者の四人に一人は移民であった（Laparra 2011：214–215）。

このようななかで、サパテロ政権は二〇〇九年一二月に外国人法を改正（二〇〇九年組織法第二号、LOE〇九）し、非欧州圏出身の在留外国人の法的地位に関する変更を行った。LOE〇九は、長期滞在外国人にのみ住宅補助の申請や家族帯同を認める（同第一三条および第一七条第三項）一方、同第二条では明示的に「移民統合」を掲げ、第三国出身者の公用語習得機会を保障するとともに、彼らの適応努力を証明する証書の交付権限を地方政府に与えるなど、基本的には同政権が掲げてきた移民統合路線に沿った内容である（Acosta Arcarazo 2012：239–246）。

その一方で、二〇〇八年政令法第四号では、失業状態にある正規の移民労働者が帰国を希望する場合、三年以内の再入国の禁止を条件として失業給付を事前に支給することが定められた。政府は移民労働者への給与前払いプログラム（Programa de Abono Anticipado de Prestación a Extranjeros）による自発的帰国プログラム（Programa de Retorno Voluntario）を通じて移民の帰国を奨励したが、この制度を利用して二〇〇九年三月時点で四〇〇〇人が辞職（候補者は八万人）したものの、当初は失業してなおスペインに留まる外国人が少なくなかった。

しかし、二〇一〇年五月までにサパテロ政権が包括的な緊縮政策に転ずると、スペインに入国して比較的日が浅く、失業や不安定雇用に苦しむ者から順に新天地への移動や帰国などの形でスペインを去る者が出始め、正規移民だけで最盛期の二〇一一年から一〇〇万人以上が国外退去したとされる。また、二〇〇九年組織法第二号では、非正規移民を含む移民労働者に対する社会権の拡張適用の規定を維持しつつ、非正規移民に対する失業給付については、移民の法的地位を変えうるものとして排除された。二〇パーセントを超える失業率の下で、八〇万人もの移民労働者の減少が起きた当時の状況が、こうした決定の背景にあった（Aja 2012：385–390）。

移民の純流入数の大幅な減少に伴い、狭義の移民「問題」を凌駕する深刻な問題として失業の急増に対する関心が急浮上した。高学歴・高技能のスペイン人求職者の出国の増加による頭脳流出が懸念される一方、国内労働市場には移民と潜在的に競合する低技能の求職者が滞留することになり、職業分野の棲み分けによる紛争の可能性が浮上し始めたのである。もっとも、雇用をめぐる競争の実態は、移民労働者がスペイン人の職を奪う脅威となっている、というような単純な問題ではない。例えば農業部門では、スペイン人が農作業に従事することをいとわなくなり、移民労働者の失業が助長される現象が起きている。

スペインにおける劇的なバブル崩壊は、単に経済の収縮をもたらしただけでなく、初期の対応としての景気刺激策のほかに、地元経済に密着して不動産・建設部門の成長を支えた中小の貯蓄金融機関「カハ」（caja）の経営危機と、その統合整理や経営合理化のための金融支援の必要を生じさせた。二〇〇七年から二〇〇九年の間に国家財政赤字はＧＤＰの二パーセントから一一パーセントにまで上昇し、スペイン政府の危機対応の選択肢を大きく制約した（Monastiriotis 2013：23；Royo 2013：16–17）。不況下における急激な財政赤字の拡大と債務残高の膨張を目の当たりにしたサパテロ政権が包括的緊縮パッケージへの急転換に踏み切ったのは、Ｓ＆Ｐによる長期国債の格下げを受けた後の二〇一〇年五月一二日であった。

こうしてスペイン国内で失業中の移民労働者は、失業給付や教育、医療、住宅といったサービス分野での負担を押し上げる存在として認識され始めた。実際には、SNSに関する移民への給付がスペイン人への給付の水準を有意に上回っているとはいえないうえ、各種現金給付には資力調査が伴うので、将来的な移民人口の高齢化の影響はあるにしても、目下のところスペイン福祉国家に対する大きな財政負担とはならないと考えられる（Muñoz de Bustillo and Antón 2009）。にもかかわらず、移民労働者という異質の存在が、二〇一〇年以降のサパテロ政権、そしてその早期退陣により二〇一一年一二月に政権に返り咲いたPP・ラホイ政権による緊縮策の標的になることは避けられなかったのである。

福祉と移民の同時収縮

アメリカのように社会支出や再分配のレベルが低いのは、エスニックな多様性の結果であるという見方があるが、スペインの近年の経験は、多文化主義と寛容な福祉国家との間の本質的な緊張関係ではなく、むしろ社会的支出の少なさが移民の流入を促進するのではないかという解釈さえ導く（Pérez 2011：284）。しかしながら、当初移民流入の増加に否定的であったスペインが、やがて移民統合を通じて多くの労働移民を福祉国家の供給面での強靭化に貢献する形を生み出し、その複合レジーム型の福祉国家の発展が、急激かつ大量の移民の流入の衝撃を吸収したと考えるのがより正確であろう。

高齢化に関する経済政策委員会ワーキンググループ（二〇〇六年二月発足）の予測によれば、二〇五〇年のスペインでは労働人口が六二〇万人減少するのに対して六五歳を超える人口が七九〇万人増加し、名目的高齢者扶養率は四・一人から一・五人に、実質的高齢者扶養率は二・五人から一・一人に減少する。労働人口を維持するには六二〇万人（人口の一四・四パーセント）、名目的高齢者扶養率を維持するには一四一〇万人（同三二・八パーセント）、実質的高齢者扶養率を維持するには一五六〇万人（同三六・三パーセント）が必要となる。

また、二〇〇九年六月初頭、国立統計院は、前年度からの出生率の弱い回復が見られるとした。二〇〇八年の合計特殊出生率はその前年の一・四〇に対して一・四六となり（一九九〇年以来の最高値）、同年の出生数は五一万八九六七人で前年を二万六四四〇人上回った。スペイン人以外の母親から生まれた新生児の数は全体の二〇・七パーセントに相当する一〇万七四七五人であり、二〇〇五年以来の着実な増加を示していることから、外国人女性が二〇〇八年の出生率回復にある程度貢献したと推定されている（Rodriguéz Borges 2010：73-75）。

移民の増加がスペインの経済および財政、年金会計に寄与していることはすでに指摘した通りである。労働移民による恒常的な人口補完は、スペイン社会の再生産と社会保障制度の存続にとってきわめて重要な要素となりうることを、上記の調査データはあらためて示している。しかしながら、このような福祉国家と移民国家の相互補完的な関係はリーマン・ショック後の包括的な財政・経済危機により急転回を迎え、福祉と移民の同時収縮が数年来の傾向となっている。

二〇一一年一一月の繰り上げ総選挙で議会の絶対多数を確保したPPは、ラホイ首相の下で、サパテロ政権末期に導入された包括的緊縮政策を超える緊縮策を次々に打ち出し、労働市場の一層の柔軟化にも取り組んでいった。このようななかで、ラホイ政権は、非正規移民に対する締め付けを強化しつつ、移民国家化の過程で移民労働者に段階的に開かれてきた社会権の範囲を縮小することに着手した。そうした政策のなかには、移民受け入れ・統合・教育支援基金の削減や、SNSのサービスの質と安定性を改善する建前の下に採択された二〇一二年一月の一般保健法改正（二〇一一年法律第三三号）と同年四月の二〇一二年政令法第一六号が含まれていた。

ラホイ政権は、一連の立法を通じて、ある時期から移民に対しても普遍主義的に適用されてきたSNSのサービス受給資格に変更を加えた。具体的には年金制度への加入を前提とし、未加入者に対しては毎年の一定金額の証紙納付（六五歳未満は七一〇ユーロ、六五歳以上は一八六四ユーロ）と引き換えに保健証を発行するというものである。このような改革を後押しする言説として、「医療ツアー」（turismo sanitario）に象徴される制度の濫用や、医療相互支援協定を締結する国々との間での医療行為のコスト回収の必要性などが強弁された（Moreno Fuentes 2015：284–286）。

ＳＮＳからの特定の集団を排除することは、憲法裁判所や欧州評議会を含む内外の公的機関や、人権問題・医療問題に携わる様々な組織から批判されたが、サービス供給の現場である自治州では対応が大きく分かれた。高度に分権化されているＳＮＳの運用について中央政府が影響力を及ぼせる余地が小さく、制度変更には漸進的変化や戦略的振る舞いが必要となる。結果として、アンダルシアやアストゥリアスのようにＰＳＯＥが政権与党である州では非正規移民への制度適用が継続し、非正規移民の排除を前提とする改正を行った州ではＰＰ政権が統治するなどの違いが見られた。カタルーニャを含む歴史的諸州を中心に、中央政府と一線を画する意図から、資産を持たない非正規移民に対するサービス提供を継続する州もある（Moreno Fuentes 2015：290–292）。

そもそもアンダルシア、カタルーニャ、アラゴンをはじめ、二〇〇〇年前後に改定された複数の州の自治憲章では、移民の受け入れと統合政策の展開に関する自治州独自の権限とともに、正規の居住許可証を有するか否かを問わず、すべての外国人にスペイン人と同様の社会給付を享受する権利を保証することが明記されている（De la Quadra-Salcedo Janini 2010：157–160；Miret i Serra 2009：60–61）。これに対してラホイ政権は、財政規律化を梃子として自治州国家に対する新中央集権主義的な改編を試みており（横田 二〇一六）、はからずも移民労働者に対する社会権の範囲をめぐる対立が中央と地方の間の権力闘争に結びつく構図となっている。

ＰＰによる四年間の改革政治の破壊的効果は、地方ではカタルーニャ自治州で独立の気運を強め、中央では二〇年来安定していた二大政党制の動揺をきたし、二〇一五年末以来、やり直し選挙を経て、約一〇ヵ月後に第二次ラホイ政権（少数派）がようやく成立した。流動的な政治状況のなかで、中央地方関係と連動しながら展開されている社会サービス削減問題が、移民と地方政府の勝利に終わる保証はない。加えて二〇一五年冒頭には中東を起点とする難民問題が欧州全体を揺るがす大問題に発展し、スペインにもその影響が波及しつつある。大量の移民を抱えることの難しさを自覚し始めたスペインでは、二〇一五年度の難民申請者数が一万五〇〇〇人にも満たず、受け入れ手続きは遅々として進んでいない。この国で労働移民に対して示された「寛容」と「歓待」(Balch 2010) の普遍性が、今こそ試されているのである。

注

（1）カタルーニャ州ビック市を発祥地とする同党は、排外主義的主張を明示的に掲げる数少ない政党の一つであるが、二〇一一年のカタルーニャ市町村選挙で六七議席を確保して注目を集めたものの、二〇一五年にはこれを八議席にまで大幅に後退させ、存亡の危機に陥っている。

（2）労働市場の二重化については産業ごとに実態が異なる。観光業や一部の農業では季節性の強さからそもそも雇用が不安定化する傾向にある。建設業における労働市場の二重化は現場作業部門の零細化に由来する。外国人女性を多く雇用する家事労働部門では、雇用自体が安定的である代わりに雇用契約が不明確であり、労働条件が劣悪である場合が多く見られる。

参考文献

竹中克行（二〇〇九）『多言語国家スペインの社会動態を読み解く――人の移動と定着の地理学が照射する格差の多元性』ミネルヴァ書房。

中島晶子（二〇一二）『南欧福祉国家スペインの形成と変容――家族主義という福祉レジーム』ミネルヴァ書房。

永田智成・深澤晴奈（二〇一五）「何故スペインでは外国人排斥運動が大規模化しないのか」（二〇一五年度日本比較政治学会研究大会・分科会B―2「移民の政治学」、於千葉大学、一〇月一〇日）。

横田正顕（二〇〇八）「スペインにおける非対称的・競争的「連邦制」の展開――その構造と力学」『法学』七二巻一六号、一八九―

二三一頁。

横田正顕（二〇一五）「後発的福祉国家スペインの失われた改革」新川敏光編『福祉レジーム』ミネルヴァ書房、三五―四八頁。

横田正顕（二〇一六）「危機の中のスペイン自治州国家――再集権化とカタルーニャ独立問題」『法学』八〇巻一号、一―四六頁。

Acosta Arcarazo, Diego（2012）"Long-term Residents' Integration in Spain at a Crossroads：Rights-based Approach or Downhill towards Restrictiveness?" in Sonia Morano-Foadi and Micaela Malena eds., *Integration for Third-country Nationals in the European Union：The Equality Challenge*, Edward Elgar, pp.231–247.

Agrela Belén and Gunther Dietz（2006）"Nongovernmental versus Governmental Actors? Multilevel Governance and Immigrant Integration Policy in Spain", in Takeyuki Tsuda ed., *Local Citizenship in Recent Countries of Immigration：Japan in Comparative Perspective*, Rowman & Littlefield, pp.205–233.

Ahonen, Emily Q., María José López-Jacob, María Luisa Vázquez, Victoria Porthé, Diana Gil-González and Ana María García（2010）"Invisible Work, Unseen Hazards：The Health of Women Immigrant Household Service Workers in Spain", *American Journal of Industrial Medicine*, 53（4）, pp.405–416.

Aja, Eliseo（2012）*Inmigración y democracia*, Alianza.

Alonso, Sonia and Cristóbal Rovira Kaltwasser（2014）"Spain：No Country for the Populist Radical Right?" *South European Society and Politics*, 20（1）, pp.21–45.

Aparicio Wilhelmi, Marco y Eduardo Roig Molés（2006）"La entrada por razones laborales y el trabajo de los extranjeros：el progresivo desarrollo de un sistema ordenado de entrada laboral", en Eliseo Aja y Joaquín Arango eds., *Veinte años de inmigración en España：perspectivas jurídicas y sociológica*（*1985–2004*）, CIDOB, pp.145–174.

Arango, Joaquín（2013）*Exceptional in Europe? Spain's Experience with Immigration and Integration*, Migration Policy Institute.

Balch, Alex（2010）"Economic Migration and the Politics of Hospitality in Spain：Ideas and Policy Change", *Politics and Policy*, 32（5）, pp.1037–1065.

Cachón Rodríguez, Lorenzo（2006）"Los inmigrantes en el mercado de trabajo en España（1996–2004）", en Eliseo Aja y Joaquín Arango eds., *Veinte años Veinte años de inmigración en España：perspectivas jurídica y sociológica*（*1985–2004*）, CIDOB, pp.175–201.

Cachón Rodríguez, Lorenzo（2008）"La integración de y con los inmigrantes en España：debates teóricos, políticas y diversidad territorial", *Política y Sociedad*, 45 (1), pp.205–235.

Carrasco Carpio, Concha y Gregorio Rodríguez Caberro (2006) "El acceso del extranjero a los servicios públicos", en Eliseo Aja y Joaquín Arango eds., *Veinte años de inmigración en España : perspectivas jurídica y sociológica (1985–2004)*, CIDOB, pp.219–246.

Checa Olmos, Francisco, Juan Carlos Checa Olmos and Ángeles Arjona Garrido (2013) "Immigration and Political Discourse in Spain : The Example of Party Platforms", in María Martínez Lirola ed., *Discourses on Immigration in Times of Economic Crisis : A Critical Perspective*, Cambridge Scholars Publishing, pp.167–193.

Crepaz, Markus M. L. (2008) *Trust beyond Borders : Immigration, the Welfare State, and Identity in Modern Societies*, University of Michigan Press.

De la Quadra-Salcedo Janini, Tómas (2010) "Los derechos sociales de los extranjeros : nuevas y viejas garantías", en Silvia Díez Sastre (dir.), *Inmigración y gobierno locales*, Marcial Pons, pp.121–168.

Díez Bueso, Laura (2000) "El régimen jurídico de la inmigración en España : contexto, texto y pretexto", *Documentación Social*, 121, pp.161–182.

Escandell, Xavier and Alin M. Ceobanu (2010) "Nationalisms and Anti-immigrant Sentiment in Spain", *South European Society and Politics*, 5 (2), pp.157–179.

Esping-Anedrsen, G. (1990) *The Three Worlds of Welfare Capitalism*, Polity Press.

Esping-Anedrsen, G. (1999) *Social Foundations of Postindustrial Economies*, Oxford University Press.

Ferrera, Maurizio (1996) "The 'Southern model' of welfare in social Europe", *Journal of European Social Policy*, 6 (1), pp.17–37.

Freeman, Gary P. (1986) "Migration and the political economy of the welfare state", *Annals of the American Academy of Political and Social Science*, 485, pp.51–63.

Gallego, Raquel and Joan Subirats (2011) "Regional Welfare Regimes and Multi-level Governance", in Ana Marta Guillén and Margarita León eds., *The Spanish Welfare State in European Context*, Ashgate, pp.97–117.

Gozálvez Pérez, Vicente (2012) "El processo de inmigración extranjera en España, 1985–2010", in Marisa Argene Valleri, Roberta Pace e Stefania Girone cura di, *Il mediterraneo : uno studio e una passione*, Caducci, pp.137–171.

Hollifield, James Frank (1992) *Immigrants, Markets, and States : The Political Economy of Postwar Europe*, Harvard University Press.

Laparra, Miguel (2011) "Immigration and Social Policy in Spain : A New Model of Migration in Europe", in Ana Marta Guillén and Margarita León eds., *The Spanish Welfare State in European Context*, Ashgate. pp.209–235.

Leitner, Sigrid（2003）"Varieties of Familialism：The Caring Function of the Family in Comparative Perspective", *European Societies*, 5（4）, pp.353–375.

León, Margarita（2010）"Migration and Care Work in Spain：The Domestic Sector Revisited", *Social Policy and Society*, 9（3）, pp.409–418.

Levinson, Amanda（2005）*The Regularisation of Unauthorized Migrants：Literature Survey and Country Case Studies*, Centre on Migration, Policy and Society, University of Oxford.

Maldonado Molina, Juan Antonio（2010）"El derecho a la seguridad social. Configuración técnica-jurídica de un derecho social protector de los trabajadores extranjeros", en José Luis Moreno Pérez dtor., *Protección jurídico social de los trabajadores extranjeros*, Comares, pp.265–305.

Menor Torbio, José（2009）"Implicasiones territoriales y demográficas de la inmigración：fuentes y análisis", en C. Molina Navarrete, N. Pérez Sola y G. Esteban de la Rosa coords., *Inmigración e integración de los extranjeros en España*, Madrid：Difusión Jurídica y Temas de Actualidad, pp.23–104.

Miret i Serra, Àngel（2009）"La gestión de la división de competencias en materia de inmigración", en Ricardo Zapata-Barreto coord., *Políticas y gobiernabilidad de la inmigración en España*, Ariel, pp.51–71.

Morales, Laura, Sergi Pardo-Prado and Virginia Ros（2014）"Issue emergence and the dynamics of electoral competition around immigration in Spain", *Acta Politica*, advance online publication 29 August 2014：1–25；doi：10.1057/ap.2014.33

Monastiriotis, Vassilis *et al*.（2013）"Forum：Austerity Measures in Crisis Countries—Results and Impact on Mid-term Development", *Intereconomics*, 48（1）, pp.4–32.

Moreno Fuentes, Francisco Javier（2009）"La gestión del bienestar y la inmigración en España", en Ricardo Zapata-Barreto coord., *Políticas y gobiernabilidad de la inmigración en España*, Ariel, pp.73–91.

Moreno Fuentes, Francisco Javier（2015）"El puzzle de la exclusión sanitaria de los inmigrantes indocumentados en España", *Anuario de la inmigración en España 2014*, CIDOB, pp.278–299.

Moreno Fuentes, F. and M. Bruquetas Callejo（2011）*Immigration and the Welfare State in Spain*, La Caixa Welfare Projects

Muñoz de Bustillo, Rafael and José-Ignacio Antón（2009）"Immigration and social benefits in a Mediterranean welfare state：The case of Spain", in Christian Richter *et al*. eds., *Challenges for Economic Policy Design-Lessons from the Financial Crisis*, Lambert Academic Publishing, pp.377–414.

Oliver Alonso, Josep (2008) "Inmigración y mercado de trabajo en 2007 : el último impulso de la década prodigiosa", *Anuario de la inmigración en España*, pp.16–35.

Pérez, Sofía A. (2011) "Immigration and the European Left", in James Cronin, George Ross and James Shoch eds., *What's Left of the Left : Democrats and Social Democrats in Challenging Times*, Duke University Press, pp.265–289.

Rhodes, Martin (1996) "Southern European Welfare States : Identity, Problems and Prospects for Reform", *South European Society and Politics*, 1 (3), pp.1–22.

Rodríguez Borges, Rodrigo Fidel (2010) *El discurso del miedo : inmigración y prena en la frontera sur de la Unión Europea*, Plaza y Valdés.

Royo, Sebastián (2013) *Lessons from the Economic Crisis in Spain*, Palgrave Macmillan.

Sainsbury, Diane (2012) *Welfare States and Immigrant Rights : The Politics of Inclusion and Exclusion*, Oxford University Press.

Solé, Carlota, Natalia Ribas, Valeria Bergalli and Sonia Parella (1998) "Irregular employment amongst migrants in Spanish cities", *Journal of Ethnic and Migration Studies*, 24 (2), pp.333–346.

Zapata-Barrero, Ricard, (2009) "Policies and public opinion towards immigrants : the Spanish case", *Ethnic and Racial Studies*, 32 (7), pp.1101–1120.

Zapata-Barrero, Ricard, y Teun A. van Dijk eds. (2007) *Discursos sobre la inmigración en España*, CIDOB.

第十章　アラブ諸国を取り巻く国際的な人の移動

エジプトの事例を中心に

河村有介

一　アラブ世界と移民労働

アラブ諸国とは、西アジアから北アフリカにかけて存在する主にアラビア語を公用語とする二〇ヵ国、二地域（パレスチナ、西サハラ）を指す。このアラブ諸国における人の移動に着目したとき、おおまかに①湾岸アラブ諸国、②マグレブ諸国、③マシュレク諸国およびエジプトという、三つに分類することができる。湾岸アラブ諸国とは、サウジアラビアをはじめとするペルシア湾岸の産油国のことを指し、さまざまな地域から外国人労働者を受け入れる立場にある。極端な例では、アラブ首長国連邦やカタルのように、労働力人口の九割以上が外国人労働者である国も存在する。その一方で、マグレブ諸国やマシュレク諸国、エジプトは、移民送り出し国に分類される。マグレブ諸国とは、アフリカ大陸北西部に位置するモロッコ、チュニジア、アルジェリアを指し、歴史的にフランスとの結びつきが強い。フランスにおいて「アラブ系」という場合、マグレブ出身者を指すことが多いのも、そのためである。また、マシュレク諸国には、ヨルダン、シリア、レバノンなどが含まれる。これらの国々は、フランス語がアラビア語とともに公用語として扱われているマグレブ諸国とは異なり、フランスよりもアラブ諸国（とりわけ、湾岸アラブ諸国）との結びつきが強く、多くの移民を湾岸アラブ諸国に送り出している。そして移民の動態を見たとき、エジプトは、マシュレク諸国と同じような特徴を持つ。

本章では、アラブ諸国における国際的な移民——自発的な移民だけではなく、強いられた移民（難民）——の流動を明らかにするため、エジプトの事例に注目する。エジプトは、アフリカ大陸北東に位置し、国土面積一〇〇万平方キロメートル（日本の約二・六倍）、九〇〇〇万人（二〇一五年）の人口を擁する。北は地中海に、東は紅海に面している一方で、西部ではリビアと、南部ではスーダンと、またシナイ半島ではイスラエル及びパレスチナ自治区（ガザ地区）と陸上で境界を接している。このエジプトは、アラブ諸国を含む中東・北アフリカ地域のなかでも最大の人口を擁しているうえ、国民全体（九八〇〇万人）の約八パーセント（八〇〇万人）が国外に居住している移民送り出し大国である（*Ahram Online*, 2015.11.30）。またエジプトは、地理的にアラブ諸国の中心に位置しているため、さまざまな移民にとってのハブとなっている。たとえばエジプトは、エチオピアやエリトリア、スーダン出身の難民がアラブ域外（ヨーロッパ諸国やイスラエル）へ向かう際の中継点となっている。また、最近では、エジプトに避難してきたシリア難民の一部がヨーロッパ諸国へと再び移動するという事例も報告されている。このようなことから、エジプトを中心とした移民（自発的移民＋難民）の流れは大きく、ヨーロッパ諸国に大きな影響を与えていると考えられる。

本章の主張の要点は、以下の四点である。第一に、若者の社会的排除がエジプトにおける自発的移民の原動力となっている。現在、エジプトにおいて若年層は、最も不利な状況に置かれており、その状況を打開するために海外へと渡るケースが多い。第二に、そのような移民の多くは、周辺アラブ諸国を目指す一時的な移民である。一方で、欧米諸国への移民は少数派であり、彼らの多くは高学歴で、専門的知識を持っており、永住を目的としている。第三に、二〇〇〇年代以降、ヨーロッパ圏への不法移民が増加する傾向にある。彼らが法を犯してまでもヨーロッパ圏を目指すのは、湾岸アラブ諸国において東南アジア系、南アジア系の非熟練労働者との競争が激化したためである。第四に、「アラブの春」以降のアラブ諸国での政治的混乱によって、エジプト人移民だけではなく、エジプト在住のシリア難民までもがヨーロッパ圏へ向かうようになっている。エジプトをはじめとするアラブ諸国の政治的安定が実現されない限り、ヨーロッパ圏への自発的移民や難民の流れを押しとどめることは難しいと言える。

二　エジプトにおける移民労働とその国内的要因

エジプトは、国民の八パーセント近くが国外で就労している、アラブ諸国でも有数の移民送り出し国である。それゆえ、国外で働く移民による送金は、エジプト経済に多大な貢献をしている。二〇一三年時点でエジプトは、世界全体で一四番目、中東・北アフリカ地域では二番目の移民送金の受け取り国であった。また、国外からの送金量は、九七億米ドル（二〇〇九／一〇財政年度）に及び、エジプト国内総生産の五・一パーセントに相当する（MPC 2013：3）。このような移民による送金は、エジプトにおけるもう一つの外貨収入源であるスエズ運河の通航料収入を上回っており、エジプトの外貨獲得の重要な柱となっている（IOM 2010a：10）。

その一方で、多くのエジプト人が国外への移民を選択する背景には、おもに二つの構造的要因が存在する。第一の要因は、急激な人口増大である。一九五〇年代以来、エジプトの人口は、増大し続けている。一九五〇年代、わずか二一五〇万人であった国内人口は、年平均二・五パーセント程度の伸びを続けた。その結果、エジプトの国内人口は、一九九七年には六〇〇〇万人を、二〇〇四年には七〇〇〇万人を、そして二〇一五年には九〇〇〇万人を突破した。このような人口増加は、二〇六〇年ごろまで続くと見込まれており、国内人口が減少に転ずるのは、二一〇〇年ごろと考えられている。エジプトの人口は、現在でも増加傾向にあるものの、一九九〇年代後半より全人口に占める一五歳未満の割合が減少し始め、一九九〇年代半ばには四割を切った。それに反比例して一五歳以上の人口割合が拡大している。従属人口の割合が低下したことで教育システムに対する負担が軽減される一方で、エジプトの労働市場は、若年層の旺盛な需要を賄いきれない状況にある（Amer and Fargues 2014: 2–6）。

第二の要因は、開発途上国に共通する脆弱な経済構造である。かつては、ガマール・アブドゥン＝ナーセル（ナセル）主導により、計画経済システムが採用され、公共部門中心の雇用システムが構築されていた。しかしこのような経済システムは、一〇年ほどで綻びが見え始め、一九九〇年代には、経済的自由化へと舵を切った。このような経済的自由化は、エジプト国民にとって不利益の大きい政策であった。エジプトにおける経済的自由化政策は、以下のような影響を国民にもたらした。

一つが、インフォーマル・セクターの拡大である。経済的自由化の進展によって、エジプト経済における民間部門の役割も拡大し、それに伴い、民間部門の被用者の数も増加した。しかし、民間部門に就職した労働者の多くは、充分な社会保障サービスを受けることができていない。エジプトにおいても、法制度上は、賃金労働者全員が社会保険に加入することになっている。しかし、民間部門での社会保険加入率は、わずか六二パーセントに過ぎず、雇用主が被用者に対して社会保険について説明していなかったり、保険料の納付を拒否したりすることが報告されている（Loewe 2000: 15）。このような影響は、特に労働市場への新規参入者（若年層）に顕著である。エジプトを代表するシンクタンクである経済調査フォーラムと政府中央統計局が実施した「二〇〇六年エジプト労働市場パネル調査」によれば、一九七〇年代以降、学校卒業後はじめて就職する際、非正規雇用（社会保険のない有期の雇用）であるケースが年々多くなっている。一九七〇年には、一四パーセント程度であった新規参入者に占める非正規雇用の割合が、二〇〇五年には四一パーセントまで上昇したという（ERF and CAPMAS 2007）。

いま一つが、公共部門の給与水準の低下である。経済的自由化政策は、民間部門での非正規雇用の拡大をもたらしたため、エジプト国民は、経済的に安定した公共部門での雇用を求めて殺到した。これを助長した背景には、一九六四年以来、二〇〇四年までエジプト政府が堅持していた雇用保証政策がある。ナセル政権は、新中間層の支持を得るため、全ての大学や職業専門学校の卒業者に対して公共部門への就職を約束した。このような雇用保証政策や学費無料化政策の影響もあり、多くの若者は、公共部門で働くために大学を目指した。急激な需要増大によって卒業から公共部門での就職まで待機期間が発生しても、若者は公共部門での雇用を待ち続けた。このような需要増大に応えて、政府は一九九〇年代以降も、人口増加率を上回る割合で公共部門被用者の数を増やしてきた（CAPMAS 1986–2012）。しかし、そのような公共部門の拡大は、公務員給与の質を犠牲にして成り立っていたのである。財政的な制約のため、国家公務員の給与増加率は、インフレ率を下回り、国家公務員の生活水準は、年々低下した。現役公務員を対象とした調査によれば、国家公務員の約八割が自分の給与だけでは、自分自身や家族のための食料品を購入する費用さえ賄えておらず、多くの公務員が、副業や財産収入など、他の収入源で生活費を賄っているという有様だという（河村 二〇一五）。

このような状況は、とりわけ若者に負担を強いており、「若年層の社会的排除（youth exclusion）」と形容されている（UNDP and INP 2010）。エジプトにおいて若年層は、他の世代と比較して、恵まれない境遇に置かれている。若年層の多くは、経済的自由化の進展によって、給与水準の低い公務員や民間のインフォーマル・セクターでの非正規労働を余儀なくされている。たとえ大学を卒業しても、それに見合うだけの職を国内で見つけるのは非常に困難だと言われている。さらに、このような若年層の経済的不安定は、晩婚化を招いている。とくに都市部では、物価上昇率も大きく、自分の稼ぎでは所帯を持つことができない。二〇〇六年調査では、五七パーセントの都市部在住のエジプト人男性は、経済的理由により、二九歳までに結婚できないという（Assaad & Barsoum 2007：5-6）。そのため、国外への一時的な移民は、結婚資金の獲得や帰国後の職探しを有利に運ぶための手段としてしばしば利用されてきた（Assaad, Binzel and Gadallah 2010：36）。

このように社会的に排除された若者の不満の矛先は、権威主義的な政治体制に対して向けられる可能性があったため、政府にとって頭痛の種であった。実際に、二〇一一年の「アラブの春」における抗議活動や、反ムルシー運動である「反抗（タマッルド）」において中心的な役割を担ったのが、社会的に排除された若者たちであった。彼らの不満は、三〇年にわたって君臨してきたムバーラクを大統領の座から引きずり下ろし、また二〇一三年クーデタ正当化の根拠としても利用された。若年層の社会的排除は、これまで維持されてきた政治体制の正統性を失墜させる力を持っていたのである。国外への移民は、権威主義政権に対する若者の不満を緩和してくれるだけではなく、送金という形で外貨獲得に貢献してくれるため、政権によって一石二鳥の存在であった。

三　エジプトにおける移民労働者

エジプトにおいて移民の送り出しが本格的に開始されたのは、一九七〇年代であった[1]。これ以降、エジプト政府は、国外への移民を外貨獲得の手段として重視するようになった。一九七一年憲法では、「エジプト国民はすべて、一時的および恒久的な移民をする権利ならびに祖国に帰還する権利を有する」（第五二条）と定められた。さらに国外への移民を促進する実質的な措置もとられるようになり、一九七四年には、パスポート発給手続きが簡素化され、在外公館でのパスポート更新手続きも可能となった。また、移民先での所得が非課税となり、エジ

表10－1　エジプト人移民の受け入れ先の分布（2000年）

受け入れ国	移民数	割合（域内）	割合（世界）
サウジアラビア	923,600	48.3%	33.7%
リビア	332,600	17.4%	12.2%
ヨルダン	226,850	11.9%	8.3%
クウェート	190,550	10.0%	7.0%
その他（アラブ諸国）	239129	12.5%	8.7%
合計（アラブ諸国）	1,912,729	100.0%	69.9%
アメリカ	318,000	38.6%	11.6%
カナダ	110,000	13.3%	4.0%
イタリア	90,000	10.9%	3.3%
その他（欧米諸国）	306000	37.1%	11.2%
合計（欧米諸国）	824,000	100.0%	30.1%
総計	2,736,729		100.0%

出典）IOM（2010b：18）、Table 2をもとに筆者作成。

プト国民の国外への移民は急激に拡大した（Talani 2010：65）。このような旺盛な移民需要を吸収したのは、周辺アラブ諸国であった。受け入れ先の経済状況や政治的変動によって、受け入れ国に変遷はあるものの、一九七〇年代以降、現在に至るまで、エジプト人の多くは、欧米諸国ではなく、周辺アラブ諸国への移民を選択した。エジプト政府統計によれば、二〇〇〇年時点でエジプト人移民全体の約七割が周辺アラブ諸国で就労しており、残りのわずか約三割が欧米諸国への移住を選択していた（表10－1）。本節では、周辺アラブ諸国、欧米諸国に渡航するエジプト人移民のそれぞれの特徴を明らかにする。

エジプト人移民と周辺アラブ諸国

一九七〇年代、急激に増加するエジプト人の移民需要を満たしたのは、周辺アラブ諸国のなかでも、湾岸アラブ諸国であった。これらの国々は、原油価格の高騰により好景気に沸いており、急激に移民労働市場が拡大していた。一九七五年の時点では、エジプト人国外移民六五万人のうち、約三七万人が湾岸アラブ諸国で就労していた。その後も湾岸アラブ諸国でのエジプト人就労者の数は、増加の一途をたどり、一九八〇年には約八〇万人となった[2](Sell 1988 : 90)。

その後、アラブ域内でのエジプト人移民の受け入れ先は、地域を取り巻く国際情勢の変化によって変遷した。一九八〇年代になると、高騰していた原油価格が落ち着きを見せるようになった。それまで二度の石油危機によって「あぶく銭」を得ていた湾岸アラブ諸国は、歳入減少に直面した。その結果、公共投資の額も減らされ、エジプト人労働者が多く就労していた建設業界の移民需要が減少した。それに代わりエジプト人を大量に受け入れたのが、イラン・イラク戦争(一九八〇年勃発、一九八八年に停戦)による戦時体制下にあったイラクであった。イラクでは、戦争長期化によって男性労働力が不足したため、大量の移民を周辺アラブ諸国からかき集めた。その結果、一九八〇年代のイラクは、エジプト人移民の最大の受け入れ先となった。当時、少なく見積もっても一二五万人のエジプト人労働者――エジプト人国外移民の三人に一人――がイラクで働いていた(Talani 2010 : 69–70)。

さらに一九九〇年代に入ると、この状況にも変化が見られた。一九九一年に湾岸戦争が勃発し、イラクが隣国クウェートに侵攻したことで、イラクやクウェートで就労していた約一〇〇万人のエジプト人移民が本国への帰還を余儀なくされた(IOM 2010b : 17)。その結果、一九九〇年代以降のエジプト人移民最大の受け入れ先はサウジアラビアとなった。一九九〇年時点では、周辺アラブ諸国へ移民したエジプト人のうち、四四・一パーセントがイラクに滞在していたものの、二〇〇〇年にはわずか三・四パーセントへと減少した。その一方で、サウジアラビアへの移民の割合は、二九・三パーセントから四八・三パーセントまで上昇した。その数は九二万三〇〇〇人に達しており、エジプト人国外移民全体の約三分の一に相当した。この時点でサウジアラビアについで多くの移民を受け入れていたのがリビア（約三三万人）とヨルダン（約二三万人）であった（IOM 2010b：18–21）。

このように、国際関係や経済情勢の変化によって受け入れ国や受け入れ人数に変動はあるものの、周辺アラブ諸国に移民するエジプト人に共通するのは、「非熟練労働者による一時的移民（出稼ぎ）」という特徴である。たとえば、二〇〇七年時点でサウジアラビアに滞在しているエジプト人移民のおよそ四割（四六万人のうち、一八万人）が、初等教育しか受けていない非熟練労働者であった。同様の傾向は、エジプト人移民を多く受け入れるクウェート、ヨルダン、アラブ首長国連邦でも見られた。このような非熟練労働者の主な活躍の現場は、建設業界であった。このようなエジプト人労働者は、現地で雇用されるケースも多いものの、エジプトを本拠とする建設会社に籍を置き、集団で周辺アラブ諸国の建設現場へと送り込まれることもあった（Nassar 2011：4–6）。このような労働者の多くは、出稼ぎ感覚で就労し、一定額の貯蓄を達成すると本国に帰るというパターンをとっていた。また湾岸アラブ諸国の場合、外国人労働者の国籍取得には否定的なため、家族帯同ビザの取得に所得制限があり、一般の外国人労働者は単身で移民するしか選択肢がない（堀拔 二〇一四：四八―五〇）。そのため、周辺アラブ諸国への移民は、男性単身によるものが多く、周辺アラブ諸国のエジプト人移民の約九七パーセントが男性である（Nassar 2011：4）。

このように多くの非熟練労働者が出稼ぎ先として周辺アラブ諸国を選択するのは、言語的ハードルの低さだけが理由なのではない。一般的にアラブ諸国は、移民に対する規制が緩く、比較的容易に就労可能だからである。湾岸アラブ諸国の場合、外国人労働者の定住や国籍取得に対して否定的で、現在でも「移民労働者イコール短期・有期の契約労働者」であるという立場を崩していないものの、就労ビザの取得については、ヨーロッパ諸国に比べて簡単である。また極端な例だと、「アラブの春」以前のリビアでは、エジプト人はパスポートなしでの入国が認められており、エジプト政府が発行する身分証カードを提示するだけで、国境を越えることができた。

それゆえ、かつてのリビアでは、初等教育を受ける機会さえ恵まれず、パスポート発給手数料を払う金銭的余裕がない人でも就労可能であったため、多くの低所得者が出稼ぎのために単身リビアへと渡航した（IOM 2011：36–39）。

欧米諸国への移民

一方で、エジプト人移民の三割程度を占める欧米諸国への移民の多くは、アラブ諸国への移民とは対照的に、恒久的な移民である。その最大の受け入れ先は、アメリカであり、二〇〇〇年時点で一四万二〇〇〇人であった（アメリカ国勢調査）。これに次いでエジプト人移民が多いのは、イギリス、イタリア、フランスであった。これらの国々に居住するエジプト人移民は、男女比がほぼ一対一に保たれており、家族を伴った移住であることがわかる。また、彼らの多くが高等教育課程を修了している知識労働者である。エジプト本国での全人口に占める高等教育課程修了者の割合が九・五九パーセントであるのに対し、イタリア、カナダのエジプト人移民社会では、それぞれ二一パーセント、六五・四パーセントであった。彼らの業種も、科学者や技術者など、専門的な知識を必要とする分野であった（IOM 2010b：23）。このような移民の特徴は、エジプト本国への送金額の多さにも表れている。数の上では、周辺アラブ諸国への移民が多いものの、送金額を比較してみると、移民によるエジプト本国への送金額の約三割がアメリカからのものであり、エジプト人労働者最大の受け入れ国であるサウジアラビアからの送金は、アメリカからの半分に満たない。これは、専門的知識・技能を持つ彼らの所得は、周辺アラブ諸国への移民に比べると高く、必然的にエジプト本国への送金額も多くなるからである（表10－2）。

しかし一九九〇年代後半以降、これまでの欧米諸国へのエジプト人移民の特徴——高学歴で専門的知識・技能を持った恒久的移民——に合致しない移民の流れが見られるようになった。それは、ヨーロッパ大陸（とりわけイタリアやフランス）への不法移民の増加である。彼らは、貧困や失業から脱け出すために、あえて法を犯してヨーロッパを目指し、ある程度の貯蓄を終えた時点でエジプトに戻る出稼ぎ労働者である。移民先での定住を前提としていないため、彼らの圧倒的多数は、周辺アラブ諸国への一時的移民の場合と同じく男性である。彼らがこのような不法移民という選択をしたのは、親戚や友人からヨーロッパで成功話を見聞きしたからである。エジプト人の若者の間では、「エジプトで働いても、一年で貯蓄できるのは、六〇〇〇エジプト・ポンド（一二万円程度）しか貯蓄できないが、ヨーロッパに行けば年間四万ポンド（八〇万円程度）は貯蓄できる」や「エジプトでの一生分の稼ぎをヨーロッパに行けば一年でできる」と語られている。また、ヨーロッパ大陸から戻ってきた移民が地元に建てた豪邸や彼らの結婚を目の当たりにして、法を犯すというリスクを冒してまでもヨーロッパを目指しているのである（Zohry 2007：59-61）。

このような不法移民の八割以上が密航船で地中海を横断するルートを選択していると言われている。ヨーロッパ大陸までの距離が比較的短いリビアからイタリア・シチリア島を目指すルートを利用することが多い。地中海をヨーロッパ大陸へと横断する密航者の数は、エジプトを含む地中海諸国全体で年間一〇～一二万人と推計されている。このような密航を斡旋する業者が多数存在し、コストは平均二〇〇〇ユーロと言われている。もう一つは、事前にシェンゲンビザ（短期訪問ビザ）を取得して、短期滞在の観光客を装って空路でヨーロッパに入国するパターンである。海路とは異なり、途中で命を落とすリスクは少

表10－2　エジプト人移民による本国への送金（2006年）

送金国	送金額（億米ドル）	割合
アメリカ	17.04	32.0%
クウェート	9.83	18.4%
アラブ首長国連邦	8.24	15.5%
サウジアラビア	7.85	14.7%
ドイツ	2.16	4.0%
その他	8.19	15.4%
合計	53.30	100.0%

出典：IOM（2010b: 27）、Table 13をもとに筆者作成。

ないものの、海路に比べると値が張り、九五〇〇ユーロ程度が相場のようである。またシェンゲンビザの取得にも手数料がかかるため、海路を選択するのは金銭的に余裕のない貧困層である。正規の方法で入国しているわけではないため、このようなヨーロッパ諸国へのエジプト人不法移民の正確な数についてのデータは存在しない。エジプト政府による統計では、九万人がイタリアに滞在していることになっている一方で、経済協力開発機構のデータによればイタリア政府によるエジプト人に対する滞在許可証の発行件数は、およそ三万三〇〇〇件である。それゆえ、少なくとも二つのデータの差である六万人は非合法にイタリア国内に滞在している不法移民の数なのではないかと推定している研究者もいる（Roman 2008：3–5）。

彼らの多くは、現地のエジプト人移民社会の伝手《つて》を利用して、特定の業種で働いている。イタリア・ミラノでは、建設業やサービス業（とりわけ飲食業）で、フランス・パリでは、内装業や青果物の小売業で、多くのエジプト人移民が働いている。彼らの一部は、それぞれの分野で成功し、それを祖国エジプトに残した家族に還元している一方で、失業にあえいでいる若者も少なからず存在する。なかには、エジプトでの稼ぎの良い仕事を辞めて、親戚や友人から借金してまで渡航費用を工面したにもかかわらず、現地で職が見つからず、借りた金を返す目途すら立たないという事例も報告されている。とりわけイタリアに滞在するエジプト人移民は、高い失業率に苦しんでいる。そのため、より良い労働環境を求めて、パリへと移住する移民も多いようである（Zohry 2009：15–19）。

ヨーロッパ諸国への不法移民が増加した背景として、エジプト人非熟練労働者にとって湾岸アラブ諸国への移民が魅力を失ってきたことが挙げられる。南アジア、東南アジア諸国からさらに安価な非熟練労働者が流入し、湾岸アラブ諸国の労働市場での競争が激化している。一般的に湾岸アラブ人にとっては、同一言語を話しているはずのアラブ系移民もまた、あくまで外国人労働者であり、アラブ系移民に対して同胞としての連帯意識を持っていない[3]。それに加えて、湾岸アラブ諸国の雇用主の間では、アジア系移民は、アラブ系移民よりも従順で御しやすく、解雇もスムーズにすませることができると考えられており、それがアジア系移民の雇用増加に有利に働いていると言われている（Kapiszewski 2004：199）。湾岸アラブ諸国における移民労働者への依存率が高まっているにもかかわらず、湾岸アラブ諸国の外国人労働者に占めるアラブ系労働者の割合は、徐々に低下していった。湾岸アラブ諸国全体で見ると、七二パーセント（一九七五年）から三一パーセント（一九九六年）へと減少した。さらにサウジアラビアでは、アラブ系移民の割合は、九割（一九七五年）から三割へと大幅に減少した。その一方で、湾岸アラブ諸国におけるパキスタンやバングラディシュ、東南アジア諸国出身の労働者の数は着実に増加していった（Shah 2004：97）。このような要因から、貧困にあえぐ若者は、移民の目的地を周辺アラブ諸国から西欧諸国へと変更したのであった[4]。

四　「アラブの春」と移民の動き

二〇一〇年一二月にチュニジアで発生した反政府運動は、中東・北アフリカ地域にある他の権威主義国家にも飛び火し、その基盤を揺さぶった。エジプトも、その例外ではなく、三〇年以上にわたって君臨し続けてきたムバーラク政権は、二〇一一年二月に崩壊した。その後、ムバーラクに引導を渡した国軍（軍最高評議会）が実権を掌握したものの、民政移管が進行した。二〇一二年六月には、国際社会からも「比較的公正な選挙」と評価された大統領選挙で、ムスリム同胞団出身のムハンマド・ムルシーが新大統領に選出された。ムルシー政権発足直後には、エジプト国民も経済回復や民主的移行について楽観的な見方を示していた。しかしながら、その後も政治的混乱は続き、二〇一三年七月には、国軍（軍最高評議会）がムルシー政権に対するクーデタを起こした。その結果、憲法は停止され、ムルシーは大統領を解任された。これにより、同国史上初めて民主的に選出された大統領であったムルシーは、就任からわずか一年余りで失脚したのであった。本節では、「アラブの春」における一連の政治変動がエジプトを中心とする移民の動きに対して、どのような衝撃を与えたのかを明らかにする。

「アラブの春」以後のエジプト経済と自発的移民

このような政治的混乱は、エジプト経済にも深刻な影響をもたらした。世界銀行データによれば、「アラブの春」以前のエジプトの経済成長率は、七・一パーセント（二〇〇七年）に達していたものの、二〇一一年には一パーセント台にまで急落し、その後も二パーセント台にとどまっている。革命後には、エジプト国内の政治的混乱を敬遠し、海外からの投資が減少した。また同時に、外貨準備高も二〇一〇年末からわずか五ヵ月で九〇億米ドルも減少した（Abdelfattah 2011：6）。とりわけ政治的混乱の被害を受けたのが、エジプト経済成長を牽引していた観光産業である。二〇一一年以降、政治情勢の不安定化によって、繰り返し産業復興に水を差されてきた。二〇一一年革命によって遠のいた客足は、翌年には徐々に戻るようになってきたものの、二〇一三年クーデタやいわゆる「イスラム国」などの過激派による爆弾テロによって観光産業復興の兆しは見えていない。当局による過激派取り締まりの甲斐もなく、二〇一五年一〇月のロシア旅客機墜落に過激派が関与していることが明るみになった。国内の治安状況も好転せず、二〇一一年に観光産業での雇用者数が三〇万人近く減少して以来、一三〇万人程度で推移している（Turner 2015：3）。二〇一一年以降の政治的混乱によって、観光産業をはじめとする国内産業は、陸続と労働市場に参入する若年層を充分に吸収できていない状況にある。

エジプトにおける移民の要因として指摘される若年層の社会的排除は、二〇一一年革命以降、その深刻度が増しこそすれ、緩和されることはなかった。国際移住機関の調査によれば、エジプト国内で働く若者の約七割が、二〇一一年革命後、解雇や強制的な休業など、何らかの困難に直面したという。とりわけカイロ県やアレクサンドリア県などの都市部では、革命が若年層の雇用に与えた影響は深刻であり、働いていた若者の三〇パーセントが失業し、二四パーセントが無給休暇を言い渡された（Pitea and Hussain 2011：21）。二〇一五年の政府統計報告書では、総人口の二三・六パーセントを占める若年層（エジプト政府の定義では、一八歳以上三〇歳未満のエジプト国民）の失業・貧困問題を指摘している。若年層の四割以上が定職に就くことができず、半数程度が貧困に苦しんでいるという（*Daily News Egypt*, 2015.8.11）。

このような国内での政治的、経済的混乱は、「アラブの春」以前にも増して、エジプト人を移民に駆り立てている。独立系シンクタンクであるエジプト世論調査センターが二〇一三年一月に実施した調査によれば、移民を希望する若者（一八～三五歳）の五六・七パーセントが現在の雇用環境に不満を持っており、より良い条件の職を求めて国外へ出ようとしている。とりわけ国内に伝手がない若者は、エジプト国内で稼ぎの良い職に就くことができず、国外への移民に活路を見出そうとしていると言われている。このような要因は、「アラブの春」以前から指摘されていたものであるが、この調査で浮き彫りとなったのは、現在の政治的混乱（現政権・国軍とムスリム同胞団との対立や警察や軍施設に対する過激派による攻撃の激化など）を目の当たりにして、国内での生活に不安を持ち、国外への移民に活路を見出そうとする若者の姿であった。この調査によれば、移民希望者の三一・五パーセントは、移民を希望する理由として、現状では政治的安定が見込めないことを挙げていた（Amer and Fargues 2014：24）。

このような移民希望者が移民先として挙げたのは、周辺アラブ諸国であった。移民希望者の約六割が湾岸アラブ諸国、とりわけサウジアラビアへの移民を希望しており、彼らの多くは、教育機会に恵まれなかった非熟練労働者であった。その一方で、最終学歴が高い若者ほど、湾岸アラブ諸国への移民希望者の割合は減少し、欧米諸国への移民希望の割合が増加する傾向にあった（Amer and Fargues 2014：27–30）。この傾向は、非熟練労働者が周辺アラブ諸国へ、高学歴・知識労働者が欧米諸国へと向かう「アラブの春」以前のエジプト人移民の特徴とおおむね一致している。

しかしながら、以下の二つの理由から、ヨーロッパへの非熟練労働者移民の波は、今後も強まり続けると考えられる。第一の理由は、先述のように、湾岸アラブ諸国では賃金の安い東南アジア・南アジア系労働者が台頭し、エジプト人非熟練労働者の活躍の場が減少していることである。第二の理由は、二〇一一年以降のリビア政府による外国人移民に対する扱いの変化である。従来エジプト人は、パスポートなしでリビアに入国できたため、エジプト人非熟練労働者の手軽な出稼ぎ先であった。しかし、二〇一一年以降のリビアでも過激派メンバーが国境を越えてリビア領内に侵入し、リビア国内の治安を乱していた。そのため、リビア当局は外国人の移動に神経をとがらせるようになっていた。当局による疑いの目は、外国人移民全般に向けられるようになり、リビア当局はさまざまな理由を付けてエジプト人労働者を国外追放した。二〇一三年三月には、五〇名のエジプト人コプト教徒（エジプトの少数派キリスト教徒）がリビア政府によって不法入国とキリスト教布教の廉で逮捕され、有罪とされた。また、リビア政府発行の有効な就労ビザを持っていた多くエジプト人が国外追放された。「アラブの春」以降、リビア政府は、ときに一日あたり四〇〇人以上の外国人労働者を国外に追放したこともあったという（*Middle East Report Online*, 2015.3.17）。

「アラブの春」以降、ヨーロッパ圏へのエジプト人不法移民の数は着実に増加していると考えられる。欧州対外国境管理協力機関（通称、ＦＲＯＮＴＥＸ）の報告書によれば、二〇〇九年時点で、海路でシェンゲン圏に侵入し、不法入国によって摘発されたエジプト人の数は、一ヵ月当たり平均二八名であったのに対し、二〇一一年には月平均一六二名へと増加し、二〇一三年には二二九名に達した。エジプトは、海上での不法入国摘発者件数

表10－３　海上でのエジプト人不法入国摘発者数

	2009年	2010年	2011年	2012年	2013年	2014年
第一四半期	N/A	116	321	186	226	315
第二四半期	80	33	658	533	775	1539
第三四半期	65	272	425	422	1329	N/A
第四四半期	110	292	544	142	419	N/A
合計	255	713	1948	1283	2749	1854
月平均	28.3	59.4	162.3	106.9	229.1	309.0

出典）FRONTEX（2010‐2014）データをもとに筆者作成。
注釈）2009年月平均は、９ヵ月分（第二～第四四半期）から、2014年月平均は、６ヵ月分（第一、第二四半期）から算出。

では、二〇〇九年第二四半期から二〇一四年第二四半期までつねに上位一〇ヵ国にランクインしていた（表10‐3）。このデータは、多くのエジプト人が地中海横断を試み、その一部はヨーロッパ諸国へと非合法に入国をしていることを示している。

難民流入とヨーロッパへの脱出

「アラブの春」は、エジプトをはじめとするアラブ諸国での難民問題という副作用をもたらした。二〇一一年に勃発したシリア内戦により、大量の難民が発生し、多くは周辺諸国に流入した。エジプトも例外ではなく、多くのシリア難民を受け入れることとなった。一般的にエジプトは、移民送り出し国としてみなされることが多いが、強制的移民（難民）の流れに限定してみると、エジプトは移民受け入れ国と言える。エジプトの周辺国には、政治的、経済的に不安定な国が多く、絶えずどこかの国から難民や亡命希望者が流入している状態にある。国連難民高等弁務官事務所によれば、二〇一五年六月現在、エジプト国内に居住する難民・亡命希望者の数は、二五万人を超え、彼らの国籍はスーダンや南スーダン、ソマリア、エチオピア、シリアなど、多種多様である。なかでも群を抜いて多いのが、シリア出身の難民であり、同事務所が把握している登録難民だけでも一四万人に上る。これに加えて、約三五万人の未登録のシリア難民がエジプトに滞在していると言われている（*BBC*, 2015.10.1）。

このように多くのシリア難民がエジプトに流入したのは、ムルシー政権の寛容な姿勢が関係している。二〇一三年までエジプト政府は、シリア人を含むアラブ諸国出身者に事前のビザ取得を義務付けていなかった。そのためシリア難民は、空港で到着ビザを購入することで、三ヵ月間は「旅行者」としてエジプト国内に滞在することが認められており、その間に内務省に難民申請を行なうことが可能であった。また、ムルシー前大統領は、シリア難民に対してエジプト国内での教育や医療などの公共サービスにおいて、エジプト国民を同等の扱いをすることを公式に表明していた。そのため、シリア難民もエジプト国民と同様に、無料で公共サービスを受けることができた（Ayoub and Khallaf 2014：11）。また、エジプト在住のシリア難民の多くは、難民キャンプに押し込められるのではなく、都市部でエジプト国民と同じように暮らしている。その一部は、エジプトで起業し、経済的成功を収めているという（*BBC*, 2015.10.1）。

しかし、エジプト在住シリア難民の多くは、難民キャンプではなく、都市部で生活しているがゆえに、エジプト人と同様の経済的困難に直面していた。「アラブの春」以降、都市部での失業率は増加し、シリア難民もまた雇用機会の減少に直面した。またエジプト人同様に、物価上昇の影響も受けたため、生活に困窮することも多かった。このような経済的困難は、エジプト人同様、シリア難民にとっても、エジプト国外へと脱出する要因となっている。

このような要因に加えて、エジプト全体の反シリア化がシリア難民を再び国外脱出へと駆り立てている。二〇一三年クーデタ以来、エジプト社会全体のシリア難民に対する寛容な姿勢は失われた。エジプト政府は、不法に越境してくる外国人、とりわけシリア人を国内治安の悪化の原因とみなし、警戒していた。治安当局は、シリア反政府勢力が難民と偽って、解散を命じられたムスリム同胞団（ムルシー前大統領の出身母体）に加勢にやってくることを警戒していた。そのため、同年七月には、シリア人を含むアラブ人に対して出国前のビザ取得を義務付けるようになった。エジプト当局の厳しい姿勢は、エジプトに新たに入国しようとするシリア難民に対してだけではなく、すでに入国し、難民資格を得ているシリア人に対しても向けられた。二〇一三年七月から一二月までの六ヵ月間に、ムスリム同胞団を支援したり、夜間外出禁止令を犯したという理由で、一四五名ものシリア難民が逮捕された（Ayoub and Khallaf 2014：18–23）。

エジプトの国内メディアも、エジプト人の反シリア感情を煽った。国内メディアも、以下のような理由から、政府が作り上げた「シリア人イコール親ムルシー派」という図式を受け入れて、反シリア感情の煽動の片棒を担ぐこととなった。第一に、エジプト国内には、報道の自由がなく、政府報道とは異なる報道を行なうことは、極めて困難である。第二に、エジプト社会でも排外主義が台頭しており、反シリア的な報道にも一定の需要が見込まれるためである。二〇一一年以降、政治的混乱が続くエジプトでは、人々は自らの不満の矛先を外国人に向けるようになった。そのターゲットとして好都合だったのが、ムルシー政権の下で、比較的厚遇されていたシリア人であった。メディアも政府が発表する反シリア的報道を利用し、人々の反シリア感情を煽った。国内メディアは、ごく少数のシリア人難民が二〇一三年クーデタに抗議し、ムスリム同胞団が組織する座り込み運動に参加したことを大々的に取り上げ、シリア難民排斥の口実に利用した（*Human Rights Watch*, 2013.7.13）。

これらの要因から、エジプト人移民同様、シリア難民もまた、ヨーロッパに活路を見出そうとしている。エジプト在住のシリア難民は、エジプトを足掛かりにヨーロッぺへの再移住を目指している。「アラブの春」以降、隣国のイスラエル、リビアがともに国境管理を強化したため、エジプト在住のシリア難民は地中海を横断して、ヨーロッパ大陸への上陸を目指した。その大半は、非合法での入国であるため、正確な数値は明らかではない。しかし、このようなシリア難民のエジプト脱出という増加は、公式統計からも窺い知ることができる。国連難民高等弁務官事務所によって登録されたエジプト在住のシリア難民の数は、「アラブの春」以降、増加し続けてきたものの、二〇一四年一一月を境に減少に転じた。二〇一四年一一月時点では一四万〇六四九人であったが、最新データである二〇一六年一〇月三一日時点では、一一万五二〇四人にまで減少した（*UNHCR Syria Regional Refugee Response*, 2016.10.31）。二年間で減少した数の一部は、ヨーロッパへと流入しているのではないかと考えられる。そのほかに未登録のシリア難民が約三五万人程度いるとされているので、実際にはもっと多くのシリア難民がエジプト国外へ流出していると推定される。

エジプト在住のシリア難民は、エジプト人不法移民と同様に地中海を横断して、ヨーロッパ圏への侵入を図っている。国際移住機関委託の地中海地域における人的移動に関する調査によれば、二〇一四年には、三〇五一名が非合法でのエジプト出国を発見され、地中海上で拘束された。そのうち一四一一名がシリア国籍であった。このようにして拘束された者のうち、八四五名が国連難民高等弁務官事務所によって登録されている難民であった。その後も、不法に地中海を横断しようとした難民がエジプト当局によって拘束されたことが繰り返し報じられている（Malakooti 2015：66–69）。

受け入れ側（ヨーロッパ諸国）、送り出し側（アラブ諸国）双方がこのような非合法での人の移動に対して手をこまねいているわけではない。従来、不法移民の取り締まりは、受け入れ側にとって極めて重要であったものの、送り出し側にとってはあまりメリットがなく、移民の不法出国も黙認されることが多かった。しかし、二〇一一年革命以降、送り出し側であるエジプト政府にとっても、国境管理の強化は重要な課題となっている。エジプトでは、地中海を経由した武器密輸や過激派戦闘員の密入国が国内の治安悪化に拍車をかけており、その取り締まりが急務となっている。このような活動に関与している密輸業者は、移民の密航への関与も指摘されている。そこで、エジプト政府は、密航業者を取り締まるため、二〇一五年一一月に新たな法律を制定し、不法出国を幇助した密航業者に対して厳罰を科すことを定めた（*Ahram Online*, 2015.11.25）。それと同時に、自国領海での密航業者の摘発に力を入れ始めており、その効果は着実に成果を上げ始めている。このような密航業者の摘発によって、不法移民の密出国は、以前に比べて困難となっている。エジプト政府にとっては、密輸業者の撲滅が第一の目的であり、不法移民の取り締まりは、その副産物でしかないものの、密航業者の撲滅という点で、送り出し側、受け入れ側の利害が一致したことは、不法移民の流れに一定の影響を及ぼすと考えられる。

しかしながら、ヨーロッパへの入国を目論む移民の側も、当局の取り締まりに対して敏感に反応しており、いたちごっこが続く可能性が高い。二〇一五年、大量の難民がバルカン半島を経由して、ドイツをはじめとするヨーロッパ諸国へと流入したことが大きく報道された。このなかには、もともとエジプトに避難していたシリア難民も多く含まれているという。彼らは、トルコ政府がシリア人に対してビザの事前取得を義務付けていないことを利用して、空路でトルコに入国し、その後、海路でギリシアに渡っているという。こちらのほうが海上での移動距離が短いため、従来の地中海横断ルートよりも遭難のリスクが少ないという利点があると言われている（*Tahrir Institute for Middle East Policy*, 2015.11.30）。しかし、このルートに多くの難民が殺到したことで、バルカン諸国は自国領内の難民通過を制限し始め、多くの難民がギリシアに滞留した。さらに二〇一六年三月には、欧州連合とトルコ政府との間での合意により、ギリシアに非合法的に入国した難民のトルコへの送還が開始された。その結果、トルコからギリシアへとたどり着いた難民の総数は、二〇一五年一〇月の月当たり二一万一六六三人をピークに減少した。とりわけ、欧州連合とトルコ政府との合意が成立した二〇一六年三月の前後で大きな変化が確認されており、月平均五万七〇六六人（二〇一六年二月）から三六五〇人（同年四月）へと急減した（*UNHCR Greece Data Snapshot*, 2016.6.8）。その一方で、「バルカンルート」が事実上閉鎖されたことにより、欧州連合首脳部の間では、再び地中海を横断する難民が増加し、危険な航海で命を落とす難民の数が増加することが懸念されている（*Reuter*, 2016.6.8）。

五　今後の見通し

人々の期待とは裏腹に、「アラブの春」は、アラブ諸国に安定的な民主主義国家ではなく、政治的不安定と過激派の台頭をもたらした。エジプトを中心とする国際的な人の移動に着目したとき、このようなアラブ諸国における政治的に不安定な状況は、今後もヨーロッパ諸国に深刻な影響をもたらすと考えられる。第一に、エジプトは、「アラブの春」以降の政治的混乱によって、国民に対して充分な雇用を確保できる状況にない。多くの国民は、現在の経済状況に不満を持っており、それが移民として国外へ脱出する動機にもなっている。シリア難民のヨーロッパへの流入に乗じて、ヨーロッパへの侵入を図ろうとするエジプト人移民も数多く存在している。エジプトでの政治的、経済的安定が図られ、移民の原因である若年層の社会的排除が解消されない限り、エジプト国外へ脱出しようとする若者は減少しないであろう。その一方で、ヨーロッパ諸国は、エジプトの若者の間では、エジプト国内よりも容易に稼ぐことができる魅力的な市場とみなされている。そのため、今後も移民を希望する若者にとってのヨーロッパの魅力は減少せず、とりわけフランスやイタリアへのエジプト人の不法入国は継続すると考えられる。

第二に、「アラブの春」は、シリアやイエメン、リビアという破綻国家を生み出してしまった。とりわけ、エジプトにとって深刻な影響をもたらしたのが、シリアである。すでに五〇万人近くのシリア難民がエジプト国内に避難してきているものの、いまやエジプト世論は反シリアに傾き、エジプト在住のシリア難民は、居場所を失いつつある。彼らの一部はヨーロッパ大陸への移動を始めている。たしかにドイツをはじめとするヨーロッパ諸国の一部では、難民を積極的に労働力として受け入れようとする声はあるものの、受け入れ先で直ちに労働力として活用できない場合が多い。彼らは、受け入れ先の社会保障に依存する場合が多く、少なくとも短期的にはヨーロッパ諸国に財政的負担を強いると考えられる。現状では、中東・北アフリカからの難民の流れが止まる気配はなく、アラブ諸国の安定化が達成されない限り、このような人の流れは、今後も増大していくだろう。

注

（1）これ以前にもエジプトは移民を送り出していたが、彼らは「革命輸出」という政治的目的を持った移民であった。ナセル大統領（当時）は、周辺アラブ諸国が近代化のための人材を必要としていた点に目を付け、教員や公務員を派遣した。彼らは、汎アラブ主義やエジプトでの革命の成果についての再教育を受け、革命の伝道師となった。このような革命輸出は、リビアでは一定の成功を収めた。一九六九年には汎アラブ主義を信奉するムアンマル・アル＝カッザーフィー（カダフィ）がクーデタに成功し、国の実権を握った。

（2）エジプト人を受け入れたのは、湾岸アラブ諸国だけではなかった。ヨルダンは、移民の送り出し国であると同時に、エジプト人移民の受け入れ先でもあった。そもそもヨルダンは、産油国ではないものの、ヨルダン経済も石油の恩恵を受けていた。原油価格の高騰によって、ヨルダンにおいても湾岸アラブ諸国からの移民送金が急増した。ヨルダンでは、このような移民からの送金が引き金となって、建設ラッシュが発生した。こうしたことから、ヨルダンの建設業界では人材が枯渇し、エジプト人移民労働者がその不足を補った（Talani 2010：69–70）。

（3）このような状況をある研究者は、「多くのＧＣＣ国民〔湾岸アラブ人〕は、パレスチナ人、ヨルダン人に対して相容れないものを感じ、イエメン人には関心を抱くこともなく、エジプト人を信用せず、嫌っている」（Birks and Sinclair 1980：116）と表現している。

（4）このような変化は、必ずしも若者の個人的判断によってなされたのではない。このような西欧諸国への移民が見られるエジプトの農村部では、各々の村が独自の移民送り出し先を持っており、これまでの移民者と同じ村出身の若者が新たな移民として送り込まれている。たとえば、ナイルデルタにあるいくつかの村では、湾岸アラブ諸国への移民にかつてほどの旨味がなくなったため、送り出し先をイタリアへ変更したという（Zohry 2007：59–60）。

参考文献
河村有介（二〇一五）「エジプトにおける社会保障と「社会契約」——ムバーラク政権下の食料補助金と公的雇用を事例として」『アジア・アフリカ研究』五五巻三号、四九—六八頁。
堀拔功二（二〇一四）「国際労働力のなかの湾岸アラブ諸国の位置づけ」細田尚美編『湾岸アラブ諸国の移民労働者——「多外国人国家」の出現と生活実態』明石書店、三六—六三頁。

Abdelfattah, D.（2011）*Impact of Arab Revolts on Migration*, European University Institute, Robert Schuman Centre for Advanced Studies.

Amer, M. and P. Fargues（2014）*Labour Market Outcomes and Egypt's Migration Potential*, American University in Cairo, Center for Migration and Refugee Studies.

Assaad, R. and G. Barsoum（2007）*Youth Exclusion in Egypt: In Search of "Second Chances"*, Brookings Institution.

Assaad, R., C. Binzel and M. Gadallah（2010）*Transitions to Employment and Marriage among Young Men in Egypt*, Brookings Institution.

Ayoub, M., and S. Khallaf（2014）*Syrian Refugees in Egypt: Challenges of a Politically Changing Environment*, American University in Cairo, Center for Migration and Refugee Studies.

Birks, J., & C. Sinclair（1980）*Arab Manpower: The Crisis of Development*, Croom Helm.

CAPMAS［Central Agency for Public Mobilization and Statistics］（1986–2012）*Annual Bulletin of Civil Servants in the Government, Public and Public Business Sector*［in Arabic］, CAPMAS.

ERF［Economic Research Forum］and CAPMAS（2007）*Egypt Labor Market Panel Survey, 2006*, Version 4.1 of the Licensed Data Files（November 2013）, ERF.

FRONTEX（2010–2014）*FRAN Quarterly*, FRONTEX（European Agency for the Management of Operational Cooperation at the External Borders）.

IOM［International Organization for Migration］（2010a）*A Study on Remittances and Investment Opportunities for Egyptian Migrants*, IOM Cairo Office.

——（2010b）*A Study on the Dynamics of the Egyptian Diaspora: Strengthening Development Linkages*, IOM Cairo Office.

——（2011）*Migration Aspirations and Experiences of Egyptian Youth*, IOM Cairo Office.

Kapiszewski, A.（2004）“Arab Labour Migration to the GCC States”, in IOM ed., *Arab Migration in a Globalized World*, IOM, pp.115–133.

Loewe, M.（2000）*Social Security in Egypt : An Analysis and Agenda for Policy Reform*, Economic Research Forum.

Malakooti, A.（2015）*Migration Trends Across the Mediterranean : Connecting the Dots*, Altai Consulting.

MPC［Migration Policy Centre］（2013）*MPC Migration Profile, Egypt*, European University Institute, Robert Schuman Centre for Advanced Studies.

Nassar, H.（2011）*Recent Trends of Egyptian Migration*, European University Institute, Robert Schuman Centre for Advanced Studies.

Pitea, R. and R. Hussain（2011）*Egypt after January 25 : Survey of Youth Migration Intentions*, IOM Cairo Office.

Roman, H.（2008）*Irregular Migration of Egyptians*, European University Institute, Robert Schuman Centre for Advanced Studies.

Sell, R.（1988）“Egyptian International Labor Migration and Social Processes : Toward Regional Integration”, *International Migration Review*, 22（3）, pp.87–108.

Shah, N.（2004）“Arab Migration Patterns in the Gulf”, in IOM ed., *Arab Migration in a Globalized World*, IOM, pp.91–113.

Talani, L.（2010）*From Egypt to Europe : Globalisation and Migration across the Mediterranean*, Tauris Academic Studies.

Turner, R.（2015）*The Economic Impact of Travel & Tourism 2015 : Egypt*, World Travel & Tourism Council.

UNDP［United Nations Development Programme］and INP［Institute of National Planning］（2010）*Egypt Human Development Report 2010 : Youth in Egypt*, INP.

Zohry, A.（2007）“Egyptian Irregular Migration to Europe”, *Migration Letters*, 4（1）, pp.53–63.

――――（2009）*The Migratory Patterns of Egyptians in Italy and France*, European University Institute, Robert Schuman Centre for Advanced Studies.

か

さ

事 項 索 引

人名索引

伊藤　武（いとう　たけし）
1971年生まれ。東京大学法学政治学研究科博士課程中退。修士（法学）。専修大学法学部教授。イタリア政治専攻。『ヨーロッパのデモクラシー』改訂第2版（共編著、ナカニシヤ出版、2014年)、『イタリア現代史』（中公新書、2016年)、ほか。

横田正顕（よこた　まさあき）
1964年生まれ。東京大学法学政治学研究科博士課程単位取得退学。修士（法学）。東北大学大学院法学研究科教授。比較政治学専攻。「南欧政治における代表と統合の背理――欧州債務危機とデモクラシーの縮退」（『代表と統合の政治変容［年報政治学2015-II］』木鐸社、2015年)、『脱新自由主義の時代？』(分担執筆、京都大学学術出版会、2017年)、ほか。

河村有介（かわむら　ゆうすけ）
1983年生まれ。英国ダラム大学政治学・国際関係学部博士課程修了（Ph. D. in Political Science)。日本学術振興会特別研究員、立命館大学衣笠総合研究機構プロジェクト研究員。比較政治学、現代中東政治専攻。『アラブ権威主義国家における再分配の政治』（ミネルヴァ書房、2017年)。

【執筆者紹介】（執筆順、＊は編者）

＊新川敏光（しんかわ　としみつ）
1956年生まれ。トロント大学大学院博士後期課程修了（Ph. D. in Political Science）。京都大学大学院法学研究科教授。政治学専攻。『福祉国家変革の理路』（ミネルヴァ書房、2014年）、『幻視のなかの社会民主主義』（法律文化社、2007年）、『日本型福祉レジームの発展と変容』（ミネルヴァ書房、2005年）

島田幸典（しまだ　ゆきのり）
1972年生まれ。京都大学大学院法学研究科博士後期課程退学。博士（法学）。京都大学公共政策大学院教授。比較政治学専攻。『議会制の歴史社会学』（ミネルヴァ書房、2011年）、『移民と政治』（共編著、昭和堂、2011年）、『福祉レジーム』（分担執筆、ミネルヴァ書房、2015年）、ほか。

加藤雅俊（かとう　まさとし）
1981年生まれ。名古屋大学法学研究科博士後期課程修了。博士（法学）。立命館大学産業社会学部准教授。現代政治学専攻。『福祉国家再編の政治学的分析』（御茶の水書房、2012年）、『社会保障の公私ミックス再論』（分担執筆、ミネルヴァ書房、2016年）、『福祉レジーム』（分担執筆、ミネルヴァ書房、2015年）、『比較福祉国家』（分担執筆、ミネルヴァ書房、2013年）、ほか。

安　周永（あん　じゅよん）
1977年生まれ。京都大学大学院法学研究科博士後期課程修了。博士（法学）。常葉大学法学部准教授。比較政治学専攻。『日韓企業主義的雇用政策の分岐』（ミネルヴァ書房、2013年）、『政党政治とデモクラシーの現在』（分担執筆、ミネルヴァ書房、2015年）、ほか。

渡辺博明（わたなべ　ひろあき）
1967年生まれ。名古屋大学大学院法学研究科博士後期課程単位取得退学。博士(法学)。龍谷大学法学部教授。政治学専攻。『福祉レジーム』（分担執筆、ミネルヴァ書房、2015年）、『「再国民化」に揺らぐヨーロッパ——新たなナショナリズムの隆盛と移民排斥のゆくえ』（分担執筆、法律文化社、2016年）、ほか。

近藤正基（こんどう　まさき）
1975年生まれ。京都大学大学院法学研究科単位取得退学。博士（法学）。神戸大学大学院国際文化学研究科准教授。比較政治学専攻。『現代ドイツ福祉国家の政治経済学』（ミネルヴァ書房、2009年）、『ドイツ・キリスト教民主同盟の軌跡』（ミネルヴァ書房、2013年）、ほか。

国民再統合の政治
福祉国家とリベラル・ナショナリズムの間

2017年８月10日　　初版第１刷発行　　（定価はカヴァーに表示してあります）

編　者　新川敏光
発行者　中西健夫
発行所　株式会社ナカニシヤ出版
〒606-8161　京都市左京区一乗寺木ノ本町15番地
TEL 075-723-0111　FAX 075-723-0095
http : //www.nakanishiya.co.jp/

装幀＝白沢　正
印刷・製本＝亜細亜印刷

＊落丁・乱丁本はお取替え致します。
ISBN978-4-7795-1190-5　C3031

ヨーロッパのデモクラシー
改訂第2版

網谷龍介・伊藤武・成廣孝 編

移民とポピュリズム、政党不信と大連立――民主主義をめぐるさまざまな困難に立ち向かうヨーロッパ政治のいまを各国別に紹介。新たにＥＵ加盟を果たしたクロアチアを加えるなど、最新の政治状況を反映。　**三六〇〇円**

熟議民主主義の困難
その乗り越え方の政治理論的考察

田村哲樹

熟議民主主義の実現を阻むものは何か。「熟議民主主義の困難」をもたらす阻害要因を分節化し、それらひとつひとつを詳細かつ理論的に検討することによって、熟議民主主義の意義と可能性を擁護する。　**三五〇〇円**

連邦制の逆説
効果的な統治制度か？

松尾秀哉・近藤康史・溝口修平・柳原克行 編

連邦制は対立と分離をもたらす統治制度なのか。あるいは対立を解消し、統合をもたらすものなのか。統合と分離という二つのベクトルに注目しながら、現代における連邦制の意義を再考する本格的研究。　**三八〇〇円**

追放と抵抗のポリティクス
戦後日本の境界と非正規移民

髙谷　幸

非正規移民とは誰か。彼・彼女らを合法／不法に分割するものは何か。非正規移民をめぐる追放と抵抗のポリティクスを描き出し、戦後日本における主権の境界作用の論理と効果を明らかにする。　**三五〇〇円**

＊表示は本体価格です。